LIGNIÈRES

SONNEVILLE

et

St PALAIS-des-Combes

par

M. l'Abbé M. GUÉRIN

Curé de Touzac

> « Il n'i a païs, ville, bourg,
> village, pour petit qu'il soit,... dont
> on ne deust avoir entière descrip-
> tion et histoire. »
>
> Elie VINET, *Saintes et Barbezieux*

Saint-Martin-de-l

IMPRIMERIE JEANNE D'ARC

1925

En vente chez l'auteur à Touzac (Charente)

LIGNIÈRES

SONNEVILLE

et

S^T-PALAIS-des-Combes

par

M. l'Abbé M. GUÉRIN

Curé de Touzac

« Il n'i a païs, ville, bourg,
village, pour petit qu'il soit... dont
on ne deust avoir entière descrip-
tion et histoire. »

Elie VINET, *Saintes et Barbezieus*

Saint-Martin-de-Ré
IMPRIMERIE JEANNE D'ARC
—
1925
—
En vente chez l'auteur à Touzac (Charente)

PRÉFACE

Comme « Touzac et ses Villages », ce livre est dû en grande partie à la guerre, qui m'a permis, lorsque j'étais infirmier à Cognac, puis à Angoulême, de faire des recherches à la Bibliothèque de Cognac et aux Archives départementales.

La guerre finie, j'ai pu continuer ces recherches à Lignières et à Ambleville, grâce à l'obligeance avec laquelle M. l'abbé Mazurit, curé de Lignières, m'a ouvert les archives paroissiales ; M. Gémier, maire de Lignières, les archives municipales ; Mme Vve Renaud, les actes des anciens notaires de Lignières conservés dans l'étude de son mari, à Ambleville[1]. Qu'ils veuillent bien trouver ici l'expression de ma vive reconnaissance.

Avec eux, je dois remercier, et je remercie bien volontiers, tous ceux qui, de Lignières, de Touzac, et d'ailleurs, m'ont procuré de précieux renseignements. *Cuique suum* : à chacun le sien. Le moment venu, en indiquant mes sources, je les nommerai au cours de cet ouvrage.

Je me suis appliqué à écrire ce livre en toute impartialité, mais non en toute indifférence ; dans le but de faire connaître et aimer davantage la petite patrie ; dans l'espoir d'apporter une modeste contribution à l'histoire générale de notre pays.

Maurice GUÉRIN

25 Juillet 1925.

---

[1] Cet office de notaire a été supprimé en 1924, et les actes qu'il contenait ont été attribués à Mᵉ Vollaud, notaire à Segonzac.

Plan de la Commune de Lignières-Sonneville

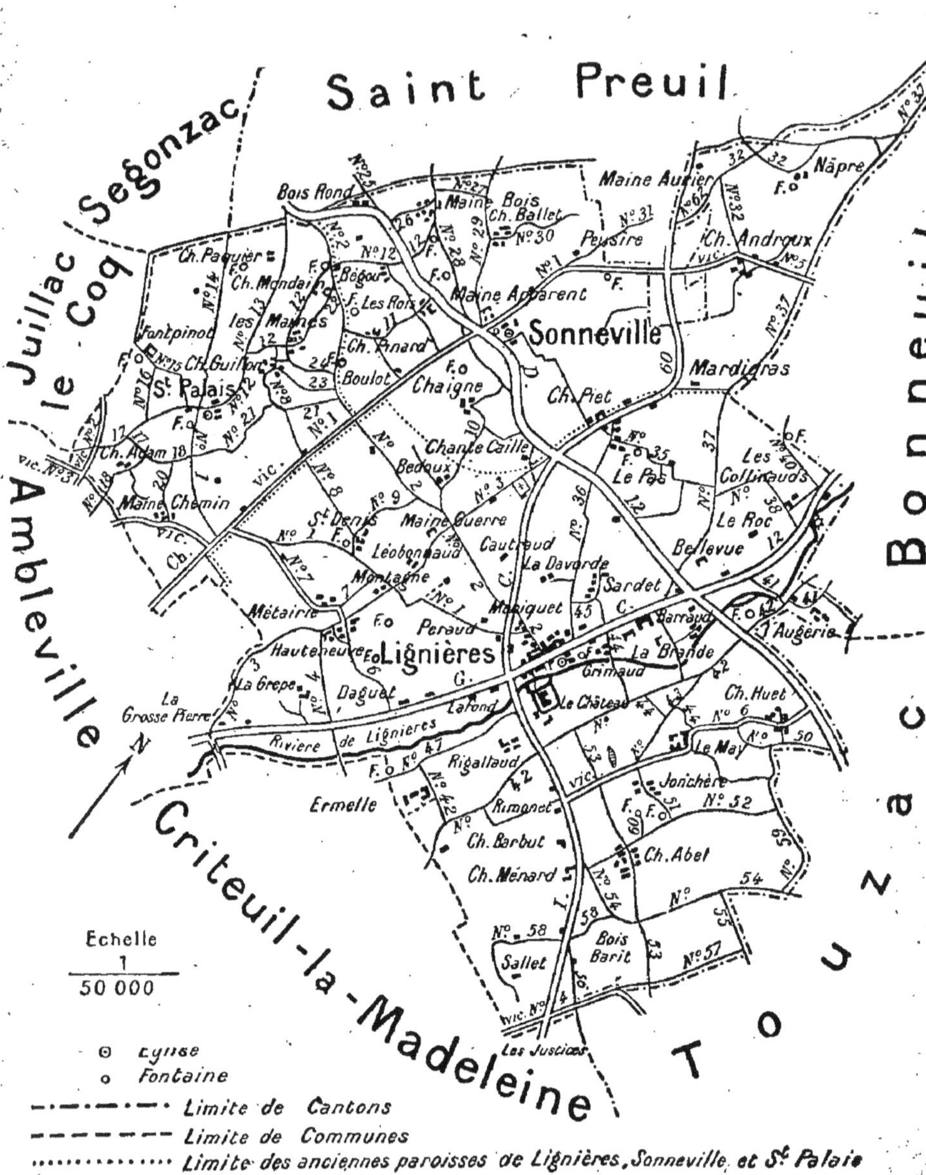

INTRODUCTION

Topographie. — La commune de Lignières-Sonneville est située dans *l'arrondissement* de Cognac (département de la Charente) et fait partie du *canton* de
Segonzac, dont elle est une des paroisses frontières. A
l'est en effet, elle touche par Touzac, Bonneuil et
St-Preuil, au canton de Châteauneuf.

D'une *superficie* de 1638 hectares, elle est *bornée* au
nord par St-Preuil et Bonneuil, à l'est par Touzac, au
sud par Criteuil la Madeleine, à l'ouest par Ambleville,
Juillac le Coq et Segonzac.

Sa surface, très accidentée, offre une série de coteaux
élevés de 87 m. au-dessus de la Grépe où il y avait
autrefois un moulin à vent, de 92 m. au Maine Guerre,
de 121 m. au Bois Rond, de 132 m. au-dessus de Nâpre,
et dont la chaîne principale, en forme de dos d'âne,
sépare les deux vallées de Lignières et de Boulot.

Eaux. — Elle est arrosée, du nord-est au sud-ouest,
par la *rivière de Lignières*, qui prend sa source à Flaville
en Bonneuil, fait tourner, dès son entrée dans la commune,
le moulin des Collinauds (d'où le nom qu'on lui donne
encore de « ruisseau des Collinauds »), ne fait plus
mouvoir, à l'ancien moulin de la Brande, qu'une pompe
destinée à fournir l'eau à la maison Gautier, longe le bourg
au sud, y alimente de belles douves tout autour du
Château, et, après avoir longtemps longé le Né, finit par
s'y jeter à St-Fort (1).

Son eau est assez poissonneuse : on y trouve brochets,
perches, rougets, anguilles, écrevisses.

---

(1) Avant la Révolution, la rivière faisait tourner 3 moulins : le
moulin de chez Grimaud, et celui du Château, dont il sera question
plus loin (voir : *Seigneurie*), et le moulin Brandet, dont il ne reste
plus de trace qu'une écluse en face de Daguet.

De plus, sur tout le territoire de la commune, se trouvent de nombreuses *fontaines* ou *fonts* : fonts de Nâpre, de Peusire, de Sonneville, du Maine Bois, des Rois, du Maine Geai, du Rouet près chez Mondain, de chez Pâquier, de St-Palais, de St-Denis, font Launais entre Sonneville et chez Chaigne, font Giraud ou des Maines, font Lutard en bas de Bégou, font Pinot, qui déversent leurs eaux dans la vallée de Boulot ; — font de chez Piet, font Boissard près des Collinauds, font Coutin, près Touzac, font du Loup près Ermelle, fonts Mallet, font Jonchères, font du Château, qui se déversent dans la rivière de Lignières.

Le bourg lui-même doit se trouver au-dessus d'une nappe d'eau souterraine dont la présence est révélée par de belles fontaines : font de la cure, font Sacreste, font Trouvé ; et par l'eau qui, en temps de crue, sourd de toutes parts. C'est ce qui expliquerait aussi ce dire des anciens que sous l'église il y aurait une fontaine.

Sol. — Le sol appartient en grande partie à la zone des terrains secondaires ou sédimentaires, terrain jurassique et crétacé, calcaire compact et non compact. Sur ce sol, en beaucoup d'endroits, notamment sur les hauteurs comme chez Ballet, au Bois des Prêtres (limite de Bonneuil et de St-Preuil), se sont déposées, à l'époque tertiaire, des couches d'argile et de sable.

Cultures du sol. — Ce sol se prête admirablement à toutes sortes de cultures. Vignes, céréales, légumes, fruits, tout y vient en abondance. Cette richesse du sol lui a valu des Romains le nom de « seconde Campanie » en souvenir de la délicieuse contrée qui avait amolli Annibal et son armée ; et c'est de cette appellation romaine qu'est venu le nom de « Champagne », donné à cette région de la Charente dont fait partie Lignières.

Les *arbres fruitiers* sont le pommier, le poirier, le cerisier, le pêcher, l'abricotier, l'amandier, le noyer, le châtaignier, ce dernier toutefois plutôt rare. Le noyer tend aussi à disparaître pour céder la place à la vigne. Il est pourtant devenu d'un bon rapport : les noix qui

valaient 7 à 8 fr. le sac de 50 kilos en 1896, sont montées
à 40 fr. en 1911, à 160, 180, et même 190 fr. depuis la
guerre. Les bois de ces noyers eux-mêmes furent pendant les mois qui précédèrent immédiatement la guerre
de 1914, l'objet d'une mystérieuse surenchère de la part
de courtiers étrangers au pays. Le même lot de noyers
qu'un de ces courtiers avait estimé 200 fr., était estimé
le lendemain par un autre 400 fr., sans que le propriétaire parvînt à s'expliquer cette différence du simple au
double. L'explication est venue depuis !... Il fallait acheter à tout prix le bois dont on fait les crosses de fusil...
Pour s'en servir contre nous, les Allemands raflaient
nos noyers, comme ils raflaient en Normandie nos
chevaux.

Les *légumes* sont ordinairement cultivés entre les
rangs de vignes. Il y a cependant quelques champs de
pommes de terre et de betteraves.

Les principales *céréales* cultivées sont le blé et l'avoine.
Le blé, qui valait avant la guerre, de 16 à 18 fr. le sac
de 80 kil., s'est élevé à 32 fr. en 1916, 55 fr. en 1917,
75 fr. en 1918, 110 fr. en 1925. L'avoine, dont le prix
d'avant-guerre était de 8 à 10 fr. le sac de 50 kil., a valu
16 fr. en 1916, 35 fr. en 1917, 55 fr. en 1918, 50 fr. en 1925.

On ne fait pas d'élevage. Mais il y a çà et là quelques
vaches, dont le lait est ramassé chaque matin par le lai-
tier du Guéry, près Barbezieux, et celui de St-Preuil,
ce dernier faisant pour la laiterie de Germignac (Charente-Inférieure).

Il y a même eu chez Lafond, de 1895 à 1908, une laiterie faisant du beurre et une imitation de Camembert.

La culture la plus répandue, parce qu'elle rapporte
davantage et que le terrain, principalement calcaire, s'y
prête merveilleusement, est celle de la *vigne*.

Depuis longtemps du reste, la vigne est à Lignières la
principale source de revenu. En 1783, la récolte du vin,
par rapport au revenu total, représentait 18/40 ; à Saint-
Palais, autant ; à Sonneville, 25/40. (1)

____

(1) Bibliothèque de Cognac, Fonds Albert, T. 29, p. 1.

En 1788, sur une superficie totale de 913 ha. 33 ares, (superficie de la seule commune de Lignières), il y avait 204 hectares plantés en vignes (du 1/5 au 1/4 des propriétés) rapportant 12 hectolitres à l'hectare. En 1828, il y en avait 308 (un peu plus du 1/3) produisant en moyenne 24 hectolitres à l'hectare, 4 barriques au journal. On avait dans l'intervalle amélioré la méthode de culture : au lieu de planter comme autrefois les terrains au plein, on laissait des intervalles à la plantation, ce qui permettait de soigner et de terrasser les vignes. (1).

Malgré tout, le vin vendu en gros ne valait encore que 6 fr. l'hecto, faute de débouché ; l'eau-de-vie, 50 fr. Ces prix étaient déjà ceux de 1789.

Mais de 1860 à 1875, à la suite du traité de commerce conclu par le Second Empire entre la France et l'Angleterre, on connut une période de grande prospérité, dont les électeurs de l'arrondissement de Cognac devaient se montrer longtemps reconnaissants à Napoléon et à son régime. Les eaux-de-vie s'écoulèrent rapidement et à des prix avantageux pour l'époque : 100 fr. l'hecto.

Soudain, à partir de 1876, cette prospérité fut anéantie par le phylloxéra. La population tomba de 900 à 700 habitants. Des petits propriétaires, qui avaient besoin de leur récolte pour vivre, furent ruinés. Ceux qui avaient des réserves traversèrent tant bien que mal les vingt années qui suivirent. De vieilles eaux-de-vie, qu'ils avaient pu garder, se vendirent vers 1900 de 1.200 fr. à 5.000 fr. l'hecto, suivant l'âge ; et il y en avait de 30, 40, 50, 80 et 100 ans. Le plus grand cours en bloc fut de 1.500 à 1.800 fr. Même aujourd'hui, après la reconstitution du vignoble, les vieilles eaux-de-vie, celles d'avant le phylloxéra, n'ont pas de prix. Il s'en est vendu encore en 1923, à Bellevue, à raison de 4.000 fr. l'hecto. Ce n'est pas qu'elles soient très bonnes par elles-mêmes : elles ont perdu beaucoup de leur force, elles ne font guère plus de 30°, elles sont, comme on dit, « passées ». Mais elles ont conservé leur parfum, ont, pris de la cou|

___

(1) Registre des délibérations du Conseil municipal, 26 août 1829

leur, et, mêlées à des eaux-de-vie plus jeunes, permettent d'obtenir d'excellentes eaux-de-vie, ardentes, moelleuses, bien « bouquetées ».

La reconstitution du vignoble se fit à partir de 1893 avec des plants américains greffés d'espèces françaises : Folle, Colombard, St-Emilion. Celui qui, le premier dans la région, planta, fut M. Boutinet, de la Sentinelle, en Malaville. Le succès qu'il obtint encouragea d'autres propriétaires à reprendre une culture à laquelle le sol paraissait vouloir de nouveau généreusement se prêter. Il est juste de dire qu'ils y furent aussi encouragés par M. James Hennessy, conseiller général du canton de Segonzac, qui fournit alors beaucoup de plants de vignes, et que le pays, reconnaissant, devait en 1906 envoyer à la Chambre recueillir la succession de d'Ornano.

Il y eut d'abord quelques tâtonnements, même des insuccès. On ne sut pas toujours, en particulier, adapter le porte-greffe à la nature du terrain planté.

Mais bientôt, grâce à une meilleure adaptation, à la vigueur du plant américain et à une culture plus scientifique, on eut un rendement extraordinaire. Le vin s'éleva jusqu'en 1899 à 100 fr. la barrique de 200 litres. S'il s'est abaissé en 1900 à 60 et 65 fr. et même à 40 et 35 fr. en 1906 (année d'abondance), il est remonté à 100 fr. en 1911, 240 fr. en 1917, et même, en 1920, à plus de 300 fr. (15 fr. 75 le degré). Suivant un mouvement parallèle, l'eau-de-vie, qui se vendait avant la guerre, en 1914, 235 fr. l'hecto à 60°, a atteint 850 fr. en 1917, 1.250 fr. en 1920!.. Elle a, ainsi que le vin, un peu diminué. Mais ils n'en sont pas moins encore l'un et l'autre à un prix très élevé. Aussi ne cesse-t-on de planter, et voit-on l'automobile, signe extérieur de la richesse, se répandre de plus en plus. L'énumération serait trop longue des maisons qui, à Lignières, surtout depuis la guerre, font chaque année une abondante récolte de vin. Qu'il suffise de dire que, sur une superficie totale de 1.638 hectares, il y a environ 340 hectares de vignes (un peu plus du 1/5) qui ont produit en 1922 (année d'abondance) 33.401 hectolitres, soit 99 hectolitres à l'hectare, 16 barriques 1/2 au journal ; — en 1923, 26.675 hectol., soit 78 hectolitres à l'hectare, 13 barriques au journal. Ceux qui ne font pas plus de 100 à 200 barriques de vin sont bien près de passer aujourd'hui à Lignières pour des petits propriétaires.

Petit ou grand, il n'y a guère de propriétaire qui n'ait sa distillerie à côté de son chai, les vins du pays étant destinés à être brûlés. Mais la distillerie la plus importante est celle de Mme Vve Gautier. Il est vrai qu'elle a été installée pour distiller non seulement les vins de la maison Gautier, mais aussi ceux de la région, au nom d'une des grandes maisons de Cognac. Elle est, depuis quelques années, affermée à M. James Hennessy, qui y fait distiller les vins qu'il achète aux propriétaires des environs. Les chaudières y sont assez nombreuses pour pouvoir distiller en moyenne 100 hectolitres de vin par jour, 20 à 25.000 hectolitres par an, la distillation durant environ 7 mois.

Les vins du pays sont des vins blancs. Ils fournissent la « Fine Champagne », c'est-à-dire la meilleure des eaux-de-vie universellement connues sous le nom de « Cognac », et grâce à laquelle Lignières est une des plus riches communes de l'arrondissement.

Population. — La population — de 972 habitants en 1793, dont 589 pour Lignières et 383 pour Sonneville ; de 835 en 1799, dont 531 pour Lignières et 304 pour Sonneville ; de 908 vers 1850 — n'est plus que de 773 habitants. Population essentiellement agricole, douée de qualités réelles, travailleuse, économe, mais ayant aussi les défauts de ses qualités, ne voyant et n'estimant pas grand'chose en dehors de son travail matériel, nullement idéaliste, très attachée aux biens de la terre, éprouvant à dire ou à entendre dire qu'elle a de l'argent un orgueil non dissimulé, s'imaginant un peu trop que cet argent peut tenir lieu de tout le reste ; — dans les relations sociales, affable, mais individualiste, peu portée à voisiner parce qu'aisée et se suffisant ordinairement à elle-même ; — en politique, conservatrice ; — en religion, partagée en droit entre le catholicisme et le protestantisme ; en fait, à part quelques bonnes exceptions, indifférente ; et néanmoins respectueuse, et même amie du prêtre, en qui son bon sens lui fait reconnaitre un excellent ouvrier de l'éducation populaire, un des plus fermes soutiens de l'ordre social. Ces traits se retrouvent d'ailleurs, plus ou moins accentués, chez tous les « Champagnauds » ou habitants de la « Champagne. »

Malheureusement, le « Champagnaud », jaloux de conserver intact le patrimoine familial, a peu d'enfants : un, deux au plus. Comme, ainsi qu'on vient de le dire, les gros propriétaires ne sont pas rares, ils sont alors obligés de faire appel à tout un personnel vigneron étranger. Ce personnel forme aujourd'hui à Lignières environ un tiers de la population. Venu de provinces voisines (Limousin, Périgord) où la langue et les mœurs sont bien différentes il risque d'altérer la physionomie générale du pays, et, en attendant, ne contribue pas peu à en changer la représentation.

Les vignerons sont logés. Ils ont la moitié des javelles, le grappillage, 2 barriques de vin, et 230 fr. par journal (60 fr. avant la guerre). Or un ménage de vignerons peut cultiver environ 18 journaux, ou 6 hectares de vignes.

Villages. — Cette population est très éparpillée, chaque propriétaire étant établi ordinairement au centre de son exploitation. Aussi les villages sont-ils nombreux. On en compte modestement 75 que l'on trouvera tous sur la carte. Ce sont, par lettre alphabétique :

Chez Abel, chez Adam, que le langage populaire déforme en « Chabel » et en « Chadam », chez Androux, Anqueville, l'Augerie.

Chez Ballet, chez Barbut, chez Barraud, Bedoux, Bégou, Bellevue, Bois Barit, Bois Rond, Bois des Maines, Boulot, la Brande.

Chez Chaigne, les Chaisiers, Chantecaille, les Collinauds, le Château.

Daguet, la Davorde, Saint-Denis.

Ermelle.

Fontpinot.

La Garenne, chez Gautraud, chez Grelaud, la Grêpe, chez Grimaud, chez Guillon.

Hauteneuve, chez Huet.

Chez Jonchères.

Chez Lafond, Léobonnaud.

Maine Apparent, Maine Aurier, Maine Bois, Maine Chemin, Maine Geai, Maine Guerre, les Maines, Mardi-gras, chez Marquais, le May, chez Méniquet, chez Ménard, la Métairie, chez Mondain, Monplaisir, Montagne, Montchoisy, Montée blanche.

Nâpre, Négreveau (disparu).

Saint-Palais, chez Pâquier, le Pas, chez Péraud, Peusire, la Grosse Pierre, chez Piet, chez Pinard.

Chez Rigaillaud, chez Rimonet, la Rivière, le Roc, chez les Rois, les 4 Routes.

Sallet, chez Sardet, Sonneville.

Les Grandes Versennes, la Vigne blanche.

Chemins. — Pour relier ces villages entre eux et rattacher Lignières aux communes voisines, un réseau routier sillonne la commune en tout sens sur une longueur totale de près de 60 kilomètres.

Ce réseau comprend :

58 chemins ruraux. Les voici, d'après une classification du 4 octobre 1884, retouchée et mise à jour, avec leur numéro, leur nom, leur longueur et leur largeur. On les trouvera tous indiqués, sinon tous numérotés faute de place, sur la carte, page 4.

1. — *De la Pérelle* : de chez Méniquet à Saint-Palais par Saint-Denis, 2 400 m. sur 3.30 et 3.50.

2. — *Du Rat* : du bourg au Bois Rond, par chez Méniquet, la Montée Blanche, la font Giraud, le Maine Geai, 2.800 m. sur 4 m.

3. — *De la Grosse Pierre* au chemin n° 37 (limite de Bonneuil) par Hauteneuve, Léobonnaud, Maine Guerre, chez Piet, Mardigras, 3.100 m. sur 4 m.

4. — *De Luchet* à Hauteneuve, 700 m. sur 4 m.

5. — *Rue de Hauteneuve* : traverse le village, 100 m. sur 4 m.

6. — *De l'Arceau* : de Daguet à Hauteneuve, 650 m. sur 3.30.

7. — *De chez Montagne* : du vicinal n° 7 au rural n° 1, 300 m. sur 3.30.

8. — *De la Chapelle Saint-Denis* à chez Guillon, 940 m. sur 3.30.

9. — *De Saint-Denis* : du n° 1 au n° 2, 400 m. sur 3 m.

10. — *De Bedoux* : du n° 2 à la D. 12 par Bedoux et chez Chaigne, 900 m. sur 3.30.

11. — *De chez Pinard* : du n° 2 à la D. 12 par chez Pinard et les Rois, 600 m. sur 3.30.

12. — *De Bégou* : du Maine Bois à Saint-Palais par Bégou, chez Mondain, les Maines, 2.200 m. sur 3.30.

13. — *De chez Pâquier* : de la D. 12 au n° 12, 800 m. sur 3.30.

14. — *De Négreveau* : de Saint Palais à la limite de Segonzac et Saint-Preuil, 1.000 m. sur 3 m.

15. — *De Fontpinot à Saint-Palais*, 700 m. sur 3.30.

16. — *De Fontpinot au n° 17*, vers la Voûte, 500 m. sur 3.30.

17. — *De Juillac* : du n° 18 à la limite de Juillac, 700 m. sur 3 m.

18. — *De chez Adam* : de la limite d'Ambleville au n° 1 par chez Adam, 300 m. sur 3 m.

20. — *Du Maine Chemin* au n° 1, 350 m. sur 3.30.

21. — *Du Bois Bâton* : du n° 1 au n° 2 par le n° 8, 1.100 m. sur 3.30.

22. — *Des Maines* au n° 2, 250 m. sur 3.30

23. — *De chez Guillon* au n° 2, 350 m. sur 3.30.

24. — *De la Fontaine des Maines* : des Maines au n° 2, 200 m. sur 3.30.

25. — *De la Fée* : de la D. 12 à la limite de Saint-Preuil, près du Bois Rond, 180 m. sur 3 m.

26. — *Du Maine Bois* : de la D. 12 à la limite de Saint-Preuil, 500 m. sur 3.50.

27. — *De la Borne* : du n° 26 au n° 29, 300 m. sur 3 m.

28. — *De chez les Rois* : de la fontaine du Maine Bois, à la D. 12, près le Maine Apparent, 550 m. sur 3.30.

29. — *Du Maine Apparent* à chez Ballet et jusqu'à la

limite de Saint-Preuil, 1.100 m. sur 3.50.

30. — *Rue de chez Ballet* : du n° 29 vers les Pouges, 200 m· sur 3.50.

31. — *De Peusire* : du vic. n° 1 à la limite de Saint-Preuil, 150 m. sur 3 m.

32. — *De Nâpre* : de chez Androux à Nâpre, 1.050 m. sur 3 m.

34. — *De Chantecaille* : de la D. 12 à l'I. C. 60, 200 m. sur 3 m.

35. — *De la Fontaine de chez Piet* : de chez Piet au n° 37, 300 m. sur 3 m.

36. — *De chez Piet* : du G. C. 12 près Lignières à l'I. C. 60, chez Piet, 1.300 m. sur 3.30.

37. — *Du Bois dès Prêtres* : du G. C. 12 à la limite de Bonneuil et Saint-Preuil, 3.900 m. sur 3 m.

38. — *De Chaillot* : du G. C. 12 au n° 37, par les Collinauds, 700 m. sur 3 m.

39. — *Des Collinauds* : du n° 38 au G. C. 12 près du n° 40, 300 m. sur 3.30.

40. — *De la Font Boissard* : du G. C. 12 à limite de Bonneuil par la font Boissard 300 m. sur 3 m.

41. — *De l'Augerie* : du G. C. 12 à la limite de Bonneuil par l'Augerie, 550 m. sur 3.50.

42. — *D'Ermelle* à la limite de Bonneuil, 2.700 m. sur 3.30.

43. — *Du Maine à Garraud* : de la limite de Criteuil (sud d'Ermelle) au n° 42 (nord du May) par chez Rimonet et le carrefour des Jonchères, 1.600 m. sur 3.30. Il est devenu le vicinal n° 6 sur une petite partie de son parcours.

44. — *Des Grimauds* du G. C. 12 au May par chez Grimaud et les n° 42 et 43, 900 m. sur 3.30.

45. — *De chez Sardel* au n° 36, 200 m. sur 3.30.

46. — *Rue de Lignières* : du G. C. 12 à l'abreuvoir par la place de l'église, 80 m. sur 5 m.

47. — *De Rase Couette* : de l'I. C. 60 à la limite de Criteuil (font du loup), 900 m. sur 3.30.

50. — *De Sandreau* : de la D. 12 (limite de Touzac) au vic. n° 6, 650 m. sur 3 m.

51. — *De chez Jonchères* : de la font Jonchères au vic. n° 6, 400 m. sur 3 50.

52. — *Des Abels* à la limite de Touzac par la font Jonchères, 1.100 m. sur 3.30.

53. — *De Bois Mallet* : du n° 42 au n° 57 par chez Abel, 1.800 m. sur 3.50

54. — *De chez Jeanneau* (Touzac) à l'I. C. 60 par le sud de chez Abel, 1.500 m. sur 3.30.

55. — *De Grattelot* : du n° 54 à la limite de Touzac, 500 m. sur 3 m.

56. — *De Bois Barit* : de l'I. C. 60 au vic. n° 4, 400 m. sur 3 m.

57. — *De chez Drouet* (Criteuil) *à Châteauneuf* : du vic. n° 4 au n° 55, 800 m. sur 4 m. C'est l'ancien « Grand chemin d'Archiac à Châteauneuf » devenu un chemin vicinal de Touzac, Lignières et Criteuil sur une partie de son parcours.

58. — *Des Seuzes* : du n° 54 à Sallet par l'I. C. 60 et les Grandes Versennes, 1.000 m. sur 3 m.

59. — *Des Garennes* : de chez Jeanneau (Touzac) à chez Huet, 900 m. sur 3 m.

60. — *Du lavoir Mallet* : du n° 52 à la font Mallet, 100 m. sur 3 m.

61. — *Prolonge de la rue de chez Ballet*, s'arrête dans les terres, 350 m. sur 3.50.

62. — *Du Maine Aurier* : de l'I. C. 60 au n° 32, 400 m. sur 3 m.

7 chemins vicinaux :

1. — *D'Ambleville à Saint-Même*, par Boulot, Sonneville, la Pitarderie (Saint-Preuil), 3.700 m.

2. — *D'Ambleville à Segonzac* (partie dite « La Tonnelle »), 500 m.

3. — *De Salles d'Angles à Ambleville*, 100 m.

4. — *De Criteuil à Chadeuil* (Malaville) par les Justices, 400 m.

5. — *De la Pitarderie* (Saint-Preuil) *à Bonneuil*, par chez Androux, ancien chemin rural n° 33, 800 m.

6. — *Du May* : a remplacé les chemins ruraux n° 43

(en partie), n° 48 (du carrefour des Jonchères au May), n° 49 (du May à la D. 12 par chez Huet), 1.500 m.

7. — *De Hauteneuve à la Tonnelle* par la Métairie et le Maine Chemin ; a remplacé les chemins ruraux n° 4 (en partie, jusqu'à la Métairie), n° 7 (en partie de la Métairie au n° 1), n° 1 (en partie, jusqu'au vicinal n° 1), n° 19, dit « du Maine Chemin », 1.500 m.

Sillonnée en tous sens par ces chemins vicinaux et ruraux, la commune est encore traversée du sud au nord par le chemin *d'intérêt commun n° 60* (I. C. 60) de la Madeleine à Saint-Même 4.500 m. ; — de l'ouest à l'est par la *route départementale n° 12* (D. 12), de Jarnac à Barbezieux, 4.600 m. ; — du sud-ouest au nord-est par le *Chemin de Grande Communication n° 12* (G. C. 12), d'Archiac à Chasseneuil, 4.000 m.

Bourg. — Cette dernière route traverse le bourg, lequel, comme il convient, est l'agglomération la plus importante. Il est situé sur le versant sud d'un coteau, par 45° 33' 37" de *latitude* nord et 2° 31' 11" de *longitude* ouest, le méridien de Paris étant considéré comme méridien d'origine. Lignières est donc à 5.063 kil. 250 m. de l'Equateur, et lorsqu'il est midi à Paris, il n'est que 11 h. 50 à Lignières. Mais le méridien de Paris ayant été officiellement abandonné le 11 mars 1911 pour celui de Greenwich, en Angleterre, et étant de ce fait reculé de 2° 20' 15", Lignières ne se trouve plus qu'à 10' 56" de longitude ouest. Lorsqu'il est midi à Greenwich, il est midi moins quelques secondes (environ 44) à Lignières.

A 8 kilomètres de Segonzac, à 11 de Barbezieux, à 12 de Châteauneuf, à 21 de Cognac, à 32 d'Angoulême, le chef-lieu est, comme on voit, assez écarté de toute voie ferrée. La gare la plus proche est la *halte de Chadeuil,* à 7 kil. sur la ligne du chemin de fer de Châteauneuf à Saint-Mariens. Mais depuis novembre 1924, le bourg de Lignières est relié directement par un service d'autobus à la gare de Châteauneuf.

Assez peuplé et bien groupé, il a l'aspect, avec ses trottoirs et ses magasins, d'une petite ville. On verra plus

loin qu'il a été chef-lieu de canton sous la Révolution.
On y trouve bureau de poste, commis des contributions
indirectes, médecin, pharmacien, boucher, boulangers,
épiciers, quincaillier, bourreliers, cordonnier, tonnelier,
charron, charpentier, coiffeur, école de garçons, école de
filles, etc.

Sur la place de l'église (ancien cimetière), se tient une
foire le 2ᵉ jeudi de chaque mois.

Sur cette même place, a été inauguré, le 24 juin 1923,
un monument aux morts de la guerre. Ce monument, en
forme de tronc de pyramide quadrangulaire, porte,
gravés sur une plaque de marbre blanc, 24 noms :

Léopold ARBOUIN	Auguste JOUSSEAUME
Gaston BÉZIER	Georges JULLIEN
Henri BOUTINON	Louis LAFORGE
Pierre BRUN	Louis LASSOUTIÈRE
Paul CHAILLOT	Léon LISÉE
Pierre CHAMBORD	Amédée MANNALIN
Jean CORRIVEAU	Ernest MÉTAIS
Benjamin COSSET	René RENAUD
Gaston DERAIX	Louis REVAULT
Aimard DURET	Edouard REVAULT
Léopold GALLIARD	Aimé ROBERT
Ernest GAUSSAINT	Hermann TREUILLER

Division de l'ouvrage. — La paroisse de Lignières–
Sonneville, qui est de même étendue que la commune
du même nom, est formée de 3 paroisses : Lignières,
Sonneville et St-Palais-des-Combes, qui avaient autrefois
chacune leur autonomie. C'est pourquoi nous les étudie-
rons l'une après l'autre. St-Palais-des-Combes fut de bonne
heure, comme on le verra plus loin, et au moins au spirituel, annexé à Sonneville. Quant à Sonneville elle-même,
elle a été supprimée comme paroisse en 1803 et annexée à
Lignières le 26 décembre 1804 ; puis supprimée même
comme commune, et incorporée à Lignières par une loi
du 9 juillet 1845.

LIGNIÈRES

Etymologie. — Le nom de Lignières ne vient pas, comme pourrait le faire croire l'orthographe actuelle, du latin *lignum*, bois. Il n'y a rien, ni dans les textes, ni dans la nature des lieux, qui autorise une telle explication. A une époque pas très éloignée de nous, c'est vrai, mais où les bois étaient tout de même plus nombreux qu'aujourd'hui, en 1783, le rapport de la production de bois au revenu total n'était que de 3/40. On ne voit donc pas que d'une si faible quantité de bois produite par la paroisse, il y ait lieu de faire venir son nom.

Ce nom vient plutôt du latin *linum*, *lin*. L'orthographe la plus ancienne en effet, celle qui a été régulièrement employée depuis les origines jusque vers le XVIIIe siècle, est : *Linières*, en latin vulgaire : *Lineriae*, terres semées en lin. C'est celle qu'on lit dans les vieux Cartulaires (XIe siècle) du Prieuré de Notre-Dame de Barbezieux, et de l'Abbaye de Baignes ; et, plus près de nous, sur la cloche de l'église, fondue en 1612. Ce nom aurait alors été donné à la paroisse à cause de la grande quantité de lin qu'elle produisait dès la plus haute antiquité. C'est une supposition très vraisemblable quand on se rappelle ce qui a été dit de la nature du sol et du sous-sol de Lignières, le lin recherchant de préférence les terres calcaires et en même temps profondes et fraîches ; — supposition très vraisemblable aussi pour qui sait la culture intensive qui se faisait autrefois de cette plante textile : le lin fut, avec le blé, la première culture de notre sol national [1] ; en 1840,

---

(1) Jullian, « De la Gaule à la France », 2ᵉ édition, p. 43 et 44.

il occupait encore chez nous 98.000 hectares, il n'en occupait plus que 24.000 en 1913 [1].

Quoi qu'il en soit, et bien que l'orthographe : *Linières* soit la plus ancienne et sans doute aussi la seule authentique, j'ai cru devoir adopter l'autre comme étant aujourd'hui universellement répandue.

____

____

[1] « Revue des 2 Mondes », 15 mai 1919.

I

LA PAROISSE

Limites. — L'ancienne paroisse de Lignières était pour les raisons données plus haut, moins étendue que la paroisse actuelle de ce nom.

Elle confrontait, dit un dénombrement de la dame de Lignières au Roi, du 28 juin 1753, « au canton ou carrefour des Justices de Lignières où sont situées les justices et fourches patibulaires de la seigneurie de Lignières : et montant vers l'Orient suivant le chemin de Criteuil à Châteauneuf à main senestre, suivant le long dudit chemin qui va du village de Bregonzac [1] à Fontmarche ; laissant Lignières à senestre et suivant ledit sentier jusqu'au lieu anciennement appelé la *Reseuze* entre les villages des Jeanneaux et le Prézaud ; montant dudit lieu contre soleil levant, laissant toujours Lignières à senestre, allant le long d'un autre sentier jusqu'à un trépied de chemins vis-à-vis des Jeanneaux et touchant aux préclôtures des Jeanneaux, et d'ycelles allant le long d'un petit chemin qui va des Jeanneaux chez Huet jusqu'au grand chemin, et suivant ledit chemin des Huets, laissant ledit village à main senestre et montant vers l'Orient suivant le sentier par lequel on va du *Maine Picq* [2] aux Rigaillaux jusqu'à un grand chemin qui va de Barbezieux à Jarnac ; laissant Lignières à main senestre et descendant jusqu'à un carrefour, le carrefour de Boisseguin, et dudit carrefour, suivant un chemin qui va des Jonchères à Bonneuil et jusqu'au coin de la seigneurie de l'Augerie ; montant contre sus jusqu'au pas anciennement appelé le *Pas du*

---

(1) Ancien nom du village de chez Chauvin, en Touzac.
(2) Ancien nom du village du May, en Lignières.

Pérat, et dudit pas du Pérat, allant le long du chemin qui va des Rigaillaux à la maison noble du Breuil, laissant les prés, garenne et maison noble de l'Augerie à main senestre jusqu'au coin de dessus la dite garenne ; et de là, suivant un chemin par lequel on vient du village de la Galocherie, paroisse de Birac, au bourg de Lignières jusqu'au pas anciennement appelé le *pas du gros noyer* et de présent le *Pas de l'Augerie* ; et dudit pas suivant le cours de l'eau, montant vers l'Orient jusqu'à un autre pas anciennement appelé le *Pas du Got* ; et dudit pas traversant un petit pré et allant au chemin qui descend de Bonneuil à Lignières jusqu'à un petit sentier faisant séparation des paroisses de Lignières et de Bonneuil ; ledit sentier montant droit à la font anciennement et de présent appelée la *Font Boissard* ; et de ladite font passant au coin du fief planté en vignes anciennement et de présent appelé le mas de *Coubouteille* ; montant dudit coin le long d'un petit sentier qui va par le fond de la combe tout le long d'une reganne ou fossé jusqu'à un grand chemin qui va de Lignières à Bouteville ; et allant le long dudit chemin jusqu'à un carrefour appelé *Char-dechien* ; et dudit carrefour, le long d'un autre chemin jusqu'à un autre chemin par lequel on va de Lignières à Sonneville, laissant la paroisse de Lignières à main senestre ; et de ce dernier chemin suivant le fond de la combe jusqu'à un grand chemin anciennement et de présent appelé la Rivière ou ruisseau de *Boullot,* autrement de Sonneville ; et descendant le long dudit ruisseau vers l'Occident jusqu'au pas de la pierre dudit lieu de Boullot ; et dudit pas, suivant toujours la reganne et cours de l'eau jusqu'à un chemin qui va de St-Palais à Lignières et au lieu anciennement et de présent appelé le *Pérat de Saint-Palais ;* et dudit Pérat, suivant le cours de l'eau le long d'un fossé qui part desdites paroisses de Lignières et St-Palais jusqu'à la séparation de St-Palais et d'Ambleville, laissant une petite prairie de Lignières à main senestre ; et de ladite prairie, montant vers le midi le long d'un petit sentier au *Maine des Doussaints ;* et dudit maine, montant le long d'un sentier qui va jusqu'à la *Grosse*

Pierre et rivière de Grand Font ; et de la Grosse Pierre, montant le long du cours d'eau qui descend de Lignières à Grand Font, passant devant la maison noble de Luchet, la laissant à droite et continuant jusqu'au coin de la garenne de ladite maison de Luchet ; et montant contre mont vers midi suivant un autre cours d'eau appelé la *Font du Loup* laissant Criteuil à main dextre et Lignières à main senestre ; continuant jusqu'à un grand chemin qui va de Lignières à Criteuil ; et dudit chemin montant encore le long d'un pré appartenant au sieur de Renouard, d'Ermelle ; puis le long d'une prairie appelée *Sallet* appartenant aussi au sieur de Renouard ; suivant ensuite un petit sentier et reganne qui fait séparation des paroisses de Lignières et Criteuil jusqu'au chemin qui va de Criteuil à Châteauneuf ; suivant ledit chemin vers l'Orient jusqu'aux Justices.»

La paroisse de Lignières était donc limitée par celles de Touzac, Bonneuil, Sonneville, St-Palais-des-Combes, Ambleville, Criteuil et la Madeleine. Elle appartenait à l'ancienne province d'Angoumois ; mais aujourd'hui encore, les mœurs et le langage sont plutôt de la Saintonge, dont elle faisait partie sous la domination romaine, ainsi d'ailleurs que les autres paroisses de l'ancien archiprêtré de Bouteville, et à laquelle elle resta rattachée au point de vue religieux jusqu'à la Révolution.

Avant la conquête romaine Lignières faisait partie du pays des Santons, et, dans ce pays, de la tribu gauloise des « Doci », établie sur les rives du Né.

A) Impôts. — Pour les impôts, elle relevait, au moment de la Révolution, de l'Election de Cognac et de la Généralité de La Rochelle.

Les divisions de l'ancienne France, bien différentes de celles d'aujourd'hui, étaient aussi plus compliquées.

Pour les impôts en particulier, alors qu'il suffit aujourd'hui de les porter au chef-lieu de canton, il fallait autrefois que les collecteurs de chaque paroisse, après les avoir perçus sur les habitants, en portassent le montant au chef-lieu d'élection. Cette ville étant ordinairement très éloignée, et les communications n'étant pas alors des plus faciles, il en résultait, pour ceux qui avaient la charge des deniers royaux, toutes sortes d'ennuis, de fatigues et nombre de journées perdues. C'est ce qui décida Louis XIII à rétablir, par un édit du 21 décembre 1635, l'élection de Cognac, qui comprit 139 paroisses, c'est-à-dire les châtellenies de Cognac, Châteauneuf, Bouteville et Jarnac.

Ces châtellenies faisaient auparavant partie de l'Election d'Angoulême, généralité de Limoges, et antérieurement à son rétablissement, l'Election de Cognac avait fait partie de la Généralité de Bordeaux, par un édit de 1576.

Réunie en 1635 à la Généralité de Limoges, elle en fut détachée en avril 1694 pour former, avec les Elections de La Rochelle, Saintes, St-Jean-d'Angély et Marennes, la nouvelle Généralité de La Rochelle.

Elle eut donc, au cours des XVIᵉ et XVIIᵉ siècles, une existence assez mouvementée. Disputée successivement par les Généralités de Bordeaux, de Limoges et de La Rochelle, elle finit par rester à cette dernière. Le souvenir de ces rattachements successifs se retrouve encore dans les feuilles de papier timbré de nos registres paroissiaux d'avant la Révolution.

Au siège de la Généralité, était l'Intendant, chargé, avec les Trésoriers Généraux, les Président, Lieutenant et Elus de chaque Election, de répartir les impôts par paroisses.

Au siège de l'Election, était un Receveur des Tailles, chargé de les percevoir. C'était le Receveur de nos jours.

L'Election de Cognac ressortissait à la Cour des Aides de Paris.

a) **Impôts directs** — Les impôts directs de l'Ancien Régime étaient : la *taille*, la *capitation*, et d'autres impositions dites *accessoires* qui variaient suivant les besoins.

La *taille* était la taxe principale. C'était un impôt de répartition, fort comparable à l'impôt actuel sur le revenu. Tel et tel étaient taxés sur leur fortune présumée : d'où nombreuses injustices et réclamations, celles-ci jugées au tribunal de l'Election, simple circonscription d'impôts.

La taille était affectée aux besoins généraux de l'Etat.

La *capitation,* du latin *caput*, tête, était une taxe par tête, correspondant à la contribution personnelle et mobilière d'aujourd'hui.

Sous le nom d'*imposition accessoire*, on désignait des taxes variant chaque année et destinées à couvrir les frais de réfection des routes et des canaux, d'entretien des troupes, etc... Elles étaient réparties au prorata de la taille ; et pour être accessoires, elles n'en atteignaient pas moins le plus souvent la moitié de la taxe principale. C'est ainsi qu'à Touzac en 1775, pour 2910 livres de « principal de taille », il y avait 1370 livres d'imposition accessoire ; et en 1788, 1772 livres d'imposition accessoire pour 3000 livres de principal de taille. (1)

Aidant à répartir les autres impôts, la taille était elle-même répartie entre les paroisses, en raison de la nature de leurs productions. Ainsi, en 1783, Lignières qui avait 1/3 vignes et 2/3 grains et prés, était taxé à 4002 livres ; tandis que Sonneville qui était beaucoup moins peuplé, mais avait 3/4 vignes et 1/4 grains et prés, était taxé à 2812 livres.

Pendant toute une moitié du XVIIIe siècle : de 1719 à 1766, le principal de la taille, s'est élevé à lui tout seul en moyenne à 2130 livres pour Lignières ; à 1285 livres pour Sonneville.

Eu égard à la population de ces deux paroisses pendant cette période de leur histoire, Lignières aurait été favorisé, Sonneville surchargé d'impôts (2).

Le montant de la taille, de la capitation et des accessoires à prélever sur chaque paroisse l'année suivante, était envoyé par l'Intendant de la Généralité quelques mois ou seulement quelques jours avant la fin de l'année. Ce « mandement » ou « commission » devait être lu aux habitants assemblés, le premier jour de dimanche ou de fête

---

(1) La livre ou franc valait 20 sols ou sous ; le sol, 12 deniers ; le denier, 2 oboles ou mailles.

(2) Bibliothèque de Cognac, Fonds Albert, Tome 29, p. 100.

après sa réception, à l'issue de la messe ou des vêpres, « afin qu'aucun n'en prétendît faute d'ignorance ».

Au commencement de l'année suivante, les assoyeurs en charge dressaient le *rôle* ou *également* de la taille entre les habitants, au prorata des « biens et facultés » de chacun. Ce rôle comptait donc autant d'articles qu'il y avait de feux dans la paroisse. Après visa de l'Intendant il était retourné ordinairement en autant d'extraits qu'il y avait de collecteurs [1], et il y avait ordinairement un collecteur par quartier. C'est ainsi qu'à Lignières, ils étaient généralement 4 collecteurs pour les 4 quartiers du Bourg, des Collinauds, des Abels et d'Hauteneuve.

Chaque collecteur faisait ensuite rentrer les impôts de son quartier. Le paiement s'effectuait par trimestre. Un simple trait vertical dans la marge du rôle, en regard de la cote, indiquait que le trimestre était payé ; et 4 traits verticaux traversés par une barre horizontale $++++$, que tout était soldé. La somme totale ainsi recueillie était ensuite versée par les collecteurs "ez mains du Receveur des tailles de l'Election".

Les collecteurs étaient « tirés » chaque année par les les habitants de la paroisse réunis par le *syndic* ou maire, d'après un tableau divisé en 4 colonnes. La 1ʳᵉ colonne renfermait ceux qui étaient *exempts* de la collecte : les gentilshommes à cause de leurs privilèges, les septuagénaires à cause de leur âge, les mendiants à cause de leur insolvabilité. Les 3 autres colonnes renfermaient ceux qui pouvaient être collecteurs : c'étaient : *a*) les habitants qui payaient les « plus gros taux » ; *b*) ceux « où les sommes sont un peu moindres »; *c*) « les bordiers, jour_ naliers et autres manouvriers ».

Il fallait en un mot, pour être collecteur, être propriétaire ou artisan honorable, âgé de 25 à 70 ans, solvable, bon et capable d'exercer ladite charge.

Il semblait donc que ce fût un honneur d'être collecteur.

---

(1) « Assoyeur », « collecteur » : deux mots pour désigner le même personnage. Celui-ci était dit « assoyeur » lorsqu'il établissait *l'assiette* de l'impôt et « collecteur » lorsqu'il le *recueillait*.

En réalité, en dépit des six deniers par livre accordés aux collecteurs pour leur droit de collecte, c'était une lourde charge. Chaque collecteur était garant du montant de sa collecte, et tous étaient solidaires vis-à-vis de de l'Etat. S'ils avaient de la peine ou mettaient du retard à faire rentrer les impôts, ils se voyaient harcelés par le Receveur des tailles, menacés, puis frappés de saisie et même d'emprisonnement. L'un d'entre eux enfin devait porter les fonds recueillis au chef-lieu de l'Election. Il le faisait il est vrai, moyennant finance. Mais la somme qu'on lui donnait suffisait-elle à le dédommager du dérangement que lui causait un pareil voyage, ainsi que des difficultés et des dangers de la route à cette époque ?.. Il est permis d'en douter.

Quoi qu'il en soit, voici les noms des collecteurs ou assoyeurs que j'ai pu relever pour Lignières :

En 1625 : André Julien et Jean Biteau.

En 1637 : Galdras, Goujon, Collinaud, Ballet, Matignon, Biteau.

En 1639 : Isaac Bruneteau, Antoine Souchet, Pierre Lavaud, Jean Delacombe, Jean Roy, Mathieu Matignon, Jean Julien.

En 1683 : Daniel Demédy, Jérémie Bruneteau le jeune, Guillaume Beudet, Jean Bonnaud.

En 1701 : Jacques Biteau, Jean Souchet, Jean Marchand, Jacques Delhuile.

En 1702 : Jean Rullier, quartier du bourg ; Gabriel Rivière, quartier des Collinauds ; Isaac Biteau, quartier des Abels ; Jean Lasseur le jeune, quartier d'Hauteneuve.

En 1724 : Charles Cartron, marchand ; Jean Roux, bourrelier ; Charles Ballet, laboureur.

En 1739 : Jacques Delafont, Pierre Giraudeau, Jean Besson.

Exempts de la collecte, les privilégiés, c'est-à-dire la noblesse et le clergé [1], l'étaient aussi de la taille.

Cette exemption d'un impôt qui épargnait les grands

---

(1) . Et quelques officiers de justice, de finances et d'administration, qui avaient sans doute acheté leur office.

pour peser plus lourdement et presque exclusivement sur les petits et les pauvres a fait beaucoup crier et était en effet avec le temps devenue déplorable.

Elle s'expliquait cependant, si elle ne se justifiait pas, du moins à l'origine, alors que la noblesse, dans un temps qui ne connaissait point le service militaire obligatoire, était seule à payer *l'impôt du sang*, et que le clergé payait le *don gratuit*. On sait du reste que ce don gratuit devint obligatoire, qu'une autre façon pour le clergé de subvenir aux besoins de l'Etat était de payer au Roi des *décimes* [1] en retour de ses immunités, et que c'est lui qui avait alors la charge des pauvres, des malades et des écoles.

Etaient exempts de la taille à Lignières avec le seigneur et le curé du lieu, les seigneurs de deux petits fiefs nobles situés dans la paroisse : Ermelle et le May ; plus en 1739, Charles Filhon, avocat ; Josué Roy, receveur des droits rétablis ; Pierre Roy, garde-étalon [2] ; Jean Savarit, marguillier. C'est dire combien les cas d'exemption de taille avaient fini par s'étendre des deux premiers ordres aux simples bourgeois et roturiers.

Si quelques-uns étaient exempts de la taille, personne ne l'était en principe des *vingtièmes* [3] établis sous Louis XV et perçus sur tous les propriétaires de biens-fonds : « nobles, ecclésiastiques, officiers exempts et privilégiés, bourgeois et habitants taillables ». Ce nouvel impôt était dressé sur un rôle spécial.

« En principe », ai-je dit, car là aussi il y avait trop souvent des exceptions. C'est ainsi que sur un rôle des vingtièmes de la paroisse de Touzac, dont la date a disparu mais qui doit être du milieu du XVIII° siècle, on lit dans la marge, en regard de la cote de Paul Texier, de la Pègerie, qu'il « a été déchargé en entier par ordonnance de Mgr l'Intendant du 6 juillet 1751 » ; et que sur un autre rôle de 1775, il n'est même plus mentionné.

---

(1) Dixième du revenu des bénéfices ecclésiastiques

(2) Officier chargé de garder l'étalon de la mesure du seigneur.

(3) Vingtième du revenu. On commença par prélever un vingtième. Cet impôt fut ensuite doublé, puis triplé. En 1789, il s'élevait à 3/20° du revenu de chacun

En somme, si les impôts de l'Ancien Régime ont été tant décriés, c'est sans doute parce qu'ils étaient trop lourds pour les modestes revenus de nos pères : d'après les calculs de Taine, sur 100 fr. de revenu net l'impôt direct royal prélevait à lui seul 53 fr. 15. Mais c'est aussi parce qu'ils pesaient trop inégalement sur les sujets du Roi, épargnant les riches au préjudice des pauvres.

La situation est-elle bien meilleure aujourd'hui pour le contribuable français ?.. Bien simple, qui le croirait !...

« La France, notait M. Poincaré comme digne de remarque dans la Revue des 2 Mondes du 1ᵉʳ juin 1920, la France va payer environ 550 fr. d'impôts par tête d'habitant ». A moins de six ans de distance, c'est déjà presque le double qu'il faut dire, puisque le projet de budget pour 1926 s'élève à 36 milliards, près de 1000 fr. par tête d'habitant !..

Si encore l'égalité de tous devant l'impôt était mieux observée !.. Mais la situation, à ce point de vue, n'est pas sensiblement différente de ce qu'elle était autrefois : elle n'a fait que se renverser ; les privilégiés ne sont plus les mêmes qu'autrefois, voilà tout ; mais il y a toujours des privilégiés. Le législateur a, depuis quelques années, tellement multiplié les dégrèvements qu'à l'heure présente quantité de Français ne paient pas l'impôt !.. (1).

---

(1) On ne s'est occupé dans cette étude sur les impôts d'autrefois que des impôts directs *ordinaires*.

Extraordinairement furent levés d'autres impôts :

a) L'impôt du *huitième* au début du XVIIᵉ siècle.

b) L'impôt du *cinquantième* prescrit pendant 12 ans par une déclaration du Roi du 5 juin 1725. Le 1/50ᵉ des vins de Lignières fut adjugé le 27 août 1725 à Pierre Giraudeau, marchand, moyennant 30 livres. (Communiqué par M. Giraudeau, de chez Piet)

Les impôts *indirects* étaient la *gabelle*, ou impôt sur le sel ; les *corvées*, pour la construction des grandes routes ; les *aides* ou impôts de consommation, etc. Ils étaient généralement affermés.

En 1777, lorsque fut construite la partie de la route nationale comprise entre Angoulême et Barbezieux, la paroisse de Lignières dut fournir des corvées au chantier de Pont-à-Brac, avec d'autres paroisses des environs : Touzac, Criteuil, La Madeleine, Barbezieux, Barret, etc. (*Echo Charentais*, 9 mars 1902).

b) **Redevances seigneuriales.** — La taille et les vingtièmes n'étaient pas les seules charges imposées, sous l'Ancien Régime, à la propriété. Il y avait aussi les redevances seigneuriales, dont les principales [1] étaient les *agriers* et les *rentes*.

Pour bien comprendre les unes et les autres, il faut se rappeler que toutes les terres, à l'origine, étaient la propriété exclusive du seigneur de l'endroit. Il était le seul propriétaire foncier du pays, étant seul capable de le défendre. En retour de la protection qu'il leur accordait, et dont ils sentaient le besoin, les colons de l'époque cultivaient ses terres, moyennant un droit de terrage ou d'*agrier* (du latin *ager, agri*, champ), dont la quotité, variable suivant les lieux, était égale, à Lignières, à Touzac, et dans les autres paroisses relevant de Lignières, au 1/8 de la vendange et au 1/9 des autres fruits [2].

Ce système d'exploitation était donc assez comparable, toutes proportions gardées, à notre *métayage* actuel par lequel le propriétaire et l'exploitant se partagent les fruits du sol. Il en fut ainsi à Lignières et vraisemblablement dans toute la région, jusqu'au XVᵉ siècle.

A partir de cette époque, les seigneurs, soit qu'ils aient trouvé ce revenu muable et incertain, soit qu'ils aient été forcés par les circonstances et le malheur des temps qui suivirent la guerre de Cent ans, soit qu'ils aient voulu émanciper le paysan, l'attacher à la terre, et favoriser l'agriculture, commencèrent à *arrenter* leurs terres, c'est-à-dire offrirent au paysan de les lui céder en toute propriété et jouissance, moyennant une redevance fixe, annuelle et perpétuelle appelée *rente*.

Ces rentes, ordinairement en nature et argent, comprenaient tant de boisseaux de froment, tant d'avoine, tant de chapons, poules (gélines) ou poulets, tant de livres, sols ou deniers. Elles étaient « payables et por-

---

(1) « Les principales », car il y avait aussi les *béans*, ou *bians* et *corvées*, journées de travail dûes au seigneur.

(2) Les agriers étaient donc une partie du revenu des champs ensemencés. Appliqués au revenu des vignes, ils portaient le nom de *complants*

tables » à la recette du château chaque année, en une ou deux fois, à la Saint-Michel et à la Saint-Jean, plus généralement en une fois à la Saint-Michel.

Les actes d'arrentement passés entre les seigneurs et les colons reçurent le nom de *baillettes*, du vieux mot français « bailler », qui veut dire « donner ». On appela « prises » ou « tenures » les terres délimitées dans les baillettes, et « tenanciers » ceux qui les possédaient. Et l'on disait de ces terres qu'elles étaient, vis-à-vis du seigneur, « tenues à rente, au devoir de telle somme, ou de telle quantité de récolte ».

Quant aux terres cultivées non comprises dans les mas arrentés, elles continuèrent à être tenues « à agrier ». Les agriers devaient être portés à la recette du château au temps des cueillettes, savoir : « les grains à la grange, la vendange au chai », après que le terrage en avait été fait par les officiers de la seigneurie. A cause de la manière de les percevoir, et de la distance où l'on était parfois du château, beaucoup d'agriers, devenus trop onéreux pour les tenanciers, furent dans la suite commués (changés) en rentes. A Lignières, la proportion des terres tenues du seigneur de Lignières à droit d'agrier, n'était plus, quelques années avant la Révolution, que de 1/7 environ contre 6/7 de terres tenues à rente.

Les tenanciers devaient faire, à certaines époques, *déclaration* au seigneur des terres qu'ils tenaient de lui.

Parmi les seigneurs qui avaient autrefois droit de rente et d'agrier sur la paroisse de Lignières, on peut distinguer les seigneurs *laïques* et les seigneurs *ecclésiastiques*.

Parmi les seigneurs *laïques*, le plus important était le seigneur engagiste [1] de *Bouteville,* de qui relevaient directement un maine chez Jonchères, un autre au moulin de la Brande, un autre a Boisseguin, etc., au devoir total de 7 pipes, 16 boisseaux de froment ; 3 pipes, 1 boisseau

---

[1] « Engagiste » : qui avait acheté Bouteville pour un prix au domaine royal, lequel était toujours libre de le reprendre au prix coûtant.

d'avoine; 16 livres 18 sols 9 deniers argent; 4 chapons, 4 gélines; — et indirectement presque tout le reste de la paroisse que, par acte du 28 mai 1488 reçu Torrin, il avait abandonné au seigneur de Lignières, moyennant « six vingt (120) boisseaux de froment, et 60 d'avoine par chacun an » [1]

Venaient ensuite : le *seigneur de Lignières,* de qui relevait directement la plus grande partie de la paroisse, soit 1450 journaux environ (près de 500 hectares), au devoir total de 19 pipes, 15 boisseaux de froment, 11 pipes 5 boisseaux d'avoine, une centaine de livres en argent, 133 chapons, 52 gélines ou poules, 6 poulets, 1 pinte d'huile ; — le *seigneur du May,* de qui relevaient directement le May et ses dépendances, soit 135 journaux environ, au devoir de 7 boisseaux de froment, 7 d'avoine, 5 livres argent, 2 chapons ; — le *seigneur d'Ermelle,* de qui relevaient directement Ermelle et ses dépendances : 155 journaux environ, au devoir de 26 boisseaux de froment, 12 d'avoine, 36 sols argent, 3 poules ; — le *seigneur de Luchet* en Criteuil, qui avait en Lignières un maine à Menoche (4 journaux) [2].

Les seigneurs *ecclésiastiques* étaient : le *prieur de Saint-Paul de Bouteville,* de qui relevaient le village de chez Ménard, au devoir de 2 boisseaux de froment, 15 sols, 2 chapons, 1 géline et 1 jour de bian à bras ; — et

______

(1) « Papier terrier de Bouteville » à là Bibliothèque de Cognac, Fonds Albert, T. 73. La pipe valait 20 boisseaux ; le boisseau, 8 mesures. Les mesures employées étaient celles de Bouteville.

(2) Papier terrier de Lignières de 1774-82, aux Archives de la Charente, minutes Matignon. Bien que l'argent eût plus de valeur autrefois qu'aujourd'hui, les rentes en argent étaient minimes. On leur préférait les rentes en nature. La monnaie courante était les terres ou les fruits de la terre.

« Journal » : ancienne mesure indiquant la quantité de terrain qu'un homme pouvait labourer dans un jour. Il y avait au journal 200 lattes ou carreaux ; chaque latte faisait 12 pieds carrés. Le pied de Guyenne, employé en Angoumois, était un peu plus grand que le pied du Roi et mesurait 0 m. 351. Le journal était donc de 35 ares et quelques centiares.

La « pinte » valait 4 roquilles ou 1 litre 2825. (Quénot, *Statistique de la Charente*).

un maine dit « du Martin roux », proche le village de chez Piet, au devoir de 2 boisseaux de froment, 3 d'avoine, 20 sols, 2 chapons, 1 géline et 1 jour de bian à bœufs et charrette [1]; — le seigneur *abbé de N. D. de Madion sur Seudre* au diocèse de Saintes [2], qui avait deux fiefs en Lignières : l'un appelé des « Seuzes » en 4 prises, parmi lesquelles le Bois Barit, l'autre appelé des « Combes »; — le *curé de Lignières,* de qui étaient tenus une prise à Boulot, au devoir de 6 boisseaux et 1 mesure de froment, 10 sols et 1 chapon; une pièce de terre et vignes près chez Jonchères, au devoir de 6 sols; deux journaux près la chapelle de Saint-Denis, au devoir de 7 sols 6 deniers et 1 poule [3].

Tous ces seigneurs, de qui étaient tenues les terres en roture, les tenaient eux-mêmes noblement de celui d'entre eux qui était le seigneur suzerain. Il pouvait y avoir, et il y avait plusieurs seigneurs suzerains. Tel, qui était vassal par rapport à un seigneur plus élevé que lui, était suzerain par rapport à un autre qui avait un fief de moindre importance. La société d'alors était admirablement hiérarchisée. Mais le suzerain de tous était le roi de France, représenté dans notre région par le seigneur engagiste de Bouteville. C'est de lui, directement ou indirectement, que les autres tenaient leurs fiefs. Et de même que les simples roturiers étaient obligés, comme on l'a dit tout à l'heure, de déclarer à certaines époques au seigneur les terres qu'ils tenaient de lui, de même les vassaux nobles devaient, à certaines époques eux aussi, à muance (mutation) de seigneur et de vassal, mais avec un tout autre cérémonial, faire *aveu* et *dénombrement* de leur terre, en rendre hommage sans épée ni éperon, tête nue, un genou en terre, en faisant serment de fidélité au seigneur et en lui remettant, s'il y avait lieu, les

---

(1) Archives de la Charente, Hxii 63.

(2) Commune de Virollet, canton de Gémozac (Charente-Inférieure).

(3) Papier terrier de Lignières de 1774-82, aux Archives de la Charente, minutes Matignon.

objets dûs pour leur fief, par exemple : une paire de gants, une paire d'éperons, ou une somme équivalente. On disait alors que le fief « relevait » ou « était tenu de la seigneurie à hommage lige [1], au devoir de tel objet, ou sans nul autre devoir ».

C'est ainsi qu'à Lignières, le seigneur abbé de Madion tenait son fief du seigneur de Lignières en franche aumône [2], et sans aucun devoir ; — qu'Ermelle relevait de la seigneurie de Lignières à foi et hommage, au devoir d'une paire de gants blancs appréciés dix sols ; — que le May relevait pour une petite partie du seigneur de Luchet, au devoir d'une paire de sonnettes d'épervier [3]; et pour la plus grande, du seigneur de Lignières à foi et hommage, au devoir de deux chaperons d'oiseau [3] ; — que Lignières enfin relevait à son tour de Bouteville à foi et hommage lige.

Le devoir noble, pour fonds tenus noblement du seigneur, était donc minime et purement honorifique.

De même, si le revenu total des domaines arrentés finissait par chiffrer haut pour le seigneur, la rente, ou devoir roturier, n'en était pas moins en général minime elle aussi, pour chaque tenancier.

De ces premiers arrentements du sol par les seigneurs, date, chez nous, la *création de la petite propriété*, ainsi que l'origine de la plupart de nos *villages:*

Le tenancier devenait en effet propriétaire. Et si nous avons pu tout à l'heure comparer à un métayer de nos jours l'exploitant d'une terre sujette à agrier, ne pourrait-on pas aussi comparer l'exploitant d'une terre

---

(1) « Lige », du latin « ligatus », lié. Se disait de l'hommage par lequel un vassal était plus étroitement obligé vis à vis de son suzerain, que par l'hommage ordinaire, notamment au point de vue du service d'ost, ou service militaire On vient de voir comment il se prêtait. Quant à l'hommage simple, il se prêtait debout, l'épée aux côtés, les éperons en place.

(2) Autrement : franc alleu, domaine exempt de tous devoirs.

(3) Ces expressions seront expliquées plus loin, quand on étudiera le May.

grevée de rente à un *fermier* de nos jours ?... Comme le fermier en effet, le tenancier payait une redevance en nature ou en argent. Mais plus que le fermier il était maître de la terre. Il pouvait la cultiver à son gré, et même la vendre ou la céder, sous la seule réserve que le seigneur pourrait alors reprendre le domaine aliéné en en payant le prix, ou, s'il ne le reprenait pas, que l'acheteur paierait au seigneur le droit de *lods et ventes*, pour l'honneur que lui faisait le seigneur de le recevoir à homme et de l'investir. Ce droit de lods et ventes était d'ailleurs un droit utile plutôt qu'honorifique : c'était l'équivalent des droits d'enregistrement actuels.

La voix populaire et l'instinct de la propriété consacrèrent aussitôt, par un vocable nouveau, ce nouvel état de choses. Le nom qu'avait porté jusqu'alors le maine arrenté et qui était ordinairement tiré de la nature des lieux, disparut pour faire place au nom du nouveau propriétaire.

C'est ainsi qu'à Lignières le maine de Fréville devint le village de chez Abel (XVe siècle) ; — le maine Pallier, le village de chez Jonchères (XVe s.) ; — le maine Brebion, le village de chez Barbut ; — le maine Pignon, le village de chez Ménard (XVe s.) ; — le maine Blois, le village de chez Rigaillaud (XVe s.) — la Croix du Rat, le village de chez Gautraud (XVe s.) ; — le maine des Croix, le village de chez les Rois (XVe s.) ; — le maine Figerou, le village de chez Grimaud (XVIe s.) ; — le maine des Haies, le village de chez Huet (XVIe s.) ; — le maine de Virecourt, le village de chez Méniquet (XVIe s.) ; — le maine aux Pichotiers, le village de chez Piet (XVIe s.) ; — le maine Breton, le village de chez Rimonet (XVIe s.) ; — le maine des Ayniers *(sic)*, le village de chez Sardet (XVIe s.) [1].

Seul, ce dernier village est encore habité par les descendants de ceux qui lui ont donné son nom.

---

[1] Papier terrier de Lignières.

Les rentes et les agriers n'avaient donc *à l'origine* rien que de *légitime* et de raisonnable. Ils étaient la monnaie dont on payait alors, l'argent étant plutôt rare, les services rendus par les « hauts et puissants seigneurs » aux faibles paysans. Et l'on voit dès lors ce qu'il faut répondre à ceux qui, insuffisamment informés, les représentent comme des servitudes odieuses de l'ancien Régime. Servitudes, oui ; mais nullement odieuses à l'origine, et librement acceptées de ceux qui allaient les subir, parce que, loin de porter atteinte à la propriété, elles la constituaient. Donnant, donnant, : « Je vous donne ma terre, disait le seigneur aux paysans ; en retour, vous me donnerez telle rente ». Au lieu de payer tout en argent, comme aujourd'hui, l'acquéreur s'engageait à payer chaque année, en nature ou en argent, à peu près l'intérêt du capital-immeuble arrenté.

Tant que sur la propriété ne pesèrent pas d'autres charges ; que les seigneurs, fidèles à leur rôle de protecteurs, résidèrent sur leurs domaines, gardèrent le contact avec les paysans ; ou que le souvenir de ceux qui avaient concédé les terres resta vivant dans l'esprit des tenanciers, on ne trouva guère à redire aux rentes. Mais lorsque, les temps étant devenus plus calmes et le pays mieux organisé, les services qu'avait rendus la féodalité n'eurent plus de raison d'être ; que le souvenir des premiers seigneurs se fut effacé sous l'action du temps ou par la faute de leurs successeurs, absents le plus souvent du pays ; que les liens qui unissaient primitivement le peuple à ses seigneurs se furent ainsi relâchés et même brisés, alors on commença à trouver odieux de cultiver une terre au profit de bouches inutiles ou d'étrangers. Les rentes et autres redevances seigneuriales devinrent impopulaires. Malgré leur qualification de rentes « perpétuelles », elles devaient, comme toutes les choses d'ici bas, avoir une fin. Déclarées rachetables dans la nuit du 4 août 1789, elles continuèrent à être dûes en 1789, 90, 91 et 92, mais furent très difficilement recouvrables, et disparurent définitivement en 1793.

c) — **Dîmes.** — Ce que les agriers étaient aux seigneurs, la dîme l'était au clergé, avec cette différence toutefois à Lignières que, tandis que les agriers étaient, comme on l'a dit, au 1/8ᵉ de la vendange et au 1/9ᵉ des autres fruits, les dîmes étaient « au douzain » seulement. A Lignières, comme en beaucoup d'autres endroits, les dîmes ne représentaient donc pas ce que signifie leur nom : elles n'étaient pas la dixième partie, mais seulement la *douzième* partie des fruits de la terre. On a calculé d'ailleurs pour toute la France que le taux du 10ᵉ était exceptionnel [1], et que le taux moyen était le 18ᵉ seulement [2].

Et cependant, de tous les impôts de l'Ancien Régime, aucun peut-être n'a été plus décrié. Comme il était établi en faveur de l'Eglise, la passion antireligieuse s'en est emparée, elle l'a démesurément grossi, odieusement déformé, représenté comme la dernière abomination de l'Ancien Régime. Depuis une cinquantaine d'années, la dîme est devenue chez nous la suprême ressource de tout un parti politique pour discréditer tout gouvernement ami ou simplement respectueux de l'Eglise. Il en a été question contre les partisans du Comte de Chambord, lors des tentatives par eux faites pour rétablir la monarchie après nos malheurs de 1870 : on les accusait de vouloir par là rétablir la dîme. Il en avait été question vers la fin du second Empire, en 1868, dans la ridicule affaire des Tableaux, lorsque à Touzac, Criteuil, Saint-Preuil et dans toute la région, les foules, obéissant à un mystérieux mot d'ordre, se portèrent en masse à l'église, assistèrent en armes à la messe, dans une attitude menaçante pour le curé, sous le prétexte mensonger qu'il détenait chez lui... quoi ?... des tableaux !... mais des tableaux représentant des fleurs de lis et des épis de blé, symboles apparemment d'un régime exécré !... Et depuis, c'est souvent et de bien des

---

[1] Guiraud *Histoire partiale et histoire vraie*, III, p 216.

[2] Pierre de la Gorce, *Histoire religieuse de la Révolution française.*

manières, notamment dans certaines « Histoires de France » indignes de ce nom, à l'usage des enfants des écoles laïques, que la question de la dîme a été agitée comme un épouvantail.

Epouvantail à moineaux !...

Nous n'avons pas en effet plus de raisons de trouver la dîme odieuse, nous pour qui elle n'est qu'un souvenir, que n'en avaient nos pères, pour qui elle était une réalité. On conviendra même que nous en avons beaucoup moins.

Pour juger sainement de cet impôt, il faut donc se demander ce qu'en pensaient nos pères à la veille de la Révolution, au moment où les dîmes allaient être supprimées. Or, nous avons à cette époque un document très précieux : ce sont les *Cahiers de doléances* de 1789. De l'aveu de quelqu'un qui les a dépouillés, « les *deux tiers* des cahiers gardent sur la dîme le mutisme le plus absolu, alors qu'ils s'accordent tous ou à peu près à fulminer contre les exigences du Trésor ou contre les taxes seigneuriales » [1].

D'après les Cahiers de doléances de l'Angoumois en particulier, sur 380 paroisses environ dont se composait la province, 45 s'occupent de la dîme, c'est-à-dire à peine un huitième. Et encore ne s'en occupent-elles pas toutes pour en dénoncer les abus, encore moins pour en contester la légitimité. Si quelques-unes, une dizaine, demandent la suppression de la dîme, c'est pour la voir remplacée par une somme d'argent, ou par un droit territorial en faveur de l'Etat, qui paierait ensuite les membres du clergé. Quinze autres demandent que les revenus de la dîme profitent davantage aux curés congruistes, dont elles font généralement l'éloge. Une vingtaine de paroisses seulement — parmi lesquelles d'ailleurs la plupart des paroisses environnantes : Bouteville, Bonneuil, Touzac, Viville, Criteuil, Amble-

____

(1) Gagnol, *La dîme ecclésiastique en France au XVIIIe siècle.*

ville, Juillac le Coq — se plaignent des abus qui existent dans la levée des dîmes. (1)

Vingt paroisses sur 380 : la 19e partie !... On avouera que c'est peu, et que si la dîme avait été l'impôt odieux qu'on essaie parfois de nous représenter, il aurait dû y avoir plus de paroissés à s'en plaindre ou à en demander la suppression pure et simple.

Que des *abus* regrettables aient fini par se glisser dans une institution plusieurs fois séculaire, on ne peut le nier. Le contraire aurait plutôt de quoi surprendre ! Quelle est l'institution humaine qui peut se flatter d'être à l'abri de tout reproche ? Il est certain qu'on pouvait trouver à redire à la façon dont la dîme était perçue.

Impôt privilégié entre tous, il devait être perçu le premier ; le décimateur devait passer même avant le propriétaire. De plus, les tenanciers devaient, avant la récolte, avertir le décimateur, pour qu'il pût venir prendre, pendant la moisson, par exemple le 12e sillon, là où, comme chez nous, la dîme était « au douze un » des blés. La dîme enfin était rarement perçue par le curé lui-même. Il l'affermait le plus souvent à des laïques qui pour payer leur ferme sous peine de « tenir prison », et sans doute aussi pour réaliser des bénéfices, n'ont pas su toujours user de ménagements à l'égard du pauvre peuple, et ont parfois eu la main lourde.

Désagréable dans son mode de perception, la dîme ne l'était pas moins dans son mode d'attribution. Bien qu'établie tout d'abord pour entretenir le culte et soulager les pauvres de chaque paroisse, elle profitait le plus souvent et d'une façon à peu près exclusive à de riches personnages ou Corps ecclésiastiques étrangers au pays... ou bien, ce qui ne valait pas mieux à certains seigneurs à qui une partie des dîmes avait été inféodée (donnée en fief) : à Lignières, le seigneur du lieu en avait la 20e partie.

C'est ainsi qu'à Touzac et à Juillac-le-Coq, la dîme profitait surtout au Chapitre de la Cathédrale d'Angoulême, curé primitif et décimateur de ces deux paroisses ;

______

(1) Chancel, *L'Angoumois en 1789.*

à Bouteville, au Prieur commendataire de Saint-Paul de Bouteville ; à Ambleville, à l'Abbé de Baignes ; à Viville au Grand Prieur d'Aquitaine, Viville étant une Commanderie de l'Ordre de Malte.

Sans doute, ces grands personnages exerçaient dans des circonstances exceptionnelles, comme à Touzac en 1709, leur charité à l'égard des pauvres de la paroisse. Sans doute encore, ils se rendaient de temps en temps dans les paroisses de leur dépendance. A Touzac en particulier, un de Messieurs du Chapitre se rendait une ou deux fois par an, et descendait chez son fermier, qui était chargé de le nourrir, lui, ses gens et ses chevaux. Mais, quoi qu'il fît, le gros décimateur restait toujours distant. Sa venue devait exciter la curiosité, l'admiration, ou même l'envie, beaucoup plus que la sympathie ; et quand il s'en allait, on savait bien que c'était le plus gros des revenus de la dîme qui s'en allait avec lui. Le curé qu'il laissait derrière lui, à la tête de la paroisse, en était une preuve vivante. C'était en effet son « vicaire perpétuel », celui qui avait la charge de la paroisse, mais non le profit, puisque sur les revenus de la dîme, le gros décimateur ne lui attribuait qu'une toute petite partie, appelée « portion congrue » ; d'où son nom de « congruiste ». Les populations s'en rendaient compte, et c'est pourquoi beaucoup de cahiers de 1789 prennent le parti des congruistes contre les gros décimateurs ; c'est pourquoi aussi les curés de campagne ne furent pas les derniers à accueillir la Révolution qui devait, croyaient-ils, se borner à réprimer les abus.

Par contre, dans beaucoup de paroisses où le curé lui-même était décimateur, où l'on voyait par conséquent la dîme profiter à celui qui assurait le service paroissial, la dîme devait paraître à tous moins dure à acquitter. Et c'est pourquoi sans doute à Lignières, où le curé était décimateur, il n'est nullement question de la dîme dans les cahiers de doléances de 1789.

Ce regard donné aux abus de la dîme, il convient maintenant, pour être juste, de voir ce qu'il y avait de bon dans cet impôt.

Or, la dîme était un impôt *légitime*, dont l'abus ne saurait faire condamner l'usage.

A une époque en effet où le clergé ne recevait rien de l'Etat, et où toutes les œuvres de *bienfaisance* et d'*instruction* populaires (écoles et hôpitaux) étaient à sa charge, il fallait bien qu'il trouvât, dans les offrandes des fidèles au service desquels il était exclusivement consacré, de quoi vivre et faire vivre ses œuvres. Cela est d'autant plus facile à comprendre aujourd'hui que, le budget des Cultes ayant été supprimé par la loi de Séparation (1905), les fidèles eux-mêmes l'ont à peu près partout rétabli par leurs offrandes volontaires à l'œuvre du Denier du Culte. La dîme était le « denier du culte » de l'Ancien Régime. Oblation purement volontaire à l'origine, elle fut rendue obligatoire et sa légitimité confirmée par des lois ecclésiastiques et civiles dès le XI° siècle. En 1789, lorsqu'elle fut supprimée, elle ne le fut pas purement et simplement ; elle le fut, à la charge pour l'Etat de donner au clergé, sous forme de traitement, l'équivalent en moyenne de ce que lui rapportait autrefois la dîme : ce qui était en somme reconnaître une dernière fois, au moment où il allait disparaître, la légitimité de cet impôt. Voici du reste le décret de l'Assemblée Constituante : « Les dîmes de toute nature sont abolies, *sauf à aviser* aux moyens de subvenir d'une autre manière à la dépense du culte divin, à l'entretien des ministres des autels, au soulagement des pauvres, aux réparations et constructions des églises et presbytères, et à tous les établissements, séminaires, écoles, collèges, hopitaux, communautés et autres, *à l'entretien desquels elles sont actuellement affectées* »,

La dîme était de plus, de tous les impôts de l'Ancien Régime, celui qui choquait le moins le principe de l'*égalité*, si cher aux républicains de nos jours. Tout le monde y était soumis : nobles et roturiers, clercs et séculiers, catholiques ou non.

Elle était enfin *variable* et suivait les vicissitudes de la récolte, rapportant plus ou moins, suivant qu'on traversait une période d'abondance ou de disette. Il sera facile de s'en rendre compte tout à l'heure au prix auquel le décimateur affermait le même quartier de dîmes à des époques différentes.

Le curé de Lignières était donc *décimateur*, c'est-à-dire qu'il gardait pour lui tout le produit de la dîme. Mais il ne la percevait pas lui-même. Il l'affermait, moyennant une redevance annuelle fixe et pour un certain nombre d'années, à des laïques qui se chargeaient ensuite de la percevoir pour leur propre compte.

La paroisse était divisée par *quartiers*. Il y avait le quartier des Huets, des Abels, d'Hauteneuve, de Bedoux, des Piets, des Collinauds.

Le quartier des *Huels* était affermé en 1705, pour 160 livres et 2 paires de chapons « gros et gras » ; — en 1721, pour 200 livres, 4 chapons « gros, gras et dodus », et 2 paniers de raisins triés ; — en 1726, pour 215 livres, etc. comme ci-dessus ; — en 1731, pour 220 livres, etc. ; — en 1739, (année de famine), pour 54 livres ; — en 1751, pour 153 livres ; — en 1752, pour 210 livres ; — en 1759, pour 220 livres et une paire de chapons « gras et dodus » ; — en 1768, pour 135 livres. La dîme y consistait en grains, vins et chanvre.

Le quartier des *Abels* était affermé en 1724, pour 250 livres, 4 chapons, 2 pintes d'eau-de-vie, 2 pintes d'huile de noix, 2 paniers de raisins triés ; — en 1726, pour 270 livres, etc. comme ci-dessus ; — en 1732, aux mêmes conditions ; — en 1744, pour 270 livres, une bonne barrique de vin blanc « bien conditionné », une brasse de paille au choix du curé dans le pailler du fermier, le tout rendu à la cure, plus 2 paires de chapons, et une livre de « poudre à giboyer » ; — en 1751, pour 310 livres.

Le quartier d'*Hauteneuve* était affermé en 1721, pour 299 livres 10 sols, 3 paires de chapons « gros et gras », 3 pintes d'eau-de-vie ; — en 1726, pour 320 livres, etc. comme ci-dessus ; — en 1731 aux mêmes conditions, plus 2 paniers de raisins triés ; — en 1751, pour 330 livres ; — en 1760, pour 340 livres.

Le quartier de *Bedoux* était affermé en 1731, pour 80 livres, 2 couples de chapons « gros, gras et dodus », 2 paniers de vendange. Et la moitié des fruits décimaux des quartiers de Bedoux, des *Piels*, et des *Collinauds* l'était en 1705 pour 180 livres et 2 paires de chapons ; — en 1746 et 1754, pour 190 livres. (1)

Bref, la dîme à Lignières rapportait *en tout* au curé, par exemple en 1717, 800 livres, 2 pipes de froment « bon, loyal et marchand, pur et net », 4 barriques de vin, 8 paires de chapons, 6 pintes d'eau-de-vie, 4 panerons de raisins triés, 4 brasses de paille, et 10 livres à la Pentecôte de chaque année pour réparations à faire à l'église (2). En 1731, et dans les seuls quartiers des Huets, des Abels, d'Hauteneuve et de Bedoux, elle rapportait environ 900 livres argent, 18 chapons, 6 paniers de vendange, 5 pintes d'eau-de-vie, 2 pintes d'huile de noix.

Si l'on ajoute la dîme des quartiers des Piets et des Collinauds, on arrive au chiffre de 1000 livres, et c'est en effet ce chiffre que donne un « Pouillé du diocèse de Saintes de 1683 » (3). Le « Pouillé du diocèse d'Angoulême » en donne 1050 en 1710 (4).

B). **Justice.** — La paroisse de Lignières, qui était, comme on le verra plus loin, le siège d'une seigneurie

---

(1) Minutes Joubert, Roy, Bruneteau, notaires à Lignières ; Monnerot, notaire à Touzac.

(2) Minutes Poirier, notaire à Bouteville.

(3) Archives historiques de Saintonge et d'Aunis, 1914, XLV.

(4) Il ne s'agit ici, pour rester dans notre sujet, que du revenu de la dîme. Pour avoir le revenu total du curé de Lignières, il faudrait ajouter le revenu des biens-fonds (le presbytère et son jardin), 3 pièces de pré contenant ensemble 2 journaux 50 lattes, quelques rentes, etc... Si les *décimes* qui grevaient ces revenus (250 à 350 livres) en étaient vraiment, comme leur nom l'indique, la 10ᵉ partie le revenu total aurait donc été de 2500 à 3500 livres.

On peut enfin mentionner ici un impôt ecclésiastique extraordinaire levé en 1326 par le pape Jean XXII sur la province de Bordeaux, pour subvenir aux besoins pressants de l'Eglise. Le diocèse de Saintes se montra le plus généreux ; et dans le diocèse, Lignières fournit cent sous tournois, et Sonneville 105. (Arch. Saintonge et Aunis, 1914, XLV).

avec juridiction exercée, avait sa justice particulière, dont les appels ressortissaient à la Sénéchaussée d'Angoulême et au Parlement de Paris.

Cette justice particulière comportait, pour le seigneur de Lignières, sur toute l'étendue de la paroisse, le droit de *haute*, *moyenne* et *basse* justice.

La *basse justice* était, en général, le droit d'infliger une légère amende; et, dans la « Coutume d'Angoumois », le droit de mesurer et de borner les héritages, de connaitre des petits délits dont l'amende ne pouvait excéder 7 sols 6 deniers.

La *moyenne justice* était, en général, le droit d'infliger l'amende et la prison; et dans la « Coutume d'Angoumois », le droit de connaitre de toutes les causes civiles dont l'amende n'excédait pas 60 sols, telles que contrats non exhibés et saisine brisée (1), défaut de satisfaire à la contrainte de four et de moulin 2), injures et excès, etc.

La *haute justice* était le droit de connaître des affaires criminelles, et de condamner à mort, de « pendre haut et court ». Ce droit avait été concédé le 25 avril 1493 à Guy Poussard, seigneur de Lignières, « en reconnaissance de ses bons services », par Charles, Comte d'Angoulême et seigneur de Bouteville, moyennant dix livres tournois de redevance annuelle.

Les *marques* de la haute justice et en même temps les instruments servant à l'exercer, étaient les fourches patibulaires, à 2 ou 4 piliers suivant la dignité du seigneur, les prisons et les ceps ou « fers ».

Les *prisons*, d'après la « Coutume d'Angoumois », ne devaient pas être faites plus basses que le rez-de-chaussée. Il n'y avait donc *pas d'oubliettes*. Du reste, les oubliettes n'ont le plus souvent existé que dans l'imagination

---

(1) L'acheteur d'un fonds était tenu d'exhiber son contrat dans les 40 jours au seigneur de ce fonds; faute de quoi, le seigneur pouvait saisir le fonds. Et si, pendant ladite saisie, on exploitait le fonds, ou devait payer l'amende de saisine brisée

(2) Tous les roturiers devaient porter leur blé au moulin et leur pain au four banal du seigneur.

populaire, qui, grossièrement trompée par ceux qui ont intérêt à la tromper, en prête, bien à tort, à tout vieux château, si peu important soit-il. Bouteville lui-même n'en avait pas. Bien plus, des « Coutumes » , par exemple celle du Poitou, recommandaient de ne pas user de ceps ni de fers, pour la détention des prisonniers. Et le commentateur de la Coutume d'Angoumois écrit (p. 22) : « Puisque les prisons sont seulement pour la garde, et que les prisonniers sont hommes, ils ne doivent pas être traités avec inhumanité ». Le concierge des prisons à Lignières en 1786 était Gabriel Vignon, sacristain.

Les *fourches patibulaires* du seigneur de Lignières n'étaient vraisemblablement qu'à deux piliers, reliés par une traverse de bois. Elles se dressaient, sinistres, à l'endroit encore appelé « les Justices », sur un des points les plus élevés de la paroisse (84 m.), d'où l'on domine d'un côté la vallée de la rivière de Lignières, de l'autre la vallée du Né, au point de croisement de l'ancien grand chemin d'Archiac à Châteauneuf et de celui de Lignières à la Madeleine... plus sinistres encore, quand on voyait s'y balancer un cadavre pendu par le col !.. La guillotine a remplacé les bois de ces justices seigneuriales. Plus expéditive, elle fait son œuvre le matin, de très bonne heure ; n'est pas dressée en permanence en plusieurs endroits, arrive, se monte et se démonte en un clin d'œil. Pour toutes ces raisons, elle inspire moins d'horreur que les fourches patibulaires de l'ancien temps. Mais son aspect n'est guère moins sinistre ; et l'on ne peut point dire qu'elle travaille moins, que le « gibier de potence » est moins abondant aujourd'hui qu'autrefois.

Il y avait de plus, dans le bourg même de Lignières, sur une petite place qui se voit encore, à l'intersection du chemin de Lignières à Cognac, et de celui d'Archiac à Châteauneuf, un *pilori* ou poteau, auquel le seigneur exposait publiquement les condamnés, et leur infligeait certaines peines, comme la peine du fouet. Cette peine fut infligée, vers 1516, à deux individus, dont un ecclésiastique du Prieuré de Bouteville, pour un vol sacrilège commis dans l'église de Lignières (1).

Possédant tous les degrés de justice, le seigneur de Lignières pouvait donc connaître, par le ministère de son juge, de toutes les matières civiles et criminelles. Seuls, les cas royaux étaient réservés et portés au siège royal d'Angoulême, et, par appel, au Parlement de Paris.

Les *officiers de justice* du seigneur de Lignières étaient : un juge sénéchal et son greffier, un procureur fiscal et au moins deux sergents.

Le *juge sénéchal* était le principal officier du seigneur. Il connaissait de toutes les causes de première instance et des appellations des vassaux, et devait, d'après la Coutume, tenir ses séances de 8 en 8 jours. En fait, il n'y avait audience à Lignières que tous les 15 jours. La dernière audience est du 21 avril 1790.

Parmi les juges sénéchaux qui occupèrent le siège de Lignières, voici ceux dont j'ai pu retrouver les noms avec les dates extrêmes où je les ai trouvés mentionnés : Antoine Allain, 1594-1609. — François David, 1682. — Pierre Bruneteau, de chez Ménard, 1705-1721. — Jean Joubert l'aîné, 1722-1732. — Jean Joubert le jeune, 1733-1742, en même temps juge d'Ambleville. — Jean Roy, 1742-1781, en même temps juge d'Ambleville. — Jean Matignon 1781-1782. — Jean de Jarnac, 1783-1790.

Greffiers : Jean Dupuy, 1725. — Pierre Bruneteau, 1742-1777. — Jacques Duchesne, 1778-1788. — Jean Hérard, 1788-1790.

Le *procureur fiscal* était chargé de défendre les intérêts particuliers du seigneur, de faire saisir les revenus des vassaux récalcitrants, etc.. Remplirent cet office à Lignières : Jacques Delafont, 1638-1694. — Jean Vergnon, 1698-1718. — Jean Joubert l'aîné, 1723. — Jean Phelip, 1724. — Jacques Delafont, 1725-1730. — Jean Chaillot, 1732-1741. — Jean Joubert le jeune, 1742-1744. — Paul Roy, 1744-1769. — Jean Matignon, 1770-1781. — Jacques Joubert, 1781-1790.

------

(1) Arch. hist. de Saintonge et d'Aunis, XXXI, p. 216.

Les *sergents* étaient des officiers de justice chargés de signifier les exploits, de faire les saisies, d'arrêter ceux contre lesquels il y avait décret de prise de corps. Le seigneur haut justicier pouvait en créer, à moins qu'il ne se trouvât déjà des sergents royaux sur les lieux, car alors c'étaient ces derniers qui instrumentaient. On trouve mentionnés comme sergents royaux de Bouteville demeurant à Lignières : Moïse Leblois, au village des Fourniers (Ermelle) en 1620. — Jacques Blanchard, au bourg, 1685-1693. — Pierre Vignon, 1700-1705. — Charles Mesnard, 1705. — Jean Martin, au bourg, 1723-1745. — Jean Barit, 1746. — Jean Phelip, aux Collinauds, 1775-1793.

A Lignières vivaient aussi aux XVII° et XVIII° siècles, des greffiers, huissiers, procureurs aux sièges de Bouteville et d'Ambleville, en tel nombre, qu'il faut croire que dame Justice alors ne devait pas chômer.

Etaient *greffiers de Bouteville* résidant à Lignières : Jacques Vergnon, 1687. — Louis Vergnon, 1699. — Pierre Roy, sieur des Collinauds, qui avait affermé son office du seigneur de Bouteville le 8 octobre 1716 pour 9 ans et 200 livres par an. — Charles Junien de *la Villauroy*, 1772-1789, qui fut le père d'une des familles les plus nombreuses de Lignières. Il était de Montmorillon en Poitou. D'abord receveur des Aides à Châteauneuf, puis greffier en la prévôté royale de Bouteville, il épousa en 1751, à Lignières, Suzanne Matignon, veuve de Jean Couprie, marchand, dont il ne paraît pas avoir eu d'enfant. Devenu veuf le 18 octobre 1763, il se remaria dès le 13 février 1764, avec Marie Dutillet, nièce du curé de Lignières, de la paroisse de Suris en Limousin, et mourut aux Abels le 10 septembre 1794, à 74 ans. Il avait eu de sa seconde femme *12 enfants*, parmi lesquels : Jean-Jacques, qui alla habiter Suris ; — Marie-Thérèse, mariée en 1793 à Jean Vacquier, marchand au Pont à Brac ; — Paule-Augustine, mariée à Pierre Tressac, instituteur à Lignières ; — Anne, épouse de J. B. Michaud Lauture, de Genouillac ; — Martial, mort pour la patrie vers l'an VII ; — Marié-Suzanne, épouse de Jacques Betoulle, de Montmorillon ; — Radégonde, épouse de Jean Charlet, de Blanzac ; — Marguerite-Rose, épouse de Pierre Mesnier, de Blanzac ; — Marie-Anne, décédée chez Abel en 1815 à 39 ans.

Etait 1ᵉʳ *huissier audiencier* en la prévoté royale de Bouteville avec pouvoir d'exploiter par tout le royaume : Jean Bruneteau, des Jonchères, 1698-1724.

Etaient *procureurs de Bouteville* : Jacques Vergnon, 1637-1675. — Pierre Bruneteau, chez Ménard, 1675-1721. — Jean Joubert l'aîné, 1697-1739. — Josué Roy, 1713-1771, qui avait acheté son office pour 230 livres à François Fortet, du Mas en Verrières. — Jean Matignon, 1768-1774. — Jacques Joubert, 1772.

On trouve aussi à Lignières un *procureur d'Ambleville* : Pierre Bruneteau, 1712-1739 ; un *greffier d'Ambleville* : Jacques Delafont, 1730.

Notaires. — Beaucoup de ces officiers de justice — juges, procureurs — étaient en même temps notaires. Il y avait beaucoup de notaires autrefois à Lignières. Voici ceux dont j'ai pu retrouver les noms : Paul Vergnon, au bourg, 1623. — Jacques Vergnon, au bourg, 16..-1675. — Charles Audoin, 1674. — Pierre Bruneteau, chez Ménard, 1689-1721.

Un autre *Pierre Bruneteau*, fils de Jean et de Marie Lecourt, est mentionné comme notaire de 1739 à 1792, résidant à Lignières. Ayant épousé le 26 août 1743 Anne Hérard, il en eut *13 enfants*, dont 2 fois 2 jumeaux. Ses minutes sont à Segonzac (étude de Mᵉ Vollaud).

Il y eut aussi au bourg, dans tout le cours du XVIIIᵉ siècle, trois familles de notaires : les Joubert, les Roy, les Matignon, dont il reste encore des descendants, ou qui ont joué un rôle important dans la paroisse et qui, pour cette raison, méritent une mention spéciale.

Famille Joubert. — I. — *Jean Joubert* dit « l'aîné », était un tabellion peu commun, qui émaillait les dispositions testamentaires de ses clients de pensées morales en vers plus ou moins bien tournés, plutôt mal que bien. Il fut juge sénéchal de Lignières de 1722 à 1732, habita quelque temps au Grandmont en Touzac, mourut à Lignières le 27 août 1740, à 66 ans, et fut enterré le lendemain à Touzac, à côté de sa femme *Jeanne Vergnon*. Ses minutes sont conservées aux Archives départementales (1698-1740), avec celles d'un autre Joubert qui vont jusqu'à l'année 1760, et doivent être celles de son fils, Jean Joubert le jeune, mort en 1760.

Jean Joubert et Jeanne Vergnon eurent 3 enfants : 1° *Jean*, qui suit ; — 2° *Marie*, qui épousa, le 25 mars 1719, à Touzac, Isaïe Phelip, de Segonzac ; — 3° *Marie Augustine*, baptisée le 21 novembre 1706.

II. — *Jean Joubert*, dit « le jeune », naquit en 1700, fut notaire royal, sénéchal de Lignières et d'Ambleville, et mourut à Lignières le 28 avril 1760.

De son mariage en 1736 avec *Marguerite Dumergue*, de Touzac, il eut, entre autres enfants : 1° *Pierre*, qui fut avocat, juge sénéchal d'Ambleville, et épousa Marie Favre, de Juillac le Coq ; — 2° *Jeanne Louise*, mariée le 24 janvier 1764, à Pierre Pinot, du Grandmont en Touzac ; — 3° *Marie Judith*, qui suit ; — 4° *Philippe*, qui épousa Jeanne Texier, de chez Lévêque, en Touzac.

III. — *Marie Judith Joubert* épousa, le 11 septembre 1764, à Ambleville, *Jacques Joubert*, notaire royal à Segonzac, qui s'établit notaire à Lignières, y mourut le 3 octobre 1811, et sa femme, le 15 novembre 1816. Ses minutes (1763-1811) se trouvent à Segonzac (étude de M° Vollaud).

De ce mariage naquirent 3 enfants : 1° *Jean Jacques*, né le 4 août 1767, qui fit les guerres de la Révolution de 1792 à 1797, en revint avec le grade d'adjudant major, fut capitaine de la garde nationale de Lignières en 1801, 1815, 1831, conseiller municipal de 1831 à 1834, épousa le 6 août 1823 sa cousine Agathe Joubert, de chez Lévêque, en Touzac, en eut une fille, Philippine, 28 mai 1824, mariée le 7 juillet 1845 à Camille Giraud, de Mons canton de Matha (Ch.-Inf.), et mourut le 8 janvier 1849. — 2° *Marguerite*. — 3° *Jean Jude*, qui suit.

IV. — *Jean Jude Joubert*, dit « Delisle », fut secrétaire de la municipalité cantonale de Lignières de l'an IV à l'an VIII (1796-1800), conseiller municipal de 1808 à 1831, conseiller de Fabrique de 1822 à 1835, épousa, par contrat du 14 pluviôse an V (2 février 1797) reçu Roux, notaire à Lignières, *Jeanne Matignon*, fille des défunts *Jean Matignon*, notaire à Lignières, et Jeanne Esmein. Sa femme mourut la première, le 16 décembre 1848, à 71 ans ; et lui, le 19 janvier 1850, chez son fils *Jacques*, qui suit.

V. — *Jacques Joubert*, né le 2 juin 1803, mourut « rentier » à Lignières le 25 mars 1884. De son mariage, bénit le 5 août 1833 à Saint-Médard, avec *Azoline Suzanne Matignon*, fille de François et de Catherine Turcat, des Philippeaux en Touzac, il eut 3 enfants, dont 2 morts en bas âge, et une fille, *Marie*, qui suit.

VI. — *Marie Joubert*, née le 21 décembre 1839, décédée en 1901, épousa, le 25 octobre 1858, *Marcel Ellie*, de St-Hilaire du Bois (Ch. Inf.). De ce mariage, bénit à Lignières par Jean Lucien Ellie, prêtre du diocèse de La Rochelle, frère de l'époux, naquirent : 1° *Marie Marguerite Elisabeth*, 18 août 1859, qui se fit carmélite à Angoulême sous le nom de Marie-Marguerite de Jésus le 3 mai 1882, et mourut l'année suivante ; ses restes ont été transférés à Lignières le 9 août 1905. — 2° *Jacques Paul*, 15 février 1861, qui mourut à 16 ans à la Forest, commune de Chepniers (Ch.-Inf.), où s'étaient retirés ses parents.

La famille Joubert Ellie quitta en effet le pays vers 1860. Bienfaitrice insigne de la paroisse, elle permit qu'on installât l'école libre dans sa grande maison du bourg, et avait fondé pour la Fabrique une rente qui fut confisquée par la loi de Séparation. C'est elle aussi qui a donné à l'église la chaire, les statues du Sacré-Cœur et de Saint Joseph, le tabernacle de l'autel de la Sainte Vierge. M. Ellie a été maire de Chepniers de 1875 à 1911, conseiller général de Montlieu de 1871 à 1898, et est mort le 4 décembre 1919, chez un petit neveu.

Famille Roy. — *Josué Roy*, fils de Jacques et de Rachel Collinaud, avait épousé *Hippolyte Hérard*, qui mourut à 52 ans, le 4 janvier 1749 et fut inhumée dans l'église « environ 8 pieds au-dessous du confessionnal ». Josué Roy lui survécut longtemps. Il mourut le 9 juin 1780, à 92 ans, au château d'Ambleville, et fut enterré le 10 dans le cimetière d'Ambleville, en présence des curés d'Ambleville, de Criteuil, de Touzac et de Sonneville. Les minutes Roy (1714-1770) sont aux Archives Départementales. Celles de Josué doivent aller jusque vers 1750 ; viennent ensuite celles de Jean, son fils.

I. — Josué Roy et Hippolyte Hérard eurent 4 enfants : 1° *Jean*, qui suit. — 2° *Paul,* qui fut aussi notaire, et de plus, procureur fiscal de Lignières, et eut, de son mariage avec Suzanne Phelip, 3 enfants : Joseph, propriétaire à Ambleville en l'an XII ; Marguerite, demeurant à Lignières ; Jean, propriétaire à Saint-Jean-de-Liversay (Charente Inférieure). Devenu veuf en novembre 1793, Paul Roy se remaria à Touzac le 5 frimaire an IV (26 novembre 1795), à 71 ans, avec Marguerite Gouguet, 31 ans, fille d'Antoine et de Marguerite Combret, de l'Houmeau, petite-nièce du curé de Touzac, et mourut chez Guibon le 16 septembre 1807. — 3° *Hippolyte*, mariée le 17 avril 1752 à Jean Hospitel de Belair, de Verrières. — 4° *François*, qui mourut clerc tonsuré à 22 ans, le 19 août 1749, et fut inhumé dans l'église, au-dessus des fonts baptismaux.

II. — *Jean Roy*, notaire royal et juge de Lignières, puis d'Ambleville, épousa à 25 ans, à Barbezieux, le 15 janvier 1744, *Jeanne Levêquot*, fille de feu Jean Baptiste, bourgeois, et de Charlotte Guesdon.

D'où, 2 enfants : *Jeanne*, mariée par contrat reçu Bruneteau le 16 juin 1767 à Jean Filhon, de Marville, en Genté ; — et *Jean*, qui épousa par contrat reçu Bruneteau le 18 juin 1771 Hélène Foucaud, de Bourg-Charente, laquelle est dite, peu de temps après, « séparée quant aux biens de Jean Roy, son mari », celui-ci étant très dépensier.

Jean Roy père, devenu veuf, se remaria à 61 ans, le 22 novembre 1780, avec *Elisabeth Giraud*, d'Ambleville ; mourut le 1ᵉʳ juillet de l'année suivante, et fut enterré dans le cimetière d'Ambleville en présence des curés d'Ambleville, de Verrières, de Sonneville, et des vicaires de Verrières et de Jarnac-Champagne.

De ce second mariage, naquit, en 1781, *Pierre Mathurin*, qui suit.

III. — *Pierre Mathurin Roy* épousa *Jeanne Hospitel*, habita chez Coutin en Touzac en l'an XI; à partir de l'an XII, à Lignières; en 1826-1828, à Segonzac, comme régisseur de Mademoiselle Gabrielle Roy d'Angeae; de nouveau à Lignières où il fut conseiller de Fabrique de 1835 à 1837; puis, après la mort de sa femme en 1840, chez Geneteau en Criteuil.

Pierre Mathurin Roy et Jeanne Hospitel eurent 3 enfants : 1° *Pierre Mathurin* qui suit. — 2° *Jean Mathurin*, qui épousa par contrat reçu Roux le 5 mars 1829 Jeanne Prévôtière, et demeura chez Coutin en Touzac. — 3° *Marie*, mariée à Etienne Blanchard, de Sigogne.

IV. — *Pierre Mathurin Roy* épousa par contrat du 31 août 1834 *Julie Paillou*, fut conseiller de Fabrique de 1842 à 1845, et mourut le 12 décembre 1864, laissant : 1° un fils, *Pierre Mathurin Jules*, qui fut curé de Lamenècle 10 février 1863, de Blanzaguet 1ᵉʳ juillet 1864, de Malaville 1ᵉʳ octobre 1864, de Saint- Yrieix 27 août 1878, revint à Malaville 2 août 1879, passa en Amérique en 1883, revint et fut curé de Bunzac 1ᵉʳ mars 1896, se retira en 1906 à Jarnac, puis en 1908 à Etagnac, où il est mort le 7 avril 1915, à 79 ans. — 2° Une fille, *Julie Rachel*.

La famille Roy possédait la maison habitée actuellement par Monsieur Gémier.

Famille Matignon. — *Jean Matignon*, notaire royal, juge sénéchal de Lignières de 1781 à 1782, mourut en 1783. Il avait épousé *Jeanne Elisabeth Esmein*, de Touvérac, qui mourut le 18 septembre 1789, à 47 ans, laissant une fille de 12 ans, *Jeanne*, qui devait épouser plus tard Jean Jude Joubert. Les minutes Matignon (1770-1782) sont aux Archives Départementales.

Il y eut d'autres notaires à Lignières : les Roux, de chez Ménard. Mais il n'entre pas dans le plan de cette étude de les faire figurer ici. Voir : *Maires* de Lignières.

C) **Cultes.** — Depuis la Réforme, les deux cultes : catholique et protestant, n'ont guère cessé de vivre côte à côte à Lignières.

a) *Culte protestant.* — Dès les débuts de la Réforme, Lignières fut même, dans la région, un des fiefs principaux de l'hérésie de Calvin. Un ministre du nom de *Maugel* y est mentionné en 1560. En 1572 et 1578, il s'y tint un *synode* ou assemblée religieuse de protestants, où l'on s'occupa de questions disciplinaires.

Mais il n'y avait pas encore de temple. Les protestants de Lignières se réunissaient soit à Luchet, soit plus vraisemblablement au château de Lignières, dont les seigneurs : les Poussard, de Fors en Poitou, professaient alors la même religion, et étaient autorisés par l'Edit de Nantes à ouvrir chez eux des églises particulières.

En d'autres termes, l'exercice de la R. P. R. (Religion Prétendue Réformée) à Lignières n'était pas public au temps de l'Edit (1598). Du moins, il ne fut jamais reconnu tel par le gouvernement royal, malgré certains « papiers baptistaires » de 1578 à 1600 allégués par les protestants. C'est même la raison que feront valoir le syndic du clergé d'Angoulême en 1664 et le commissaire du roi en 1665 pour conclure à la démolition du temple de Lignières, bâti longtemps après l'édit, en 1630.

Ce *temple* fut bâti dans le bourg même de Lignières. Dans des actes notariés du XVIIIe siècle, on trouve en effet mention de « la place du temple, en Lignières », de « la pièce du temple appartenant au seigneur de Lignières... l'autre fossé au couchant au-delà duquel était bâti le cy-devant temple des Prétendus Réformés ». Il fut desservi par un pasteur résidant à Lignières, entre autres, par *Etienne Boyenval*, et par *Jean Couhier*, docteur en théologie (1678-1683).

Mais de même que la Réforme avait détruit l'unité religieuse, de même elle risquait de détruire l'unité politique du royaume. Les protestants, formant un Etat dans l'Etat, faisaient souvent échec au gouvernement royal, comme chez nous en 1620, quand les paroisses de Bouteville, Segonzac, Lignières, Saint-Preuil et Bonneuil furent occupées par les gens d'armes des sieurs de Corbon, Sainte-Hermine et autres capitaines. Ils faisaient même alliance avec les pires ennemis de la patrie, en particulier avec l'Angleterre, comme on le vit à La Rochelle, en 1628. C'était une situation intolérable. Il ne devait y avoir, dans l'Etat français d'alors, qu' « une loi, une foi, un roi ». C'est ce qui porta Louis XIV en 1685, à révoquer l'Edit de Nantes.

Comme conséquence de cette révocation à Lignières, le temple fut rasé (décembre 1685) ; et tout culte calviniste cessa jusqu'à la mort de Louis XIV (1715) Alors s'accéléra le mouvement des *abjurations*. Soit crainte des mesures de répression qui suivirent la révocation de l'Edit de Nantes, soit conviction, nombre de protestants renoncèrent à l'hérésie de Calvin. Le mouvement se continua, mais en se ralentissant, tout le long du XVIIIe siècle. Le registre paroissial de Lignières fait mention, au cours de ce siècle, de 36 de ces abjurations.

Après la mort de Louis XIV, les protestants restés fidèles essayèrent de reprendre l'exercice de leur culte. Essai timide, et combien périlleux encore !. N'ayant plus de temples, obligés de se cacher, ils se réunissaient la nuit au fond des bois, ou dans des endroits retirés, ce qui a fait donner à leurs assemblées le nom d'*Assemblées du désert*. Il y eut de ces assemblées en 1719, à Bourg-Charente, Segonzac, Mainxe, Saint-Preuil, Bouteville, etc. Une autre se tint au lieu appelé « le Bois de la Vallée » près Lignières, au cours de laquelle le prédicant aurait exhorté les assistants à rechercher les catholiques des environs, et à les tuer. Une autre eut lieu le 6 mars 1746, à Saint-Preuil, au bois de chez Voix. Gounon, dit « Pradon », ministre protestant, y prêcha et fit des baptêmes, dont un de la Brande, en Touzac. C'est dire si l'on venait parfois de loin à ces assemblées. Pour y avoir assisté, des personnes furent arrêtées et emprisonnées à la Rochelle, entre autres un Daniel P... de Sonneville ; une Marie L..., Vve G..., de Lignières. Et même, pour y avoir joué un rôle actif, lu la Bible, fait chanter les psaumes, un Jean T..., marchand de bétail, 50 ans, de chez Maroux, en Bonneuil, fut condamné aux galères perpétuelles le 7 mai 1751. Pour empêcher ces assemblées, ou tout au moins pour les surveiller, des troupes vinrent cantonner à Jarnac, Mainxe, Segonzac, et même, plus tard, à Lignières.

Les troupes de Lignières étaient chargées tout spécialement de surveiller les réunions de *chez Piet*, où les protestants, profitant d'une tolérance relative du gouvernement d'alors, avaient, en 1757, ouvert un nouveau temple. Le terrain, avec un chai ou grange formant un carré long de 40 pieds sur 55, avait été fourni par Jean Moindron, de ce village, moyennant une rente perpétuelle de 25 livres par an, qui fut d'ailleurs amortie par les héritiers du vendeur, le 28 février 1768.

Avant même que le temple de chez Piet fût bâti, les protestants avaient, dès 1752, rétabli l'exercice public de leur religion, comme en témoigne le registre protestant de Lignières déposé à la mairie, et dont les actes vont de 1752 à 1792.

Ce n'était point que la législation eût changé à leur égard. Les textes restaient contre eux d'une extrème sévérité, et le gouvernement devait encore une fois les leur appliquer avec rigueur en février 1759, quand il envoya chez Piet un détachement de soldats, sous la conduite d'un lieutenant Dendré, avec ordre d'enlever les portes et fenêtres, les chaises, les bancs, la charpente et de ne laisser debout que les quatre murs du temple. L'ancienne porte du temple conservait encore il y a quelques années, paraît-il, des traces des coups qu'elle reçut des soldats à cette occasion. Excès déplorables assurément, mais qui ne doivent pas nous faire oublier que ce que le temple de chez Piet souffrit en cette circonstance, les églises catholiques de la région l'avaient souffert, environ deux siècles auparavant, des protestants eux-mêmes.

Ce fut là, du reste, chez nous, le dernier retour offensif d'un esprit de gouvernement auquel l'Edit royal de 1787 devait donner le coup de grâce. Pendant quelques années encore, les pasteurs se diront « ministres du Saint Evangile et pasteurs sous la croix ». Mais cette « croix » ira s'allégeant de plus en plus. Et même un jour viendra — qui n'est pas loin — où ce sont les protestants qui occuperont à Lignières les premières places dans l'administration municipale... en attendant que, dans la France elle-même, ils occupent les postes les plus élevés de l'Etat.

Les réunions de chez Piet reprirent de plus belle, une fois le temple restauré. On y venait même de paroisses éloignées, telles que Criteuil, Viville, Jarnac, etc. faire baptiser des enfants et bénir des mariages Il y avait des dimanches chargés : le 5 février 1761, le pasteur fit dix baptêmes et deux mariages ; le 6 janvier 1762, il y eut cinq baptêmes et sept mariages. La plupart des actes, à cette époque, sont faits en présence de Jean Texier, de chez Salmon en Touzac ; de Jean Monnerot, de chez Rigaillaud en Touzac ; de Jean Dupuy, de Criteuil. En mai 1777, se tint même, chez Piet, un synode provincial.

Les *pasteurs* dont le registre protestant de Lignières a conservé les noms, de 1752 à 1792, sont :

Louis Gibert, qui signe les actes du 10 mars 1752 au 14 septembre 1757, et reparaît le 14 septembre 1760 ; —*Pierre Solier*, qui fait, le 23 octobre 1757, cinq baptêmes et trois mariages, signe jusqu'au 31 janvier 1760, puis du 5 octobre au 14 décembre 1760, et encore le 24 mars 1761 ; —*Dugas, Picard, Martin* et *Fries*, qui se partagent avec les deux précédents, les années 1760 et 1761 ; — *Jarousseau*, qui apparaît en 1762 ; — *Jean Dupuy*, qui signe le plus souvent du 6 août 1770 au 27 mars 1774 ; — *Pougnard*, qui apparaît le 1er août 1773, et signe ensuite jusqu'au 10 février 1784 ; — *Liard*, qui fait un baptême le 28 octobre 1776; — *Albert Besson*, qui signe du 24 février au 25 mai 1784; — *Mazaurie-Dufrêne*, du 27 juin au 1er août 1784; — *Jean Borde*, du 18 août 1784 à 1792.

Après la tourmente révolutionnaire, le temple de chez Piet fut de nouveau, par décret du 16 août 1808, ouvert au culte protestant. Des réparations importantes y furent faites : d'abord, en 1823, pour 970 francs; puis, en 1835, sur devis de 8951 fr. 05, sur lesquels le Ministre des Cultes donna 4000 francs; le Conseil Général, 2000; les Conseils municipaux de Lignières, Criteuil, Sonneville et Saint-Preuil, une certaine somme sur l'exercice 1836; les familles Dupuy et Guédon, de Criteuil, le reste.

L'église réformée de chez Piet était encore, à cette époque, avec Jarnac, Segonzac et Cognac, une des 4 églises formant le Consistoire du département de la Charente, après la réorganisation du culte protestant par la loi du 18 germinal an X (8 avril 1802). Jarnac était le siège du Consistoire général et comprenait 21 communes; Segonzac, 3 : chez Piet, 28; Cognac, 5. Parmi les 28 communes dépendant de chez Piet, les plus peuplées de protestants en 1809 étaient : Saint Preuil, 200 protestants; Bonneuil, 180; Lignières, 120; Touzac, 100; Sonneville, 75; Malaville, 44; Bouteville, 28; Criteuil, 26. Barbezieux et Châteauneuf étaient alors rattachés à chez Piet, mais s'en détachèrent : Barbezieux, en 1836; Châteauneuf, encore plus tard.

Chez Piet n'est plus aujourd'hui qu'une annexe de de Segonzac. Elle est desservie par le pasteur de Châteauneuf, après l'avoir été par les pasteurs de Segonzac et de Barbezieux. [1]

---

(1) Bibliographie : *Goguel*, « Histoire et Statistique des Eglises réformées de la Charente. 1534 à 1836 »; — *Bujeaud*, « Chronique protestante de l'Angoumois »; - « Mémoires et instructions pour les églises prétendues réformées de la province d'Angoumois, 1664, Vigier, avocat » (Bibl. de Cognac, n° 1570); — « Responses du syndic du clergé d'Angoulesme » aux mémoires précédents (Bibl. de Cognac, n° 1402); — « Factums pour les habitants de la R. P. R. de Linières et de Segonzac contre le syndic du clergé de Saintes, 1664-1681 »

b). — *Culte catholique*. — La paroisse de Lignières faisait partie autrefois du diocèse de Saintes ; et, dans le diocèse de Saintes, de l'Archiprêtré de Bouteville. Le droit d'y nommer le curé appartenait à l'Evêque de Saintes, qui en usa jusqu'à la Révolution. Après le Concordat, eu 1803, la paroisse fut détachée du diocèse de Saintes, et incorporée, avec Sonneville devenue son annexe, au diocèse d'Angoulême.

Elle possédait autrefois une petite *chapelle* placée sous le vocable de *Saint-Denis*, et qui a donné son nom au village de Saint-Denis, où elle était située. En 1732, on pouvait voir encore des restes de cette chapelle. Dans un acte notarié du 10 décembre 1732, reçu Joubert, notaire à Lignières, il est question d'un maine, « le maine des Sauvaistre sis et situé au-dessus et au-dessous les vieilles mazures (*sic*) de la chapelle dédiée en l'honneur Monseigneur Saint-Denis de Boullot ». Depuis, ces ruines vénérables elles-mêmes ont péri. Mais le souvenir en est resté dans le nom d'une pièce de terre, aujourd'hui plantée en vignes, « la pièce de la Chapelle » ; et dans le nom d'un chemin, le rural nᶜ 8, « de la Chapelle Saint-Denis à chez Guillon ».

Comme édifice du culte catholique, Lignières ne possède plus que l'église.

(Bibl. nat. LD 176, 419, 422) . — « Arrêts et contre-arrêts du commissaire catholique Colbert du Terron, et du protestant Isle de Loiré, 1665 » (Arch nat. série TT : Segonzac, 267¹); — « Catalogue des abjurations au diocèse de Saintes » (Arch nat. TT, 242 ; — « Bull. Soc. arch. de la Charente, années 1875 et 1880 ». : — « Minutes Chérade, 11 août 1620, aux Archives de la Charente. »

1° — L'ÉGLISE.

Titulaire. — Le titulaire de l'église de Lignières a été, de tout temps, la Sainte Vierge, invoquée sous le nom de *Notre Dame* (du 8 septembre : Nativité de la Sainte Vierge), ou de *Béata Maria de Lineriis* (anciens actes).

Titulaire de l'église, la Sainte Vierge est aussi la patronne du lieu, la fête patronale ou *frairie* de Lignières tombant le dimanche de septembre qui suit la Nativité.

Architecture. — L'église de Lignières est un *carré long* de 35 mètres sur 7 de large (5 mètres sous le clocher). Elle est divisée dans sa longueur en 5 travées de 7 mètres chacune. Sa *hauteur* est de 17 mètres sous le clocher, de 9 mètres sous les voûtes de la nef.

C'est un monument complet, comprenant une nef, suivie d'un clocher à coupole et terminée par une abside, ou chevet rectangulaire. La symétrie en a été rompue au XIII° siècle par l'adjonction d'une petite chapelle au mur latéral nord de l'abside.

L'épaisseur des murs est généralement de 0 m. 80. Cette épaisseur atteint 1 mètre sous le clocher, 1 m. 50 sous la façade, 2 m. 50 aux piles de la nef et aux piles occidentales du clocher, et même 4 mètres aux deux piles orientales. A la pile occidentale de droite, est appuyée la cage de l'escalier qui monte au clocher.

Au point de vue architectural, l'église de Lignières appartient à une *époque de transition* : XII°, XIII° siècle, Elle offre un singulier mélange de style roman et de style ogival. Ce mélange se voit dans le clocher, pur roman à l'extérieur, et néanmoins appuyé, à l'intérieur, sur des actes ogivés. Où il se voit mieux encore, c'est dans la façade. Mais là, c'est l'ogive qui domine, et qui permet d'attribuer cette partie au XIII° siècle.

Cette *façade* est, comme il arrive habituellement, la

Façade de l'Eglise de Lignières

Vue d'ensemble de l'Eglise de Lignières.

partie la plus riche. C'est elle qui nous retiendra le plus longtemps.

Elle est d'abord encadrée par deux gros contreforts qui vont s'amincissant vers le sommet, comme pour la dégager un peu et ne pas l'écraser.

Entre ces deux contreforts, deux grands pilastres, aux arêtes abattues, la divisent franchement en trois parties verticales, celle du milieu, contenant la porte, sensiblement plus large.

Transversalement, elle se compose du rez-de-chaussée, d'un étage, et d'un fronton triangulaire portant à son sommet, dont l'angle est abattu, une petite croix de pierre, de forme grecque. Aux extrémités de ce fronton, une croix semblable repose sur le plat des deux contreforts de la façade.

La corniche qui séparait autrefois le rez-de-chaussée du 1ᵉʳ étage a été remplacée par un simple glacis de pierre de taille. Elle était soutenue par 9 modillons qui ont été stupidement brisés, et dont on aperçoit les restes informes, et même, pour quelques-uns, le seul emplacement. Par où l'on commence à voir que l'église de Lignières a souffert, elle aussi, de la haine des non-catholiques.

Une autre corniche, bien conservée celle-là, sépare le 1ᵉʳ étage du fronton triangulaire, et est soutenue par 9 modillons, 2 à chacune des deux ailes, et 5 dans la partie centrale, représentant de deux en deux des personnages. C'est sans doute à la hauteur à laquelle ils se trouvent qu'ils doivent de n'avoir pas subi le sort de ceux qui leur correspondaient à la partie inférieure.

Le *rez-de-chaussée* est occupé par la porte centrale et les deux portes latérales aveugles. L'ogive y règne exclusivement. Toutes les arcades sont ogivales, mais d'une ornementation différente.

Celles de la porte centrale sont les plus simples et consistent en trois voussures nues en retrait l'une sur l'autre, et bordées seulement de tores, qui viennent reposer, de chaque côté de la porte, sur autant de sveltes colonnettes, aux chapiteaux ornés de feuillages effrités par le temps. Les deux chapiteaux qui supportaient l'arcade inférieure ont même disparu, et seule, une pierre vulgaire les remplace aujourd'hui. D'ailleurs, toute l'arcade de la porte centrale paraît avoir été l'objet d'une réparation sommaire et récente.

A chacune des deux portes latérales aveugles, l'arcade est un arc surhaussé, dont la face antérieure, relativement large, est ornée, dans celui de gauche, de sculptures en damier séparées au sommet par une petite croix ; dans celui de droite, de gracieuses palmettes séparées en haut par une rosace. Les colonnettes supportant ces arcades sont couronnées de chapiteaux richement sculptés, mais dont la face antérieure est devenue, sous l'action du temps, entièrement méconnaissable. Seule, la face intérieure, un peu moins exposée, a conservé des traces du travail de l'artiste... travail fort curieux, qui renfermait certainement des allusions difficiles, pour ne pas dire impossibles à comprendre aujourd'hui. C'est ainsi que dans la porte gauche, la face intérieure du chapiteau de droite est ornée d'entrelacs, tandis que celle du chapiteau de gauche représente un personnage qui se frotte le derrière comme s'il venait de recevoir une fessée. Dans la porte de droite, la face intérieure du chapiteau de gauche laisse entrevoir un cheval qui se cabre ; et celle du chapiteau de droite est tout entière occupée par un personnage nu et comme enlacé de serpents, image peut-être de l'âme engagée dans les liens du péché. La tête et le corps, rejetés en arrière, font un angle droit avec la jambe gauche agenouillée par terre, pendant que les bras sont étendus et la jambe droite repliée sur la cuisse gauche. Les tailloirs de ces chapiteaux sont inégalement conservés. Quelques-uns portent des festons, un autre des torsades.

Toutes les arcades du rez-de-chaussée sont enfin surmontées d'un cordon de pointes de diamant, ou de feuilles entrelacées, celui de la porte centrale surmonté lui-même d'un léger bandeau festonné.

C'est le *premier étage* qui offre, dans sa partie centrale, ce singulier mélange des deux architectures romane et ogivale auquel on a fait tout à l'heure allusion.

Au-dessus de la porte centrale, est un *bas-relief* roman qui devait occuper le tympan d'une porte d'entrée, et pourrait bien venir d'une ancienne église de Lignières contemporaine du clocher, et romane elle aussi. On verra en effet plus loin qu'une église est mentionnée à Lignières au XI⁰ siècle. Cette église romane aurait donc de bonne heure et en partie disparu. On n'en aurait sauvé que le bas-relief ornant le tympan de la porte d'entrée ; et au XIII⁰ siècle, lorsqu'on éleva la façade actuelle, on aurait enchâssé au beau milieu ce bas-relief, comme on enchâsse dans une bague un diamant d'un grand prix.

Ce bas relief est en effet un remarquable morceau d'architecture, représentant « l'Adoration des bergers et des mages ».

Au centre, la Vierge est assise, tenant entre ses genoux l'Enfant Jésus, qui accueille, de ses bras tendus, ses premiers adorateurs. Entre cette Vierge et la Vierge de Chartres, Notre-Dame de Sous-Terre, à qui les Druides déjà élevaient un autel comme à la Vierge qui devait enfanter : *Virgini pariturae*, il est impossible de ne pas voir une grande ressemblance.

A gauche, les bergers écoutent, ravis, l'ange qui leur apporte l'heureuse nouvelle, et que l'on distingue au-dessus d'eux.

A droite, se pressent les trois Rois mages aux chapeaux bizarres, tout pointus, et aux mains chargées de présents.

La taille et l'attitude de ces différents personnages sont commandées par la forme de l'arc en plein cintre. A la naissance de l'arc, à droite et à gauche, un personnage à genoux ; puis, à mesure que l'arc s'élève, des personnages debout, et l'ange volant ; enfin, au milieu, commodément assise sur un trône, plus élevée que tous les autres, la Vierge Mère. En somme, pas un coin qui n'ait été utilisé. L'artiste a fait entrer dans un minimum d'espace, le maximum de personnages, sans que son œuvre en paraisse chargée. Malheureusement, la place relativement peu élevée qu'occupe le bas-relief n'a pu le préserver des coups des vandales, qui ont défiguré la Vierge et l'Enfant Jésus et presque décapité un Roi mage.

Pour enchâsser ce bas-relief roman dans la façade ogivale, l'architecte du XIIIe siècle a utilisé en les évidant un peu — si même il ne les a pas faites exprès — trois petites arcades aveugles en ogive qui, s'avançant au 1er plan sur 4 piliers octogonaux courts et trapus, encadrent le tableau sans retenir à elles toute l'attention. Les deux piliers du milieu, qui traversent le bas-relief, ne font que le diviser en trois parties, comme un triptyque. Ils n'ont, comme les deux autres, en guise de chapiteau, qu'une moulure saillante sans ornement. Les seules parties ornées de ce cadre sont les arcades, et elles s'élèvent au-dessus du bas-relief.

Nettement ogivales, mais la première et la troisième sensiblement plus larges que celle du milieu, peut-être à cause du plus grand nombre de personnages qu'elles devaient abriter, elles sont bordées, la première et la deuxième d'entrelacs, la troisième, de feuillages effrités.

La clef de voûte de chaque arcade est sculptée en forme de tête humaine. Cette façon originale de fermer les voûtes des arcades va se retrouver dans les arcades latérales du 1er étage. Les chapiteaux de la nef nous montreront aussi des figures sculptées. Ces images de pierre étaient sans doute destinées à immortaliser les traits de tel ou tel grand personnage de l'époque. Quels étaient ces personnages ?.. Etait-ce les fondateurs de l'église ?.. Etait-ce les châtelains du lieu ?.. Nous n'en savons rien.

Au-dessus des trois arcades centrales, et séparée d'elles par une mince corniche, s'ouvre l'unique fenêtre de la façade, une rose sans meneaux entourée d'une archivolte étoilée.

Les arcatures latérales du 1er étage se composent chacune de deux petites arcades ogivales aveugles, bordées de feuillages, avec une tête humaine comme clef de de voûte, et dont les deux portions de cercle du milieu n'ont pas de point d'appui, tandis que les deux autres reposent sur des pieds droits aux arêtes abattues.

Les chapiteaux couronnant ces pieds droits sont particulièrement riches et bien conservés. Ils représentent, à gauche, des animaux couchés, à face humaine et grimaçante ; à droite, des lions rampants, la queue des uns et des autres leur passant sous le ventre, et s'épanouissant en éventail au-dessus des reins.

La symétrie entre ces deux arcatures latérales laisse beaucoup à désirer. Les pieds droits sont plus larges à celle de gauche qu'à celle de droite. Il s'ensuit que les deux petites arcades, dont la retombée se fait sur le bord des pieds droits, font à gauche un angle plus aigu. Mais où ce défaut de symétrie s'accuse davantage, c'est dans les deux grands arcs qui surmontent, en forme d'archivoltes, chacune des arcatures. L'arc de gauche, orné d'entrelacs, est ogival ; celui de droite, orné d'étoiles, est presque en plein cintre. Celui de gauche est franchement terminé par deux têtes ; celui de droite semble se perdre, inachevé, dans les piliers latéraux.

A peu près à la hauteur de ces arcs, un léger chanfrein, pratiqué à l'arête intérieure des deux contreforts de la façade, laisse voir, à sa naissance, une petite figurine à l'air jovial, où semble s'être exercé un caprice bizarre de l'artiste.

Comme la façade, la *nef* est du XIIIe siècle, ainsi qu'en témoignent l'ornementation des chapiteaux et la forme polygonale de leur tailloir.

Les *chapiteaux* de la partie méridionale sont ornés de feuilles de chêne, de lierre, etc et ceux du nord, de feuilles semblables, alternant avec des têtes d'hommes et de femmes. La coiffure de ces têtes, au 2e chapiteau de gauche, ressemble à celle qui était en usage dans la haute société du temps de Saint-Louis, et qui consistait, pour les hommes, à porter les cheveux roulés sur le front et à les laisser tomber de chaque côté du visage en larges plis ondules ; pour les dames, à porter un chaperon de toile de lin fixé par une mentonnière. Quelques-uns veulent voir dans ces deux personnages le châtelain et la châtelaine de Lignières, contemporains et bienfaiteurs de l'église. Cette supposition n'a rien d'invraisemblable; mais on n'a pu jusqu'ici l'appuyer sur aucun document.

Le 3ᵉ chapiteau est orné de deux personnages moustachus à tête nue, et à l'aspect tout à fait moderne, sur l'identité desquels on aimerait aussi à être fixé. Sur le dernier chapiteau de gauche de la nef, on retrouve une figure du Moyen-Age. Toutes ces figures se trouvent du même côté de la nef, face au midi : ce qui s'explique par ce fait que la nef n'était autrefois éclairée que du côté du midi, et que les figures des chapiteaux se trouvaient ainsi en pleine lumière.

Ce n'est qu'en 1903 que des *fenêtres* ont été ouvertes dans le mur latéral nord. Comme celles du mur méridional, elles sont terminées en ogive, étroites et très allongées (3ᵐ40 x 0ᵐ30). Elles sont munies de vitraux, mais n'ont pas toutes la même ouverture.

La *voûte* actuelle, en briques, a été construite en 1858, grâce à un don de 2000 francs d'une demoiselle Rosalie Landry, belle-sœur des frères Gautier. Il n'y avait auparavant de voûte que sur le sanctuaire. Ici et là, c'est maintenant la voûte qui convient à l'église, voûte d'arêtes, toute en arcs brisés dont la poussée, grâce aux arcs formerets, s'exerce uniquement sur les piles, et ne se fait pas sentir aux murs, qui pourraient être supprimés.

Les *piles* sont composées d'un pilastre orné d'une colonne cylindrique à peine engagée, et cantonné de colonnettes engagées de même. Les colonnes cylindriques supportent les arcs doubleaux de la voûte ; les colonnettes supportent les nervures prismatiques des autres arcs (formerets et diagonaux).

Le *clocher* n'a de l'architecture ogivale que les arcs en plein cintre brisé sur lesquels repose à l'intérieur sa voûte à coupole, au pourtour orné de dents de scie. Pour tout le reste, il est roman. Les quatre piliers qui le supportent sont ornés, à l'intérieur, de deux colonnes géminées, aux chapiteaux nus.

Il a la forme d'une tour carrée, comprenant une base et deux étages.

Les murs extérieurs de la base du clocher ne sont pas dans le prolongement des murs extérieurs de la nef, mais un peu en retrait. La base elle-même. haute comme la moitié du clocher, n'est éclairée que par deux petites fenêtres romanes, dont le cintre, appuyé de chaque côté sur une colonnette, est surmonté d'une archivolte. Elle était percée autrefois, dans sa partie méridionale, d'une porte en plein cintre qui a été murée, et qui devait être la porte d'une ancienne sacristie. Il est question en effet, dans un inventaire du 21 mai 1717 signé Joubert, notaire, de « la sacristie qui ouvre dans le cimetière ».

Le 1ᵉʳ étage, séparé de la base par un léger glacis, laisse voir, sur chacune de ses faces, trois fenêtres aveugles. Il permet aussi de se rendre compte des diverses élévations qu'a dû subir, au cours des siècles, la toiture de l'église. D'abord, les 3 fenêtres aveugles qu'il porte sur chaque face, aussi bien sur ses faces orientale et occidentale qui regardent le toit que sur la face du nord et celle du midi, donnent le droit de penser qu'il devait primitivement se trouver tout entier au-dessus de la toiture. Mais bientôt, cette toiture dut paraître basse. On l'éleva donc jusqu'à la naissance du 2ᵉ étage, et les 3 fenêtres aveugles du 1ᵉʳ disparurent alors complètement sous les combles, comme on peut le voir encore aujourd'hui par les traces de cette toiture sur le mur occidental du clocher et le fronton de l'abside. Finalement, la toiture a été ramenée à une hauteur raisonnable. Mais la moitié des arcatures aveugles du 1ᵉʳ étage reste encore engagée sous les combles, ce qui ne laisse pas de paraître anormal et contraire au dessein de la construction primitive.

Le 2ᵉ étage, destiné à recevoir la cloche, est percé, sur chaque face, de deux grandes fenêtres romanes avec archivolte étoilée, séparées par deux colonnes géminées qui montent jusqu'au faîte. Les quatre coins sont formés par 4 colonnes semblables accolées à raison de deux sur chaque face. A moitié de leur hauteur, ces colonnes sont entourées comme d'un anneau par un mince cordon prolongeant le tailloir des fenêtres romanes et faisant ainsi tout le tour du clocher. A leur partie supérieure, elles soutiennent de leurs chapiteaux nus alternant avec des modillons disposés trois par trois le toit du clocher, pyramide en charpente de peu d'élévation, refaite en 1786.

L'*abside* ou sanctuaire, de forme rectangulaire et voûtée d'arêtes, est un peu plus élevée que la nef. Elle avait primitivement ses trois faces éclairées. Depuis la construction de la chapelle qui lui est adossée au nord, la lumière ne lui vient plus que par deux grandes fenêtres ogivales ouvertes, l'une dans le mur latéral du midi au-dessus de la sacristie ($4^m 60 \times 0^m 65$) ; l'autre, dans le mur oriental au-dessus du maître-autel ($5^m \times 1^m 20$). Ce mur est surmonté à l'extérieur, d'un fronton triangulaire orné, à son sommet, d'une petite croix de pierre.

La grande fenêtre du côté nord a été murée et ce côté du sanctuaire a été ouvert à sa base pour donner entrée dans la petite *chapelle* du XIIIe siècle sous une grande arcade en plein cintre brisé portant à son sommet, sculptées dans la pierre, les armes des anciens seigneurs de Lignières ; *d'azur à 3 soleils d'or, et à un pal vairé posé en cœur.*

Cette petite chapelle était en effet autrefois la chapelle du château, et le lieu de sépulture de la famille du châtelain. Presque carrée ($5^m \times 5^m 45$), elle est éclairée, à l'est et au nord, par deux petites fenêtres géminées, celle de l'est formée de deux baies ogivales trilobées surmontées d'un quatrefeuilles, celle du nord formée de deux baies simplement ogivales surmontées aussi d'un quatrefeuilles. Deux contreforts massifs, et de peu d'élévation comme la chapelle elle-même, soutiennent sa voûte en pierres, dont les nervures, descendant à chaque angle presqu'à hauteur d'homme, étaient terminées par des motifs sculptés qui ont été, les uns, totalement détruits ; les autres, en partie mutilés. Deux de ces derniers, à en juger par ce qui reste, devaient représenter une tête d'ange et un aigle.

Cette chapelle est aujourd'hui consacrée à la Sainte Vierge.

Histoire. — Le chœur de l'église de Lignières est bâti sur une fontaine... et un lavoir !

Si étrange que cela paraisse, il faut bien en croire des témoins qui vivent encore : M. Masson, maire de Touzac, 73 ans, qui l'a entendu dire aux anciens ; Mme Vve Mounier, 83 ans, qui a pu, il y a quelque 60 ans, pénétrer jusqu'à cette fontaine par un souterrain qui partait d'une maison aujourd'hui démolie.

Cette fontaine aurait été pendant longtemps l'objet d'un culte païen. Pour le faire disparaître. et lui substituer le culte du vrai Dieu, les premiers chrétiens de Lignières n'auraient pas eu d'autre moyen que de bâtir leur église sur la fontaine même. [1]

De cette ancienne église de Lignières antérieure à l'église actuelle, dédiée comme elle à Notre Dame, et dont il ne reste avec le clocher que le bas-relief enchâssé dans la façade, nous ne savons guère qu'une chose, c'est qu'un violent débat y fut terminé. et une donation importante reconnue, après de nombreuses contestations, le jour de l'Assomption (1075-1080). Voici de quoi il s'agissait.

Un Ramnulfe de Fleuboville avait fait don à l'Abbaye de Baignes des deux tiers d'une manse nommée « Ardenne », située dans la paroisse de Touzac, en déclarant que personne n'y avait de droits qu'un de ses clients nommé Arnaud, qui lui-même y renonça. Arnaud étant mort, deux de ses parents, Arnaud et Constantin, réclamèrent une partie de la manse. Mais ils furent convaincus de mauvaise foi, et excommuniés par sentence de l'Evêque de Saintes. Arnaud l'un d'eux, mort peu de temps après, n'en fut pas moins enterré dans le cimetière de Sainte Marie Madeleine, ce qui fit cesser tout exercice du culte dans l'église jusqu'à ce que le corps eût été transporté ailleurs. Alors Constantin effrayé, craignant le même sort, renonça à toutes ses prétentions. Mais quelque temps après, son fils Jean, surnommé Aritaut, s'empara par violence, de la manse d'Ardenne ; excommunié, lui aussi

____

(1) Lièvre : « Restes du culte des divinités topiques dans la Charente ». (Bull. arch. 1882).

reconnut sa faute. Après sa mort, son fils Pierre, et plusieurs autres, exercèrent la même violence, se repentirent, et, le jour de l'Assomption, dans l'église de Lignières, confirmèrent solennellement la donation en présence d'Elie de Lignières, prêtre, d'Audoin de Bonneuil, prêtre, de Pierre de Criteuil, prêtre, de Guillaume Itier, laïc de de Touzac, et de beaucoup d'autres. (1)

Nous ne savons pas non plus grand'chose du passé de l'église actuelle. Elle paraît avoir mené une existence assez tranquille jusqu'à la dure période des guerres de religion. Au lendemain de ces guerres, en 1612, on dut lui procurer une nouvelle cloche, la cloche actuelle, et reconstruire les voûtes. (2)

En 1789, elle dut, comme beaucoup d'autres, servir de lieu de réunion aux membres du Tiers Etat de la paroisse·

En 1790, au cours de plusieurs séances orageuses qui seront racontées plus loin, les citoyens actifs de la nouvelle commune de Lignières y procédèrent à la nomination des membres de la municipalité (février-mars), et au renouvellement d'une partie de ces membres (21 novembre). En juin, nouvelles réunions pour nommer les députés à l'Assemblée législative.

Ainsi, l'église paroissiale, à Lignières comme dans chaque commune de France, fut le berceau des premières municipalités. Vraie maison du peuple, elle restait cependant encore la maison de Dieu, et, si orageuses que fussent les réunions, le respect dû au lieu saint n'y était pas trop offensé.

Il n'en fut pas toujours ainsi.

Le 17 frimaire an II (7 décembre 1793), l'argenterie que possédait l'église fut enlevée par un sieur Jean de Jarnac, juge de paix, agissant par ordre de Boussiron fondé de pouvoir du citoyen Harmand. Cette argenterie consistait en vases sacrés : soleil ou ostensoir, calice, ciboire, porte-Dieu, auxquels la municipalité se vit obligée d'ajouter, le 23 frimaire (13 décembre), une lampe, un

___

(1) « Cartulaire de Baignes », charte 509.
(2) Marvaud : « Etudes historiques », II, 17.

bénitier, un encensoir, une croix, ainsi qu'un stock d'ornements ou habits sacerdotaux, qui avaient été déposés chez le citoyen Meunier, et qui furent envoyés au citoyen Latreille, administrateur du département à Angoulême [1]. Ce même jour, la municipalité fit démolir et brûler le tabernacle.

Le 30 frimaire suivant (20 décembre), devait avoir lieu, dans les cantons, la fête de la déesse Raison. Mais on ne sait rien de ce qui put se passer, ce jour-là, dans l'église de Lignières.

Elle n'était d'ailleurs plus l'église, mais la « ci-devant église » de Lignières, en attendant qu'elle prît, sous le Directoire, le nom de « temple décadaire ». Elle devint alors un lieu de réunions purement profanes où le peuple s'assemblait aux jours de décades ou pour certaines fêtes nationales, comme on le verra plus loin. La sacristie fut même transformée en maison d'arrêt du canton (18 novembre 1799).

Et cela dura jusqu'au Concordat.

A cette époque, finit ce que l'on aurait déjà pu appeler « la grande pitié des églises de France ». En 1801, le Concordat était signé entre le Souverain Pontife et Bonaparte. Deux ans après, l'église de Lignières était rouverte au culte catholique, et l'on pouvait voir le curé d'avant la Terreur, revenu d'exil, officier à l'autel, et de nouvelles foules, pieuses et recueillies celles-là, se presser dans ses murs.

Mais ce n'était pas impunément qu'elle avait traversé les jours sombres de la Terreur et du Directoire. Des réparations s'imposaient. Il fallait en particulier remettre la couverture en état, poser des vitres aux fenêtres. Un marché fut passé le 15 pluviôse an XI (4 février 1803) avec le citoyen Laîné, de Cognac, vitrier, pour 160 francs et un autre avec le citoyen Dufour, recouvreur, pour 73 fr. 50. Il s'agissait aussi de remplacer les objets nécessaires au culte qui avaient été enlevés en 1793. La somme

---

(1) Arch. dép. Fonds Révol. L. 450, et Bibl de Cognac, Fonds Albert, T. 52, p. 201.

de tous ces objets s'élevait, en 1808, à 1209 francs qui furent acquittés par la commune, la Fabrique n'étant pas encore organisée.

En 1813, l'église fut réparée avec le presbytère pour 1502 francs.

En 1827, des travaux de crépissage et blanchissage furent faits à l'intérieur, moyennant 60 fr. par Jean Chapt, tailleur de pierres, du Maine, en Sonneville.

Le 30 août 1835, le Conseil municipal vota une somme de 175 fr. pour travaux à faire à l'autel. Ces travaux furent exécutés en 1837. Il s'agissait d'une reconstruction « à neuf » de l'autel.

En 1841, l'église reçut de M. O'Réilly, ancien curé, un don de 1000 fr. pour l'achat d'un tableau de la Sainte Vierge destiné au maître-autel. Ce tableau fut mis, non au maître-autel, mais dans la chapelle. Quand on répara celle-ci, en 1903, il tombait en ruines.

En 1844, nouvelles réparations à la couverture de l'église par Saintonge, moyennant 158 fr.

Le 15 juin 1845, eut lieu l'érection d'un chemin de croix par Pierre Ferdinand Ledru, curé de Saint Martial d'Angoulême, en présence de MM. Rolland, curé; Dodun, curé de Salles de Barbezieux ; Mathieu prêtre. Il a été remplacé par le chemin de croix actuel.

Le 14 novembre 1855, le Conseil municipal accepte une proposition du curé Rolland de céder à l'église de Sonneville ou à celle de Saint-Palais le grand autel de l'église de Lignières, les colonnes exceptées, pour 250 fr. avec lesquels M. le Curé achètera un autre grand autel en ajoutant le surplus nécessaire. Mais il semble qu'aucune suite ne fut donnée à cette proposition, puisque le registre des délibérations du Conseil mentionne l'achat d'un autel pour Saint-Palais le 9 novembre 1856 moyennant 320 fr. et, le 15 mai 1860, un vote de 400 fr. pour acheter un autel à Sonneville.

En 1901 l'église fut recouverte en entier, sauf la chapelle.

En 1903, ouverture de 3 fenêtres au nord, brossage de la voûte et filets, cimentage de la base des murs, pavage de la nef, du clocher et du chœur, nettoyage de la chapelle, construction de 2 arcs doubleaux sous la voûte de la nef, et du trottoir extérieur nord : le tout, sur devis de 3342 fr. 09, par Barbaud et Baulin, architectes, et François Lalut, entrepreneur aux Abels.

Le 24 mars 1906, à l'occasion des inventaires qui ont suivi la loi de Séparation, l'église a été estimée 200 francs, moins que le presbytère (400 fr.) que « la cloche et sa corde » (300 fr.), que l'harmonium (250 fr.), et un tout petit peu plus que la chaire (150 fr.) et que le chemin de croix (150 fr.). Le percepteur s'était présenté une première fois le 10 mars, mais devant l'hostilité d'un petit groupe de catholiques qu'une sonnerie de cloche avait avertis, il avait cru devoir se retirer.

En 1911, la partie ouest de la sacristie a été reconstruite par Lalut, sur prix fait de 300 francs.

Enfin en septembre 1922, on a fait l'agrandissement, et un nouveau carrelage du chœur : 1635 francs.

Mobilier. — Toutes les pièces de ce mobilier sont modernes.

Seule, la *cloche* est ancienne. Elle est de 1612, et a pu traverser ainsi plus de trois siècles sans avoir besoin d'une refonte. Elle donne le *fa dièze* avec une sonorité merveilleuse qui en fait la plus belle cloche des environs. Son diamètre est de 1^{m}02 : sa profondeur, de 0^{m}80 ; son épaisseur, de 0^{m}07 ; son poids, de 650 kilos. Voici son inscription, dont la fin, toute en initiales, est assez énigmatique : *IHS. MA. Au mois de f. 16XII je fuct faicte pour la parroisse de N.re dame de Linières. Curé Mre Louys Bouchelays + Louys Monnerot + Fouchierie f. + Mre Vergnon S.P.R. dl + B* (ici une petite cloche en relief) *R* (une autre cloche) *R*. Suivent les armes du seigneur de Lignières ; puis, des fleurs de lys, emblème de la royauté alors régnante ; la croix de N. S. etc.

Elle n'eut besoin que d'une légère réparation à la sortie de la Révolution, quand fut rétabli le culte catholique. Il s'agissait de percer la cloche et de la munir d'un anneau pour tenir le battant. L'opération fut confiée à l'adjudication, pour 90 fr., le 22 pluviôse an X (11 février 1802), au « citoyen Perrochon », qui s'engagea à rendre la cloche « solide et sonnante ». Et le 30 ventôse suivant (21 mars), Perrochon déclarait avoir reçu du « citoyen Roux, maire », la somme de 90 fr., plus 28 fr. 50 pour les hommes qui avaient aidé, « à 3 différentes fois », à descendre la cloche et à la monter.

Tous les autres objets mobiliers de l'église ont été offerts par des particuliers ou acquis par souscription.

Le *maître-autel*, en marbre blanc, don d'une famille de la paroisse, est venu remplacer en 1913 le vieil autel en marbre avec moulures en bois décoré de la réparation de 1837, a été bénit le 28 septembre 1913 par le curé-doyen de Segonzac, et solennellement consacré par Mgr Arlet, le 6 mai 1924, à l'occasion de la confirmation. Il sort des ateliers Guiraud, à Toulouse.

De là aussi vient le petit autel en marbre blanc surmonté de deux plaques de marbre et encadré des deux petites statues de Saint Michel et de Sainte Catherine, dont l'ensemble constitue le *monument aux morts* de 1914-1918, inauguré dans l'église le 24 juin 1923.

En même temps que le maître-autel, a été bénit le *confessionnal*, en chêne sculpté, produit d'une souscription. Ce confessionnal en remplace avantageusement un autre, dont Mgr Ricard disait, un jour de confirmation, du haut de la chaire, qu'il était « laid comme le péché » !

La *chaire*, en noyer, a été donnée par la famille Joubert.

En face, est un *grand Christ* en bois peint, don d'une dame Gautier.

Le *chemin de la croix*, en toile peinte à l'huile, don de la famille Bienassi, a été érigé le 21 décembre 1852 par M. Rolland, curé, délégué par Mgr l'Evêque, en présence, dit le Registre du Conseil de Fabrique, de M. Bernard, curé de Bouteville, « et de l'immense majorité des habitants ». Les archives paroissiales mentionnent un autre chemin de croix érigé le 28 décembre 1877 par le Fr. Michaël, des Frères Mineurs de Bordeaux, qui prêchait alors une retraite à Lignières.

C'est le même, qui aurait été bénit une seconde fois, à l'occasion d'une régularisation des chemins de croix.

Avec ce chemin de croix, un Inventaire du Conseil de Fabrique du 24 avril 1857, mentionne la *pendule*, dont la jouissance seulement a été concédée à l'église par une dame Melquin, d'Hauteneuve ; et les deux *lustres* de la nef, donnés l'un par une dame Matignon, l'autre par la famille Dumontet.

Le même Registre mentionne aussi en 1844, une somme de... 31 fr. pour *fonts baptismaux*.

Parmi les statues, le *Sacré-Cœur* et *Saint Joseph* ont été donnés par les familles Joubert et Ellie ; *Saint François d'Assise*, par la famille Matignon, des Collinauds ; *Saint Louis de Gonzague*, par M. Anatole Gautier ; *Saint Antoine de Padoue*, par la famille Guillot ; *N.-D. de Lourdes*, par Mademoiselle Céline Desmoulins ; l'*Enfant Jésus de Prague*, par la famille Brunet-Merlet. La statue de *Jeanne d'Arc* a été acquise par souscription, et bénite devant une nombreuse assistance le 1er mai 1910.

Acquis aussi par souscription l'*harmonium* en 1897.

Dans la *chapelle* de la Sainte Vierge, le tombeau de l'autel a été donné en 1864 par la famille Delâge ; le marchepied, par le curé Chadefaud ; le tabernacle, par la famille Joubert-Ellie ; la statue de la Sainte Vierge, qui domine l'autel par M. Anatole Gautier ; la balustrade, par la famille Guillot.

Ainsi meublée, et ornée tant à l'extérieur qu'à l'intérieur, l'église de Lignières est l'une des plus belles et des plus complètes de la région.

Inhumations dans l'église. — Si l'on creusait enfin sous le pavé de la nef, on y trouverait les corps de certains notables de la paroisse, qui y furent ensevelis, lorsque la coutume était d'enterrer dans les églises. Cette coutume, dont l'origine date du XIIe siècle, fut supprimée par une Déclaration du Roi du 10 mars 1777.

Voici, par ordre chronologique, et d'après ce qui reste des registres paroissiaux, les inhumations qui ont été faites dans l'église de Lignières.

8 février 1687, Michelle Rousseau.

14 octobre 1702, damoiselle Louise de Labadie.

6 décembre 1707, Jean Macheneau, maître d'hôtel de M. le marquis de Lignières.

27 août 1708, François de Labadie, escuyer, sieur du May.

27 mars 1710, Marie Prévost, femme de feu Léonard Gratereau, et sœur du curé de Lignières.

11 février 1713, Pierre Texier, sergent royal.

27 juillet 1714, Marie Maillot.

15 mars 1721, Guillaume Dupuy, 80 ans.

15 avril 1721, Pierre Bruneteau, procureur.

22 août 1721, Pierre Chaillot, maître bassier (1), 75 ans.

5 novembre 1721, Pierre Bruneteau, notaire royal et juge de Lignières, 63 ans.

12 Décembre 1721, Marguerite Boutillier, femme de Charles Balet.

21 septembre 1724, Jean Bruneteau, huissier, 55 ans, de chez Jonchères.

21 novembre 1728, Jean Roux, 54 ans.

6 novembre 1729, Françoise Chaillot, Veuve de Jean Roux, 45 ans.

7 février 1731, M⟨re⟩ Charles François Poussard, 76 ans. (Voir : « Seigneurie ».)

5 Décembre 1743, Marie Rose de Lagarde. (Voir : « Seigneurie ».)

12 janvier 1745, M⟨re⟩ François de Labadie, écuyer, seigneur du May, 95 ans.

5 décembre 1745, de Bournazet. (Voir : « Seigneurie ».)

15 mai 1747, Hippolyte Hérard, 24 ans, femme de Pierre Matignon, marchand, inhumée près du bénitier.

5 janvier 1749, Hippolyte Hérard, 52 ans, femme de Josué Roy, notaire.

20 août 1749, François Roy, clerc tonsuré. Voir : « Notaires »)

28 février 1751, Paule Augustine Delafont, 14 ans,

---

(1) « Bassier » : faiseur de « basses », réservoir portatif de la vendange, avant qu'elle soit versée dans le douillat.

fille des défunts Jacques Delafont, notaire et procureur à Ambleville, et Louise Gabeloteau, inhumée au-dessus du bénitier.

18 septembre 1754, Elisabeth Lévêque, 72 ans, Veuve de Pierre Matignon, marchand, inhumée à 4 pieds $1/_2$ au-dessus du bénitier, et à 2 pieds de la muraille.

29 janvier 1757, Charles Filhon, avocat, 66 ans, inhumé vis-à-vis la porte du clocher.

1er septembre 1757, Marie Judith Poussard de Plas. (Voir : « Seigneurie ».)

16 mars 1759, Marie Rose Boutiller, 75 ans, Veuve de Jean Nenert, des Abels, inhumée environ 4 pieds au-dessus des fonts baptismaux.

19 octobre 1763, Suzanne Matignon, 40 ans, fille de Pierre et de Elisabeth Lévêque, femme de Charles Junien de Lavillauroy, inhumée dans l'étage des carreaux de brique au-dessus du bénitier.

19 juin 1767, Marie Lacombe, 4 ans.

15 décembre 1768, Jean Baudry, 70 ans.

5 janvier 1771, J. B. de Comblat, curé.

21 novembre 1804, le baron de Plas. (Voir « Seigneurie ».)

Ces inhumations dans l'église se faisaient moyennant une *rente* dont 2/3 revenaient à la Fabrique, et le reste au curé, à charge d'une messe chaque année. Cette rente était au minimum de 30 sols au XVIIe siècle, de 3 livres en 1760.

2° LE CIMETIÈRE.

Comme c'était la coutume autrefois, le cimetière entourait primitivement l'église. Là, reposaient depuis des siècles des générations de catholiques, les plus anciennes, étendues dans des cercueils de pierre, les tout petits enfants, ensevelis dans cette partie du cimetière qu'on appelait alors le « cimetière des innocents ». Elles s'étaient couchées dans la tombe, pensant que rien ne viendrait troubler le repos de leurs cendres. Mais peut-il y avoir sur la terre quelque chose de définitif, et les morts eux-mêmes peuvent-ils être assurés qu'on les laissera dormir en paix ?.. A Lignières, comme en beaucoup d'autres endroits, leur sommeil devait être troublé, et leurs ossements déplacés au cours du XIX° siècle par suite des transformations économiques, morales et religieuses que subit notre pays.

Dés le 29 fructidor an VIII (16 septembre 1800), le Conseil général de la commune eut à s'occuper d'un projet de translation du cimetière ; mais ce fut pour s'y opposer. On ne trouvait pas encore les morts gênants.

En 1838, la question revint sur le tapis. Un fait nouveau s'était passé : le décret du 23 prairial an XII (12 juin 1804), qui voulait que les cimetières fussent à une distance de 35 à 40 m. des habitations. Il s'agissait donc, après 34 ans écoulés, d'observer la loi. Dans ce but, et aussi sous le fallacieux prétexte de salubrité publique, une pétition signée de plusieurs habitants de Lignières, fut adressée, le 4 mars 1838, au sous-préfet de Cognac. Elle demandait que le cimetière fût transporté sur un terrain offert par Mme Vve d'Auzy, situé au Plantard, route de la Madeleine. La pétition, retournée par le sous-préfet le 19 mars, fut examinée le 8 avril par le Conseil municipal qui, tout en exprimant son désir d'observer la loi, remit sa décision aux calendes, sous prétexte que le terrain offert était trop éloigné : « à 847 m. de la dernière maison du bourg » !.. 25 ans devaient encore s'écouler avant que fût décidée la translation du cimetière. En attendant, en 1860, le Conseil municipal le fit entourer d'une clôture en bois par J. Vinet, moyennant 150 francs.

Enfin, le 12 mai 1863, le Conseil décida qu'il y avait lieu de remplacer les trois cimetières de Lignières, Sonneville et Saint-Palais-des-Combes, devenus trop petits et ne se trouvant pas conformes à la loi, par un nouveau, qui serait à peu près au centre de la nouvelle commune de Lignières-Sonneville. Le Conseil ajoutait que le nouveau cimetière serait « propre aux deux cultes ». C'était là une expression inexacte. Les cimetières étaient ouverts aux différents cultes depuis le décret de l'an XII. Auparavant, ils étaient propriété ecclésiastique, comme l'église et le presbytère, et par conséquent, les catholiques seuls avaient le droit d'y être enterrés.

Le 17 mai 1864, on acheta donc à Jacques Giraudeau, de chez Piet, une pièce de terre de 55 ares environ, sise au lieu de « Champ de Caille » (*sic*), pour 1650 fr., La dépense totale, avec les frais de construction des murs de clôture et d'une maison avec ses servitudes pour le logement du fossoyeur, devait s'élever à 7800 fr., qui furent empruntés de gré à gré à Madame Veuve Melquin, rentière à Hauteneuve.

Le nouveau cimetière a été bénit le 10 juin 1866 par Mgr. Cousseau, en présence des curés de Segonzac, Lignières, Criteuil, Verrières et Touzac.

Quant à l'ancien, il a été déblayé, et la plupart des ossements qu'il contenait, transportés dans le nouveau. Sur son emplacement, se tiennent maintenant la foire et la frairie, et s'élève le monument aux morts de 1914-1918. Et ce n'est pas un des moindres signes de notre époque insouciante et légère que cette agitation profane des vivants sur ce qui fut le champ de repos des morts, et autour de ce qui rappelle encore l'héroïque sacrifice de nos soldats.

3° LE PRESBYTÈRE.

Le presbytère de Lignières est l'ancien, plusieurs fois réparé, savoir: en 1808, pour 142 fr.: en 1813, avec l'église, pour 1502 fr.; en 1827, pour 97 fr. (presbytère et mur du jardin); en 1854, pour 200 fr., dont 50 fr. pour une nouvelle réparation des murs du jardin, et 150 fr. pour la reconstruction du portail de la cour; en 1860, pour 692 fr., dont 352 fr. pour fermetures à l'extérieur, 200 fr. pour portes vitrées à l'intérieur, 20 fr. pour la porte de la cour donnant sur le cimetière, 120 fr. pour réparations aux murs de la grange et du jardin; en 1880-1888.

Il a été restauré et agrandi en 1903, pour 6025 fr. 21. En 1908, on a fait recouvrir la partie ancienne; en 1914, la partie neuve. En février 1922, on a réparé le mur du portail.

Il est vaste et bien pourvu, comprenant, outre la maison d'habitation, une cour intérieure, grange, écurie, jardin, pré, étang, le tout renfermé de murs. Il comprenait aussi autrefois un *colombier* ou fuie, droit féodal attribué au curé comme décimateur.

Sous le Directoire, à partir du 20 brumaire an IV (11 novembre 1795), il servit de *maison commune* à la municipalité cantonale, et de siège de *justice de paix*. Il s'en fallut de peu que la municipalité n'y installât aussi un instituteur « pour l'éducation de la jeunesse du canton ». A défaut d'instituteur, elle y mit un concierge, le citoyen Phelip l'aîné, pour veiller à ce qu'aucune dégradation ne soit faite aux bâtiments (3 fructidor an V - 20 août 1797).

C'est sans doute à ces services d'un nouveau genre que le presbytère dut alors de n'être pas vendu comme bien national. Mais il n'en fut pas de même de ses dépendances.

On sait ce qu'il faut entendre par *biens nationaux*. C'est le nom que la Révolution donna aux biens du clergé après s'en être emparée, et comme pour pallier son vol.

Furent vendus comme biens prétendus nationaux à Lignières, le 27 mai 1791 :

1° — Une pièce de pré située au bourg de Lignières dépendant cy-devant de la cure dudit lieu, contenant environ 190 lattes, non compris un chemin de 12 pieds de large laissé pour le passage nécessaire au curé, et à la charge par les acquéreurs de laisser subsister la fontaine qui est dans ladite pièce de pré, et de ne point détourner le cours de l'eau qui se rend de ladite fontaine au jardin dudit sieur curé, ladite pièce de pré confrontant d'un côté audit chemin laissé pour l'usage dudit curé et autres objets dépendant de ladite cure ; d'une autre part, au chemin de Lignières à Bonneuil à droite ; d'autre, aux murs du jardin, et de l'autre part, aux domaines de la Veuve Roy.

2° — Une pièce de pré située en la prairie de Lignières contenant environ 130 lattes, confrontant aux fosses du sieur Joubert, d'une part ; d'autre part, au pré de la Combe ; des autres côtés, au canal du moulin.

3° — Une autre pièce de pré située au même lieu appelée le « pré de la Lampe », contenant environ 130 lattes, confrontant d'un côté au pré du sieur Filhon ; d'autre, à celui des demoiselles Matignon, d'un bout au canal du moulin. Le tout dépendant cy-devant de la cure de Lignières [1].

Mises à prix pour la somme de 2123 livres par le sieur Texier, procureur de la commune, ces trois pièces furent adjugées après enchères, à Pierre Guionnet, de chez Piet, pour 4500 livres.

Cette acquisition de biens ecclésiastiques volés était quelque chose de grave qui aurait pu charger éternellement la conscience des acquéreurs. On sait avec quelle magnanimité ce cas de conscience fut résolu par le Pape, dans l'article 13 du Concordat : « Sa Sainteté, pour le bien de la paix et l'heureux rétablissement de la religion catholique, déclare que ni Elle ni ses successeurs ne

____

[1] Arch. de la Charente, Domaines.

troubleront en aucune manière les acquéreurs des biens ecclésiastiques aliénés et qu'en conséquence, la propriété de ces mêmes biens, les droits et revenus y attachés, demeureront incommutables entre leurs mains ou celles de leurs ayants-cause ».

Quant au presbytère lui-même, il fut, ainsi que l'église, mis à la disposition des évêques (article 12 du Concordat, et loi du 18 germinal an X), et non, comme on l'a dit (article 12 de la loi de Séparation), à la disposition de la Nation. Ensuite, à partir de 1834, une jurisprudence cauteleuse a voulu, malgré le texte si clair du Concordat, en faire la propriété de l'Etat et des communes ; et la loi de 1905 (article 12) a consacré cette jurisprudence. Mais en réalité, ces immeubles sont des *propriétés ecclésiastiques* qui ont été bâties et entretenues au cours des siècles par l'argent et la foi des catholiques. S'ils sont devenus propriétés de l'Etat, des départements, des communes, ce n'est que par le fait de la confiscation, et en vertu de la raison du plus fort... qui n'est pas toujours la meilleure !.. C'est cette raison qui fait qu'aujourd'hui, depuis la Séparation (1905), le curé, pour avoir le droit d'habiter chez lui, est obligé de payer un loyer !..

4° CURÉS DE LIGNIÈRES.

Voici la liste des curés de Lignières dont j'ai pu retrouver les noms. Les premiers de ces noms sont suivis de la mention du document qui les a fait connaître. Les autres nous sont connus par les registres paroissiaux de Lignières.

1075-80 — *Hélias*, sacerdos ecclesiæ de Linieires (Cartulaire de Baignes).

1204 — *Guillaume Seguin* (Prieuré de Bouteville).

1487-93 — *Guinot Boisson* (Papier terrier de Lignières).

1509 — *Louis de Menierre* (Minutes Joubert, 24 décembre 1735).

1538 — *Pierre Hiver* (Pouillé du diocèse d'Angoulême).

1605 — *Louis Bouchellays* (Registre paroissial de Bouteville). Etait encore curé en 1612, puisque son nom est inscrit sur la cloche, qui est de cette année-là.

1632-42 — *Nicolas Trouillard* figure comme parrain à plusieurs baptêmes.

1653-76 — *Jean Trouillard* figure aussi comme parrain à un baptême le 14 mars 1654, et signe son dernier acte le 28 janvier 1673. Après lui, les actes sont signés : « N. Bordier, prêtre, loco restoris » jusqu'en 1676. Le Pouillé du diocèse dit qu'il va à Saint-Palais des Combes.

1676-82 — *Nicolas Bordier* meurt le 16 août 1682. L'inventaire de ses meubles dressé le 20 août suivant par Poirier, notaire à Bouteville, contient des renseignements intéressants sur le prix de certaines choses, et sur les moyens de transport d'un curé à cette époque. On trouva, dans l'écurie, deux bœufs de tire appréciés, avec leur joug, 120 livres; une pouline de poil bai appréciée 100 livres; une bourrique avec son bât appréciée 10 livres. Il y avait aussi un cheval dont se servait le curé défunt, mais qui avait été pris par ordre de Monseigneur l'Evêque de Saintes, le cheval de tout curé défunt revenant alors de droit à l'évêque du diocèse.

Octobre 1682. — *Hélie François Prévost* permute avec le suivant, son frère.

1683-1716. — *Tobie François Prévost*. docteur en théologie, transféré de Saint-Amant de Nouère, diocèse d'Angoulême, était né le 19 juin 1650 à Douzat, d'une famille de l'Angoumois, qui donna plusieurs de ses membres à l'Eglise et orienta les autres vers le commerce. Cinq frères du curé de Lignières : Pascal, François, Elie, Jacques et Antoine étaient marchands, et demeuraient, au début du XVIIIe siècle : Pascal, Elie et Jacques à Douzat ; François, à Asnières ; Antoine, à Moulidars. Deux autres, prêtres comme lui, étaient curés : l'un, Hélie, comme on vient de le dire, à Saint-Amant de Nouère ; l'autre, à Verdille, au diocèse de Saintes. Il avait aussi une sœur, Marie, mariée à Léonard Gratereau, procureur au Présidial d'Angoulême, et mère de Jean Gratereau, curé de Sonneville et Saint-Palais des Combes, laquelle mourut chez son frère à Lignières et fut ensevelie le 27 mars 1710 dans l'église.

Le registre paroissial mentionne en 1688, un *vicaire* : *Charles Durel*, des Récollets de Cognac.

On peut signaler ici plusieurs *fléaux naturels* qui, sous le ministère du curé Prévost, désolèrent l'un sa paroisse, les autres toute la contrée.

Le premier en date est l'hiver de 1683-84. Ce fut « un des plus cruels hivers qui aient paru de mémoire d'homme ». Les blés furent tous gelés. Le 24 mars 1684, il tomba presque tout le jour une telle quantité de neige qu'elle « était d'un pied en divers endroits ».

Le 6 juin 1685, il gela si fort que les vignes furent « fort gâtées », et à partir du 13 juillet suivant, pendant 4 ou 5 jours, la chaleur fut « si horrible que les verjus furent presque tous perdus ». [1]

Le 11 juin 1708, s'abattit sur Lignières un terrible ouragan, que le curé Prévost signalait le surlendemain

---

(1) Papier de recette de Bouteville, tenu par Isaac Texier de la Pégerie. (Bibl. de Cognac, Fonds Albert, T. 73).

en ces termes : « Je soussigné prêtre, curé de nostre damme de Linnières certifie à Messieurs les Présidants et Eleux de la ville de Cognac que l'onze du présent mois, plus des trois cars de ma paroisse a estée antérieurement délabrée par la tampeste, et l'autre cart très endommagé ». [1]

On sait que l'hiver de 1709 devait achever la ruine générale.

Tobie Prévost signe son dernier acte le 28 juin 1716. Le 29 juillet suivant, il fait son testament par devant Joubert, notaire à Lignières. Il laisse 150 messes à dire, à 8 sols chacune, savoir : 50 au curé de Touzac, 50 à celui de Saint-Preuil, 50 à celui de Sonneville ; il demande qu'il soit fait 3 services par 6 prêtres à la huitaine de son décès, à la trentaine, et au bout de l'an, le tout réglé à 150 livres. Il laisse 300 livres, dont 100 pour la réparation de l'église de Lignières, et 200 pour les pauvres de la paroisse ; autant pour l'église et les pauvres de Saint-Amant de Nouère, son ancienne paroisse ; plus à Jean Gratereau, curé de Sonneville, son neveu, sa montre d'argent, sa tasse d'argent, 6 cuillers, 6 fourchettes d'argent, et tous ses livres par préciput, « pour les bons et agréables services reçus de lui » [2].

Il dut mourir aussitôt après, puisque nous voyons, le 31 juillet 1716, le même notaire dresser l'inventaire des meubles du défunt. Le notaire a trouvé, entre autres choses, « une paire de souliers neufs avec une peau de chamois appréciés 3 livres 5 sols... plus un manteau et une paire de bottines, le tout pour monter à cheval, apprécié 12 livres... plus un justaucorps de cadis, la veste et la culotte de même étoffe avec un gilet de molleton et une soutanelle d'étamine, apprécié le tout 10 livres... plus dans l'écurie, une jument d'âge inconnu appréciée avec la selle, la bride et un bât, 30 livres ».

---

(1) Copie d'un original appartenant à M. Giraudeau, de chez Piet.

(2) Ces dons d'objets en argent, qui paraissent aujourd'hui bien modestes, avaient beaucoup de valeur autrefois, alors que l'argent était plutôt rare, que les goûts étaient simples, le mobilier moins luxueux.

Août 1716. — *Jean Bernard*, maître ez arts [1], auparavant vicaire de Pérignac, est installé le 4 août 1716, mais résigne peu après, et se retire à Cognac. A partir de septembre 1716 jusqu'en octobre 1717, les actes sont signés par le *Fr. Lévisle des Barrières*, des Cordeliers de Cognac, faisant fonction de vicaire.

1716-32. — *Frix* (ou : Prix) *Pugens*, bachelier en théologie, gradué de l'Université de Bordeaux, auparavant curé de la paroisse de Lanay (?), du diocèse de Condom, d'où il était originaire, prit possession par procuration du « bénéfice » [2] de Lignières, une première fois le 17 septembre 1716 ; une seconde fois, à la suite de certaines difficultés, le 28 octobre suivant. Ces difficultés lui étaient suscitées par son prédécesseur, le Frère des Barrières, qui ne voulut pas signer le procès-verbal de prise de possession rédigé par le notaire Joubert, mais n'en continua pas moins à desservir la paroisse jusqu'à l'installation du nouveau curé en octobre 1717.

A partir de cette époque, c'est Pugens qui signe les actes, sauf du 23 avril au 17 octobre 1718, pendant lequel laps de temps, les actes sont signés — soit que Pugens ait été malade, soit qu'il ait été absent — par « Basile de Saint-Hugues, religieux Carme de la Communauté de Jonzac, servant le bénéfice de Lignières par mandement de MM. les Vicaires généraux de Saintes ». La dernière signature de Pugens est du 10 octobre 1731. Après lui, les actes sont signés : « Jacques Guillaumeau de Flaville, prêtre, vicaire de Lignières » [3].

Le 3 avril 1732, par devant Roy, notaire à Lignières, Pugens fait son testament. Il veut être inhumé au cimetière de ce lieu, auprès de la croix, du côté qui fait face à la porte du presbytère. S'il vient à mourir en sa

---

(1) Maître ez arts : précepteur, régent, instructeur, etc.

(2) Bénéfice : Terre autrefois donnée au prêtre à la charge d'une fonction sacerdotale. Les grades théologiques étaient alors la condition nécessaire pour obtenir un bénéfice. Aussi étaient-ils fort recherchés.

(3) Plus tard curé de Bonneuil, d'où il était originaire.

patrie, il veut être enterré dans la sépulture de ses auteurs, devant l'église de Saint Nicolas à moins que ses vieux parents n'aiment mieux le faire mettre dans l'église de Saint Jean de Barlet, où ses parents ont aussi droit de sépulture. Il laisse 100 livres au syndic de la chapelle du Purgatoire de l'église cathédrale de Saint Pierre de Condom, et les revenus de cette somme (5 livres) serviront à faire dire dix messes par les prêtres desservant ladite chapelle, savoir : 4 pour le repos de son âme ; 3 pour celle de Vincent Pugens, son père ; 3 pour celle de Marie Dufau, sa mère. A l'un de ses neveux, Frix Pugens, il laisse la maison de Bounet, dans le faubourg Saint Jean de Barlet.

Ces dispositions prises, il meurt le 6 avril 1732, «après avoir — dit assez simplement son acte de décès rédigé par le vicaire, Guillaumeau de Flaville — reçu en bon chrétien tous les sacrements», et, le 7, il est enterré dans le cimetière. Guillaumeau de Flaville continue à desservir la paroisse jusqu'à l'arrivée du nouveau curé, Dutillet.

1732-65. — *Henri Dutillet*, maître ez arts, gradué de l'Université de Poitiers, est nommé le 9 avril 1732 au bénéfice de Lignières. Le 12, il prend possession par Jacques Guillaumeau de Flaville, devant Roy, notaire à Lignières, et le 26 mai, signe son premier acte. Il arrivait du logis de Garde Epée, paroisse de Saint Brice, près Cognac, où il était peut-être précepteur ; mais devait être originaire de Suris, en Limousin, [1] où il avait un frère, Martial, marchand, marié à Jeanne Vouselot. Ce frère paraît avoir eu comme enfants: Antoine, qui fut curé de Malaville, de 1777 au Concordat ; Martial, maître chirurgien, qui fut fermier du Puy de Neuville en Touzac de 1778 à la Révolution ; et il avait une fille, Marie, qui vint habiter chez son oncle à Lignières et s'y maria, le 13 février 1764, avec Charles Junien de la Villauroy, des Abels.

---

(1) Aujourd'hui canton de Chabanais (Charente).

Le curé Dutillet devait aimer la chasse, si l'on en juge par cette clause d'une ferme d'un quartier de dîmes par lui faite le 18 juin 1744 devant Roy, notaire, à Jean Couprie, des Abels, moyennant, entre autres choses, « une livre de poudre à giboyer ».

Il signe son dernier acte le 24 janvier 1765, et résigne peu après. [1].

1765-71. — *Jean Baptiste de Comblat*, docteur en théologie, transféré de la Madeleine, où il était curé depuis 1758, signe son premier acte le 13 février 1765 et son dernier le 8 novembre 1770. Les actes sont signés ensuite, le curé étant malade, par Lamouroux, curé de la Madeleine, et Fétis, curé de Sonneville. J. B. de Comblat meurt le 4 janvier 1771, à 45 ans, et est inhumé le lendemain dans l'église, en présence de Lamouroux, curé de la Madeleine, et de Bruel de Joly, curé d'Ambleville.

1771-89. — *Paul Gilbert*, gradué, fait dresser par Matignon, notaire, dès le 2 janvier 1771, procès-verbal de l'état du presbytère, signe son premier acte le 27 janvier 1771, et son dernier le 5 octobre 1789. Le 27 août précédent, il avait résigné son titre curial à son successeur, sous réserve d'une pension consistant dans le logement et le tiers des revenus de la cure. Il restait donc co-décimateur. Mais la dîme ne rapportant plus rien depuis qu'elle avait été abolie par l'Assemblée nationale, il adressa en 1791 au Directoire du Département un mémoire au sujet de sa pension. Le Département, après avis du Directoire du district de Cognac, arrêta, le 17 février 1791, la pension annuelle du sieur Gilbert à la somme de 855 livres 15 sols, payable par quartier et d'avance à dater du 1ᵉʳ janvier 1791. Il arrêta aussi, le 22 octobre suivant, que le receveur du district paierait comptant au sieur Gilbert la somme de 855 livres 15 sols pour traitement de l'année 1790.

---

(1) Le Pouillé du diocèse mentionne deux Dutillet : Henri et Pierre, comme curés de Lignières. Je n'ai trouvé trace que d'un seul : Henri.

Gilbert ne devait pas émarger longtemps au budget de l'Etat. Ce fut du reste son honneur, l'abdication des fonctions sacerdotales devant être bientôt la condition mise à l'octroi d'une pension. Le 26 août 1792, une loi fut votée qui ordonnait à tous les ecclésiastiques n'ayant pas prêté le serment, de sortir du royaume dans le délai de 15 jours.

Paul Gilbert n'avait pas prêté le serment. Il reçut donc son passeport le 5 septembre et fut déporté en Espagne le 20 septembre 1792. Il avait 58 ans. Il survécut d'ailleurs à sa peine, et put rentrer en France avant de mourir [1]).

1789-92. — *Jean Baptiste Lacuquerain*, auparavant vicaire à Cognac, prend possession le 25 novembre 1789 par devant Joubert, notaire, et signe son premier acte le 26 janvier 1790. C'était un prêtre jeune (32 ans), entreprenant, que les épreuves allaient mûrir de bonne heure... et grandir.

Ces épreuves s'annoncèrent dès la fin de 1790 par l'obligation du serment à la Constitution civile du clergé. Cette Constitution décidait qu'au lieu de 136 diocèses, il n'y en aurait plus que 83, un par département ; que les évêques et les curés seraient élus par le peuple ; que les évêques n'auraient pas besoin, pour avoir le droit de gouverner leur diocèse, de recevoir du Pape l'institution canonique, etc. C'était le pouvoir civil légiférant en matière religieuse en dehors du Pape, et même contre lui. C'était une tentative de schisme. Le Pape dénonça comme telle la Constitution, en la condamnant. Prêter serment, c'était donc devenir schismatique. Le refuser, c'était prononcer soi-même sa destitution.

Les curés de Sonneville et de Touzac, — pour ne parler que de ces deux proches voisins de Lignières — prêtèrent serment. Faiblesse dûe sans doute à leur âge. « Recevoir signification, à 60, 70 ans, d'avoir à prêter serment sous peine de destitution, d'expulsion, finalement de déporta-

---

(1) Arch. Charente, Fonds Révol. L. 438, 1196 ; — et Abbé Blanchet : « Le Clergé charentais pendant la Révolution. »

tion ; tout quitter pour aller au loin, à l'étranger, infirme et sans argent ; ou bien rester en France avec la vision de la prison et même de l'échafaud, il y avait là une perspective capable de déconcerter des volontés affaiblies par le temps... Dans cette lutte entre l'intérêt et le devoir, les jeunes, plus rapprochés de leurs promesses cléricales, mieux protégés d'ailleurs par l'insouciance de leur âge, mieux armés contre les soucis du lendemain, firent parfois la leçon aux anciens » (1)

Lacuquerain fut de ces jeunes. Non que son orthodoxie n'ait été, elle aussi, un instant en défaut : il avait d'abord prêté serment à la Constitution civile du clergé. Mais il se ressaisit bien vite, et rétracta son serment.

Au début de 1792, son attitude nettement réfractaire contre la Constitution civile du clergé, et le clergé constitutionnel lui même, émut les officiers municipaux de Lignières. Ils envoyèrent à l'Administration, les 20 et 22 mai 1792, des procès-verbaux, où ils faisaient valoir que « le sieur Lacuquerain, curé, n'a pas fait le serment exigé par la loi ; que par suite de ses principes, il ne veut reconnaître aucun supérieur ecclésiastique constitutionnel : qu'il se refuse à célébrer les fêtes ordonnées pour le diocèse de ce département ; enfin, que cette conduite menace le canton de Lignières de troubles qui pourraient amener de fâcheux évènements ». Ils concluaient en demandant « que leur paroisse fût incessamment desservie par un autre pasteur et qu'il fût enjoint à ce réfractaire de se retirer sous 3 jours, et d'aller résider en un lieu qui fut éloigné de 3 lieues au moins » (2).

En conséquence, le 1er juin 1792, le Directoire du

---

(1) Abbé Sicard : « Revue des 2 Mondes, 15 août 1922 ».

(2) Lacuquerain avait raison de faire de l'opposition aux prétentions du pouvoir civil en matière religieuse. L'Etat n'a pas qualité pour créer de nouveaux diocèses ou nommer des évêques en dehors du Pape. Ce n'est pas au pouvoir civil que Jésus-Christ a donné le droit de gouverner son Eglise, mais aux Apôtres et à leurs successeurs : le Pape, et les évêques unis au Pape. L'évêque constitutionnel du département de la Charente était alors Pierre Matthieu Joubert, ancien curé de Saint-Martin d'Angoulême, qui depuis....

Département, vu la pétition de la municipalité de Lignières,
vu l'avis du Directoire du district de Cognac en date du
25 mai, arrête :

1° — « Que le curé de Bonneuil, à qui M^r l'Evêque
a donné le *bis in die* [1], sera invité par la municipalité
de Lignières à se charger de la desserte de la cure *(sic)* ; ·

2° — Qu'à compter du jour de la notification qui lui
sera faite du présent arrêté, le sieur Lacuquerain cessera
toutes sortes de fonctions curiales sous peine d'être poursuivi extraordinairement à la requête et diligence du
procureur de la commune de Lignières, qui en demeure
spécialement chargé.

3° — Que huitaine après la notification, il sera tenu de
quitter la maison curiale et de s'éloigner du canton ; à
l'effet de quoi, il est enjoint à la municipalité de Lignières
de lui prêter et faire prêter par la garde nationale tous
secours et l'assistance nécessaires pour le préserver de
toutes sortes d'insultes et voies de faits ;

4° — Que copie du présent arrêté sera pareillement
notifiée au receveur du district, à la diligence du procureur de la commune de Lignières, afin qu'il n'en ignore,
et qu'en conséquence d'icelui, il ait à interrompre toute
espèce de paiement fait ci-devant au sieur Lacuquerain à
titre de traitement curial » [2].

A la suite de cet arrêté, Lacuquerain eut donc à cesser
ses fonctions curiales et à quitter Lignières. Il est
vraisemblable que tout cela eut lieu dans la semaine qui
suivit l'arrêté, puisque l'on voit Boussiron, curé intrus
de Bonneuil desservant Lignières en binage, signer son
premier acte le 7 juin 1792.

La dernière signature de Lacuquerain est du 29 avril
1792. Pour n'avoir pas voulu prêter un serment
schismatique, il avait été chassé de sa paroisse. Ce
n'était pas encore assez pour les proscripteurs. La loi du

---

(1) Droit de dire deux messes le dimanche.

(2) Arch. Charente, Fonds Révol. L. 46.

26 août 1792 allait le chasser même de France. Le 8 septembre il recevait son passeport, et le 20, avec Gilbert, son prédécesseur à Lignières, de Mânes, curé de Bonneuil, Roy, curé de Segonzac, et 19 autres prêtres du diocèse de Saintes, il débarquait à Bilbao, en Espagne. Son exil devait durer dix ans.

Juin-décembre 1792. — *Jean Baptiste Louis Boussiron* desservit donc Lignières en binage pendant les six derniers mois de 1792. Il n'y fit guère d'ailleurs que des sépultures, et de gens qui se disaient faussement « protestants », sans doute pour ne pas se compromettre !.. C'était un ex-minime, qui dut à son titre d'assermenté d'être curé intrus de Bonneuil jusqu'en frimaire an II (novembre-décembre 1793). Le 13 pluviôse an II (1er février 1794), il se dit : « cy-devant prêtre et officier public de la commune de Bonneuil ». Il s'était, dans l'intervalle, sécularisé. (1)

Au commencement de 1793, Antoine Fétis, curé asser-menté de Sonneville, fait quelques actes de ministère à Lignières. Puis, au mois de mai, arrive un desservant, *Jean Baptiste Fleurat*, prêtre assermenté, précédem-ment curé de Mériguac, qui finit lui aussi par se sécula-riser.

Ainsi privées par la Révolution de leur pasteur légitime, trahies ensuite par leurs mercenaires, les ouailles de Lignières sont abandonnées à elles-mêmes de 1793 à 1800.

A partir du 1er juin 1800, jour de la Pentecôte, un nouveau pasteur leur est donné. C'est le curé *Fétis*, resté à Sonneville, et qui se dit « nommé canoniquement pour faire fonctions de desservant de l'église de Lignère ». Trois jours auparavant, le 29 mai, il avait prêté un serment, licite cette fois, dans les termes suivants : « Aujourd'hui 9 prairial an VIII, en présence des maire et adjoint de la commune de Lignère, moi soussigné, Antoine Fétis, ministre ortodoxe du culte catholique, étant dans

____

(1) Arch. Charente, Fonds Révol. L. 1193.

l'intention d'en remplir canoniquement les fonctions ecclésiastiques, dans cet esprit et celui d'un citoyen paisible, je promets fidélité à la Constitution de l'an huit. Fétis, ministre du culte catholique » [1]. Il signe son dernier acte le 20 vendémiaire an IX (12 octobre 1800), et meurt le 5 brumaire (27 octobre) suivant, à 75 ans.

Voilà l'église de Lignières de nouveau devenue veuve. Puis, après un an et demi, son époux légitime lui est enfin rendu.

Le 28 germinal an X (18 avril 1802), jour de Pâques, Lacuquerain, revenu d'exil et de passage dans son ancienne paroisse, y signe l'engagement suivant sur le Registre des délibérations municipales : « Je soussigné, prêtre, promets et m'engage, lorsque j'en serai requis, faire le serment stipulé dans le Concordat passé entre le Souverain Pontife et le Gouvernement français, et comme tel, demande l'exercice du culte catholique que je professe ». Il va ensuite attendre à Cognac que la réorganisation religieuse issue du Concordat lui permette de réintégrer son ancienne paroisse.

1803-14. — *J. B. Lacuquerain* revient à Lignières le 25 juillet 1803. Mais les conditions dans lesquelles il doit exercer le ministère ne sont plus les mêmes qu'avant la Révolution. La paroisse s'agrandit d'abord de l'ancienne paroisse de Sonneville et Saint-Palais des Combes. De plus, elle est une des rares paroisses de la région qui ait un curé résidant. Pendant de longues années, Bonneuil, Saint-Preuil, Ambleville, Criteuil, la Madeleine, et surtout Touzac viendront y faire baptiser leurs enfants. Aussi les registres paroissiaux des 20 à 30 premières années du siècle accusent-ils un nombre inaccoutumé de baptêmes : 30 en moyenne. Les premiers curés de Lignières — et en particulier Lacuquerain, au moins d'après les registres paroissiaux qui nous restent de lui, et qui vont de 1804 à 1808 seulement — ne font même guère que des baptêmes. On en dira tout à l'heure la raison.

---

(1) Reg. des délib. de la municipalité cantonale de Lignières.

Dans les premiers jours de 1814, Lacuquerain tombe malade. Il meurt le 19 mars 1814, à 56 ans, et est enterré le lendemain, en présence des curés de Segonzac, de Juillac le Coq, de Salles, de Saint-Fort et de Lachaise.

Pendant sa maladie et après sa mort, jusqu'au 23 octobre 1814, le service de Lignières est assuré par Dupuy, « curé du canton de Segonzac ».

1814-15. — *Philippe Jousseaume* ne fait que passer à Lignières, mais a le temps d'y laisser... de nombreuses fautes d'orthographe !.. Il écrit : *banc* pour *ban*, *parain* pour *parrain* ; se brouille avec les noms propres du pays : *Touzaque* pour Touzac, *Cliteuil* pour Criteuil, *Philipo* pour Philippeaux, et par contre *Monerau* pour Monnerot ; écrit comme il parle, en auvergnat : chez *C'honger* pour chez Jonchères, chez *Piché* pour chez Piget, chez *Chouché* pour chez Souchet ; ou comme il entend parler : chez *Chabeil* pour chez Abel, *hussier* pour huissier, *Saint-hujain* pour Saint-Eugène. Bref, il paraît peu cultivé. Il signe son dernier acte le 3 mai 1815, et est transféré à Saint-Cybardeaux le 15 juin 1815, à Marillac le 1er juillet 1817, à Fouqueure le 1er octobre 1822, déposé le 20 mai 1823.

Dupuy, curé de Segonzac, dessert de nouveau la paroisse jusqu'en juillet 1817.

1817-26. — *Jacques Masgontier*, transféré de Champnier (Dordogne) le 1er juillet 1817, [1] orne la couverture de ses registres paroissiaux de cette invariable devise : *ho tempora ! ho mores !*.. (O temps ! O mœurs !) empruntée à Cicéron.

Est-ce pour montrer, à l'inverse de son prédécesseur, qu'il a des lettres ?.. N'est-ce pas plutôt pour gémir à sa manière sur l'affaissement de la moralité publique, affaissement qui se manifeste depuis le début du siècle par les mariages qui sont contractés ?.. Ces mariages sont presque tous purement civils. Les premiers qui avaient été ainsi

---

(1) Le diocèse d'Angoulême comprenait alors deux départements : la Charente et la Dordogne.

contractés avaient une excuse : c'était après 1792, il n'y avait plus de curé pour donner au mariage son vrai caractère, qui est d'être un acte religieux, un sacrement, sans lequel il n'y a qu'un pur concubinage. Le curé revenu, on ne se préoccupe nullement de régulariser sa situation. Il faut du reste reconnaître que la nouvelle législation, en déclarant le mariage « un contrat purement civil », n'a pas peu contribué à fausser les consciences. Pour redresser les esprits, et restaurer les mœurs chrétiennes à Lignières, il ne faudra pas, de la part du clergé paroissial, moins de 50 années d'efforts.

En attendant, on ne fait pas de difficultés pour faire baptiser les enfants, et on les apporte, surtout le dimanche, de toutes les paroisses environnantes. Masgontier se borne à dire des parents qu'ils « se sont contentés de satisfaire aux formalités voulues par la loi civile, et habitent ensemble » à tel endroit. La réhabilitation de ces mariages civils sera l'œuvre de ses successeurs. Il signe son dernier acte le 5 décembre 1826, et est transféré à Chantillac le 1ᵉʳ janvier 1827 ; puis le 1ᵉʳ juillet 1827, à Challignac, où il meurt le 18 juillet 1829.

Après son départ, arrive un prêtre se disant « expressément délégué par Monseigneur l'Evêque ». Ce prêtre, du nom de Sichard, devait être le curé nommé de Châteauneuf. Il reçoit, le 23 décembre, plusieurs abjurations, et réhabilite le même jour 13 mariages « contractés déjà civilement ».

Dans les premiers jours de janvier 1827, la paroisse est desservie provisoirement par Bernard Soulié, curé de Bouteville.

Il y a encore relativement peu de sépultures, et cela est dû sans doute aux mariages civils, les honneurs de la sépulture ecclésiastique devant être refusés à ceux qui ne sont pas légitimement mariés.

1827-29. — *Pierre Mouly* réhabilite lui aussi quelques mariages civils, et a la satisfaction de célébrer quelques mariages religieux, qui se font ordinairement le matin à la messe. En revanche, il a beaucoup de peine à assurer le paiement des chaises. Il signe les actes jusqu'en août 1829, et est transféré à Guimps, puis à Garat le 14 juin 1848, à Saint-Germain le 1er décembre 1851, revient à Garat le 1er novembre 1863, y meurt le 23 juin 1870.

Après son départ de Lignières, la paroisse est desservie en binage par le curé de Criteuil, Etienne Farjon, jusqu'à l'arrivée du suivant.

1830-41. — *André O'Reilly*, irlandais que les malheurs de sa patrie opprimée par l'Angleterre ont contraint à chercher un refuge en France, signe son premier acte à Lignières le 3 janvier 1830. Il ne fait pas de réhabilitation, mais baptise encore beaucoup d'enfants dont les parents sont « mariés civilement ». Les premières listes de 1re Communion qui aient été conservées à Lignières sont de lui. Elles permettent de se rendre compte de l'instruction et de la pratique religieuse des enfants et jeunes gens d'il y a environ cent ans. La première liste, du 17 juin 1832, comprend 1 garçon et 6 filles de 15 à 34 ans ; — celle du 2 juin 1833, 5 garçons et 9 filles de 13 à 21 ans ; — celle du 1er mai 1836, 14 garçons et 22 filles de 12 à 28 ans ; — celle du 19 mai 1839, 9 garçons et 2 filles de 13 à 19 ans. L'âge de la 1re Communion était donc extraordinairement retardé. L'instruction encore relativement peu répandue ne suffit sans doute pas à expliquer une telle anomalie. Il fallait qu'il y eût aussi, à l'égard de l'Eucharistie, une lamentable tiédeur au fond des âmes.

André O'Reilly meurt le 16 mars 1841, à 40 ans, et est inhumé dans le cimetière par Frouget, curé de Criteuil, qui rédige les actes depuis janvier. De mars 1841 à janvier 1842, il y a une lacune dans les registres.

De janvier 1842 au mois d'août 1843, la paroisse est desservie en binage par Desbiolles, curé de Touzac, qui rend ainsi à Lignières le service qu'O'Reilly a rendu à Touzac pendant dix ans.

1843-57. — *Antoine Rolland*, auparavant vicaire de de Barbezieux et en même temps curé de Vignolles nous avertit lui-même qu'il prend possession le 6 septembre

1843, « à 24 ans 11 mois, ayant 15 mois de prêtrise et un an de ministère ». Il est de l'Auvergne, plein d'ardeur et de zèle, et va employer ce zèle à régulariser les nombreux mariages civils qui désolent sa paroisse. C'est lui qui fera le plus pour en extirper ce fléau et remettre les mariages religieux en honneur. Dès 1844, il régularise quantité d'unions contractées depuis 4, 10, 13, 15, 17, 26 et 30 ans. Il continue les années suivantes, mais non dans les mêmes proportions. Pour l'aider dans son apostolat, il fait appel à des missionnaires : à un Père André, prêtre missionnaire de Bordeaux, en mars 1852 ; à un Père Bonnin, en décembre 1853 ; à un Carme déchaussé, le Frère Marie de Jésus, en avril-mai 1856. Ce dernier est assez heureux pour régulariser, du 27 avril au 12 mai, 24 mariages civils, contractés depuis un laps de temps variant de 1 à 41 ans, et parmi lesquels il y en a 9 appartenant à d'autres paroisses.

Entre temps, Rolland fait faire la 1re Communion le 3 juin 1849 à 9 garçons et 13 filles ; le 4 mai 1856, à 19 garçons et 21 filles, dont il ne mentionne pas l'âge, devenu peut-être normal. Puis, profondément convaincu du néant de la vie et de l'importance du salut, comme en témoigne l'inscription suivante de ses registres paroissiaux : *Naître ! Vivre ! Mourir ! Jugement, paradis ou enfer !.. Eternité ! Eternité !..* et entraîné peut-être aussi par l'exemple des religieux qui sont venus donner des missions à Lignières, il démissionne le 9 juin 1857, se fait religieux lui-même chez les Pères du Saint-Sacrement, mais, la Congrégation n'étant pas reconnue, il rentre peu de temps après, et va, le 28 octobre 1857, à Saint-Germain-sur-Vienne, où il meurt le 1er septembre 1881. Son dernier acte à Lignières est du 6 mai 1857.

1857-96. — *Alphonse Marie Chadefaud*, auparavant vicaire de Barbezieux lui aussi, arrive à Lignières le 10 juillet 1857, et y reste près de 40 ans. Continuant l'œuvre de son prédécesseur, il fait, pendant son long ministère, une trentaine de réhabilitations, quelques-unes « in extremis ». Il en fait faire 5 autres, du 5 au 10 mars

1866, par le Père Gaillard, de la Compagnie de Marie, en mission à Lignières.

Les actes de baptême deviennent avec lui d'une sécheresse regrettable. On ne peut plus savoir, du moins jusqu'en 1875, si les enfants sont nés d'un mariage légitime ou non.

Par contre, les actes de sépulture, qui paraissent avoir atteint un chiffre normal, ont ceci de nouveau qu'ils mentionnent si le défunt a reçu, ou non, les derniers sacrements, et presque toujours il les a reçus.

Le nombre augmente aussi des mariages religieux. En 1873 notamment — phénomène consécutif à la guerre — il y en eut 18, au lieu de 6 en moyenne par an. Mais, alors que ses prédécesseurs indiquaient l'heure à laquelle avait lieu la cérémonie — et elle avait lieu ordinairement le matin à la messe — le curé Chadefaud habituellement n'en dit mot jusqu'en 1875. A partir de cette époque, ayant sans doute de nouvelles formules à sa disposition, il mentionne l'heure de la cérémonie, qui a lieu le plus souvent dans l'après-midi.

Enfin — heureuse innovation, rendue facile aussi par la création d'une école libre de filles — la coutume tend à s'établir d'une première Communion chaque année.

Après 39 ans de ministère, le curé Chadefaud donne sa démission le 20 octobre 1896 et se retire à Saint-Aigulin, près de son pays natal (il était de Rioux-Martin). Un an après, le 1er octobre 1897, il est nommé curé de Salles de Barbezieux, démissionne en mai 1904, se retire de nouveau à Saint-Aigulin, où il meurt le 3 février 1910, à 76 ans.

Son départ de Lignières lui vaut de son Conseil de Fabrique un témoignage de sympathie peu banal. Les fabriciens, mécontents de ce départ, n'imaginent rien de mieux que de donner leur démission... sur laquelle ils ont le bon esprit de revenir à l'arrivée du successeur !

De son côté, le Conseil municipal avait voté, le 8 octobre 1896, « une adresse de vive sympathie à ce vénérable pasteur ». C'était faire acte de reconnaissance autant que de sympathie, M. Chadefaud ayant fait, en partant, à la commune, un don de 1000 fr. pour la création d'un Bureau de bienfaisance. On était alors dans la période de de gêne et de tâtonnements qui précéda chez nous la reconstitution du vignoble, et la nécessité d'un bureau de bienfaisance pouvait se faire sentir. Mais, sans savoir la suite qui fut donnée à la fondation de M. Chadefaud, disons que, le 2 novembre 1823, le Conseil municipal avait rejeté un projet d'institution d'un bureau de bienfaisance à Lignières, en accompagnant son vote des considérations suivantes, qui ne manquent point de sagesse : « il n'existe dans cette commune que bien peu de pauvres, et le peu qu'il peut y en avoir n'ont pas besoin de cet établissement pour vivre, par le travail journalier auquel ils se livrent, et le devoir que se font les propriétaires aisés de leur fournir de l'ouvrage ».

Jean Emile Mazuril, né le 21 octobre 1861 à Deviat, transféré d'Essards, et auparavant professeur au Petit Séminaire de Richemont, est arrivé à Lignières le 23 octobre 1896. Il a jusqu'à présent fait beaucoup pour l'ameublement et la décoration de l'église de Lignières. Il y a aussi fait donner une mission en 1910 par le Père Anselme, capucin ; et a eu le bonheur de voir éclore dans sa paroisse une vocation ecclésiastique.

Et cela m'amène à mentionner ici, après les prêtres curés de Lignières, les *prêtres sortis de Lignières*, ceux-ci fils spirituels probablement de ceux-là.

Ces prêtres sont :

L'abbé *Roy*, dont il a été question p. 52.

L'abbé *Célestin Boutinet*, qui naquit chez Jonchères le 17 février 1848, fut vicaire de l'Houmeau le 30 juillet 1871, curé de Plassac le 1er avril 1873, de Lachaise le 22 août 1880, se retira en 1907 à Châteauneuf, où il est mort le 15 mai 1915. Il est enterré à Criteuil.

L'abbé *Henri Brossard*, actuellement curé de Gourville, élève de Monsieur Mazurit.

5° SERVICES ANNEXES DE LA PAROISSE.

Ces services comprenaient le Conseil de Fabrique, le sacristain, le sonneur, le chantre et le suisse.

Conseil de Fabrique. — Le mot « Fabrique » vient du latin « Fabrica », qui signifie « œuvre, construction », et désigne tout d'abord, dès le XVe siècle, l'ensemble des objets qui appartenaient à une église; puis, par extension, la réunion des catholiques notables de la paroisse qui furent choisis pour s'occuper, avec le curé, de l'administration temporelle de ces biens. D'où le nom de « fabriqueurs, fabriciers, fabriciens », qui fut donné à ces administrateurs.

On les appelait aussi « marguilliers », du latin « matricularii » : ceux qui conservent les matricules, les registres de la paroisse. C'était en effet une de leurs fonctions de garder les biens et les objets mobiliers de l'église et de tenir les comptes. Ils en avaient d'autres, qui étaient de nommer les employés de l'église, de régler l'heure des offices, de veiller à l'entretien et à la bonne tenue du monument, etc. d'accord, bien entendu, en tout cela, avec le curé de la paroisse.

Les services rendus autrefois par les fabriciens ou marguilliers étaient jugés assez importants pour leur mériter l'honneur d'avoir leur nom inscrit sur la cloche, et les faire exempter de la collecte de la taille. C'est ainsi que nous avons vu, parmi ceux qui furent dispensés de cette collecte en 1739, un Jean Savarit, marguillier. De même, les noms que nous avons vus inscrits sur la cloche et suivis de la lettre *f* : « Louys Monnerot + Fouchierie f. » indiquent vraisemblablement les fabriciens alors en exercice.

L'article 76 du Concordat ayant décidé le rétablissement des Fabriques, un décret impérial du 30 décembre 1809 les institua telles, ou à peu près, qu'elles ont fonctionné jusqu'à la Séparation.

D'après ce décret, la Fabrique de Lignières, paroisse de moins de 5000 âmes, était composée de 7 membres. Parmi ces membres, deux étaient membres de droit : le curé et le maire, ou, si ce dernier n'était pas catholique, l'adjoint, ou, à son défaut, un membre catholique du Conseil municipal. C'est ce qui devait arriver à Lignières, pendant tout le temps que MM. Lézard Fontbrune et Chaudier, qui étaient protestants, furent maires, de 1823 à 1881.

Parmi les 5 autres membres, 3 étaient nommés par l'Evêque et deux par le Préfet. Tous les trois ans, la Fabrique devait procéder à l'élection de la moitié de ses membres, laquelle moitié devait être une première fois désignée par le sort. Les fabriciens sortants étaient du reste indéfiniment rééligibles.

Furent ainsi nommés par Mgr Dominique Lacombe, évêque d'Angoulême, le 29 janvier 1820 : François Gautier, médecin ; Jean Couilleau, percepteur ; et Jean Biteau, des Abels ; — et par le vicomte de Villeneuve, préfet de la Charente, le 11 février 1820 : Jude Joubert et Jean Dumontet.

Le Conseil n'ayant pas été régulièrement renouvelé, la Fabrique fut reconstituée par une ordonnance épiscopale et un arrêté préfectoral du 8 mars 1827, conformément à une ordonnance royale du 12 janvier 1825. Furent nommés par l'Evêque, Mgr Guigou : Simon Jude Joubert de Lisle, Gautier père et Dumontet ; et par le Préfet, marquis de Guerre : Jean Roux et Pierre Besson.

Une troisième fois au cours du XIXᵉ siècle, et après une vacance de la cure, en 1842-43, la Fabrique fut reconstituée. Furent nommés par l'Evêque, Mgr Régnier, le 26 septembre 1843 : Jean Dumontet, Pierre François Gautier, et Pierre Jullien, maire de Sonneville ; — et par le Préfet, de Galzain, le 4 juin 1842 : Pierre Mathurin Roy fils, et Jacques Douteau fils.

La Fabrique se choisissait parmi ses membres un président, un secrétaire et un trésorier, qui composaient le bureau. Elle se réunissait ordinairement le dimanche de Quasimodo.

Présidents. — François Gautier, médecin, 14 mai 1820-27. — Pierre François Gautier père, 22 mars 1827-38. — Jacques Giraud, de la Brande, 22 avril 1838, nommé secrétaire 7 avril 1839. — Jean Barit, d'Hauteneuve, 7 avril 1839-41. — Vacance. — Pierre François Gautier, 8 octobre 1843-76. — André Bienassi, 23 avril 1876-87. — François Audureau, 17 avril 1887-94. — Pierre Frapin, 1er avril 1894-97. — François Gilbert, 25 avril 1897-1901. — Gustave Nadaud, 14 avril 1901-06.

Secrétaires. — Jude Joubert, 14 mai 1820-22. — Jean Dumontet, 7 avril 1822-37, élu trésorier. — Jacques Giraud, 2 avril 1837, élu président 1838. — Roux, 22 avril 1838-39. — Jacques Giraud, 7 avril 1839-41. — Vacance. — Pierre Mathurin Roy, 8 octobre 1843-45. — Marcel Gallenon, médecin, 20 avril 1845-46. — Pierre Lecerf, juillet 1846-47. — Pierre Jullien, 11 avril 1847-49. — Jean Cartron, 26 février 1849-58. — Elie Jannet, 11 avril 1858-62. — Marcel Ellie, 27 avril 1862-80. — Célestin Gautier, 4 avril 1880-81. — François Gilbert, 24 avril 1881, élu président 1897. — Gustave Nadaud, 25 avril 1897, élu président 1901. — Eutrope Bézier, 14 avril 1901-06.

Trésoriers. — Jean Couilleau, percepteur, 14 mai 1820-27. — Jean Roux, des Rigaillauds, 22 mars 1827-32. — Jude Joubert Delile, 29 avril 1832-35. — Galopaud, 5 juillet 1835-37. — Jean Dumontet, 2 avril 1837-41. — Vacance. — Jean Dumontet, 8 octobre 1843-51. — André Bienassi, 27 avril 1851, élu président 1876. — François Audureau, 23 avril 1876, élu président 1887. — Eugène Guillot, 17 avril 1887-1906.

Fabriciens. — Jean Biteau, 1820-27. — Jean Dumontet 11 février 1820, élu secrétaire 1822. — Jude Joubert, 7 avril 1822, élu trésorier 1832. — Pierre Besson, 22 mars 1827-35. — Roux, 5 juillet 1835, élu secrétaire 1838. — Roy père, 5 juillet 1835-37. — Jean Barit, 10 janvier 1838, élu président 1839. — Jean Carteau, 22 avril 1838-41. — Jacques Ménard, 7 avril 1839-41. — Jacques Douteau fils,

4 juin 1842-49. — Pierre Jullien, 26 septembre 1843, élu secrétaire 1847. — Pierre Frapin père, 4 janvier 1846-75. — Lecerf, 1847-62. — François Pissot, 1849-67. — Martin, 28 avril 1867-75 — François Audureau, 4 avril 1875, élu trésorier 1876. — Célestin Gautier, 23 avril 1876, élu secrétaire 1880, maire en 1881, et, comme tel, membre de droit jusqu'en 1906. — Anatole Gautier père, 23 avril 1876-81. — Anatole Gautier fils, 16 avril 1882-90, revient 1901-06. — Marcel Ellie, auparavant secrétaire, 1880-84. Gustave Nadaud, 20 avril 1884, élu secrétaire 1897. — Pierre Frapin, 1890, élu président 1894. — Clément Audureau, médecin, 1er avril 1894-97. — Eutrope Bézier, 25 avril 1897, élu secrétaire 1901. — Théodore Merlet, 25 avril 1897-1906.

Les fabriciens avaient leur banc à l'église. C'était le *banc d'œuvre*, ainsi appelé du mot : œuvre, qui désignait anciennement la même chose que la fabrique. Le banc de la Fabrique de Lignières avait coûté 40 francs en 1831, et avait été affecté, par les fabriciens d'alors, non seulement à leur usage, mais encore à celui des conseillers municipaux « lorsqu'ils seraient dans l'intention de venir à l'église ». C'était d'une bonne camaraderie !..

Les notables de la paroisse tenaient à honneur d'avoir aussi leur banc à l'église. Le 10 janvier 1768, le curé Comblat et Chaigne, fabriqueur en charge, concèdent aux sieurs Jeau Roy, juge de Lignières, et Jean Roy son fils, étudiant, un banc de 4 pieds de large sur 6 de long dans la nef de l'église, vis-à-vis la chaire, moyennant 12 livres de droit d'entrée, et 5 sols de rente annuelle [1].

Outre les revenus habituels des Fabriques (produit des chaises et des bancs, quêtes, oblations volontaires, etc), la Fabrique de Lignières possédait une *rente* annuelle de 100 fr. fondée par Mme Joubert en 1876, et dont une moitié devait être employée à faire dire des messes pour les parents vivants et défunts de la donatrice. L'autre moitié était ainsi répartie : 20 fr. pour l'entretien de la

---

(1) Monnerot, notaire à Touzac.

lampe du sanctuaire, et le reste pour faire brûler des cierges pendant la messe, à certains jours, et entretenir les autels.

Cette fondation a été odieusement confisquée par la loi de Séparation.

La même loi a mis fin au mandat des Conseillers de Fabrique. La dernière réunion du Conseil de Fabrique de Lignières est du 10 décembre 1906. Les comptes de l'année courante ayant été réglés, le Conseil, sur la proposition du Président, rédigea la déclaration suivante : « Les membres de la Fabrique de l'église paroissiale de Lignières-Sonneville, au moment de l'expiration de leurs pouvoirs, et pour clore leurs délibérations, déclarent que, serviteurs dévoués de l'Eglise, ils veulent le rester toujours, malgré les temps et les évènements ; que, pleinement soumis aux ordres du Souverain Pontife et de Mgr l'Evêque, son représentant dans le diocèse, ils approuvent et blâment tout ce qui est approuvé et blâmé par eux ; désirant vivre et mourir en chrétiens fidèles, meilleure manière d'être et de rester de bons Français, l'accomplissement des devoirs envers la religion facilitant, soutenant celui des devoirs envers la patrie».

Sacristains et Sonneurs. — Jean Vaché, 1716-34 ; — Pierre Moindron, 1735-52. — Jean Moindron, galocher, 1752-61. Fut le chef d'une des familles les plus nombreuses de Lignières au XVIIIe siècle : marié deux fois, il eut 6 enfants de sa première femme, et 5 de l'autre. Il était aussi garde de la terre de Lignières. — Pierre Vignon, tailleur d'habits, 1761-93.

Après la Révolution, apparaît Pierre Moinvière, 1824-28. — Pierre Lacombe fils est nommé le 17 février 1828, mais, « pourvu au grade de garde-champêtre », démissionne fin 1830. — Jean Morain, instituteur, 1831-44. — Pierre Moinvière, 1844-53. — Pierre Restier, 1854-56. — Jean Barrière, 1856-69. — Jean Mioulet, 1869-94. — Jean Aubin, 1894-1902. — Edmond Ollivier, 1902-03. — Sébastien Brossard, 1903-11. — Florentin Brossard, 1911-14. —

Gaston Dubreuil, 1914-16. — Armand Clopet, 1916-20. — Pierre Nivet, 1920-21, — Ernest Livernet, 1921-23. — Lucien Clopet, 1923.

Chantres. — Jean Morain, 1831-44. — Jean Boucherie, 1845-1903. — Arsène Desmoulins, 1903-09.

Suisses. — On trouve mention pour la première fois d'un suisse à Lignières en 1854. Son traitement, d'abord de 10 fr., est porté à 20 fr. en 1857, à 25 en 1861. En 1863, la Fabrique paie, pour la réparation de l'habit du suisse, 14 fr. et pour « raccommodage de son chapeau » 5 fr. 25. En 1864, elle lui achète des gants 2 fr. et, en 1865, un costume complet 120 francs.

Ce costume a servi à ensevelir le dernier suisse qu'ait eu la paroisse de Lignières : Pierre Miot, décédé en 1903. Pierre Miot avait été suisse de 1854 à 1860, puis de 1861 à 1903. Pendant le court intervalle de 1860 à 1861, le suisse fut Pierre Ducelier.

Pierre Miot restera à Lignières le type de ces vieux employés d'église qui aimaient leurs fonctions. Il s'acquittait des siennes avec un sérieux, une dignité, une solennité même qui n'était pas sans faire quelquefois sourire. Il fallait le voir déambuler dans l'église, annoncer par un formidable coup de canne sur la marche de bois de la sainte table le moment de l'Elévation, précéder le prêtre jusqu'à la chaire, lui faire une profonde révérence, puis venir se placer debout, immobile, au pied de la chaire, et y rester tout le temps du sermon !.. Un jour, devenu vieux, il demanda la permission de s'asseoir !..

Il n'avait pas son pareil pour organiser une procession. Dans un langage resté fruste, mais qui n'admettait pas de réplique : « *Les femmes davant, les hommes dârrière, si vous piaît* », ordonnait-il !.. Et quiconque se permettait de causer se voyait aussitôt rappelé à l'ordre.

Il se croyait fait pour commander. Il trouvait tout naturel que le maire l'eût mis, en 1870, à la tête de la garde nationale, et, qui plus est, dans les termes suivants : « *Piârre, prends l'command'ment* »!..

Il aimait l'uniforme. « *Quand jh'seû dans thieu costume,* disait-il, *o m'semb'ye que jh'seû encore in jhène homme* » !.,

Il devait l'aimer jusque dans la mort : il demanda comme une faveur d'être enseveli dans son costume de suisse.

Paix à ce bon serviteur !..

II

LA COMMUNE

La commune est au civil ce que la paroisse est au religieux. Mais cette distinction ne date que de 1789. Jusqu'à cette époque, la religion était tellement mêlée à la vie publique que le mot *paroisse* était seul usité pour désigner les groupes d'habitants ayant des intérêts communs, et que l'église, bien avant la mairie, a été la maison commune, le lieu de réunion des habitants.

Syndics et anciennes municipalités. — Il s'en fallait cependant que les deux pouvoirs, civil et religieux, fussent confondus. A côté du curé, représentant le pouvoir religieux, il y avait le représentant du pouvoir civil, ou *syndic*, chargé d'administrer les affaires temporelles de la paroisse, de garder les titres, papiers et registres de la communauté des habitants, à l'exception toutefois des registres de l'état civil, tenus alors par les curés; de convoquer les principaux manants [1] et habitants de la paroisse devant la porte principale de l'église, à issue de messe ou de vêpres, en assemblée ordinaire ou extraordinaire, pour leur communiquer les ordres de l'autorité supérieure, dresser avec eux et devant notaire le tableau des tailles, procéder à l'élection des syndics et des collecteurs d'impôts de l'année suivante, etc.

Ces anciennes municipalités, composées du ou des syndics (car il y en eut parfois deux par an), et de quelques notables, étaient donc électives. Les syndics étaient élus

---

[1] Ce mot n'avait pas alors le sens injurieux qu'on lui donne aujourd'hui. Il signifiait : ceux qui restent au pays, du latin « manere », demeurer.

vers la fin de l'année par les habitants de la paroisse et pour l'année suivante seulement.

Cependant, à partir de 1702, on trouve mention, dans quelques paroisses, d'un *syndic perpétuel*. Un édit royal de 1702 avait en effet rendu cette charge héréditaire dans les familles qui l'avaient acquise à prix d'argent. Il n'y a pas trace de syndic perpétuel à Lignières. Mais on trouve à Sonneville un Paul Fleuriot qui, sur le rôle de 1704, touchait, pour son droit de syndic perpétuel, 13 livres 6 sols 8 deniers; un Jean Fleuriot en 1717. On trouve aussi à Ambleville, Arnaud Jeanneau (1703); à Criteuil, Jean Dupuy, marchand (1717); à Bouteville, Jacques Bédoire. Les syndics perpétuels furent supprimés vers 1717.

Etaient *syndics à Lignières* : en 1624, Louis Monnerot; — en 1637, Maître Jacques Vergnon et Pierre Mesnard; — en 1682, Antoine Detertre et Jean Melquin; — en 1683, Maître Jean Vergnon et Pierre Couprie, dit « le Rousseau »; — en 1723 et 1724, Jean Savarit, maître chirurgien; — en 1725, Jean Nenert, maître cuisinier aux Abels; — en 1731, Charles Cartron, marchand; — en 1732, Isaac Moindron, chez Piet; — en 1734, Jean Marchand et Jean Couprie; — en 1735, Pierre de Jarnac, charpentier; en 1739, Jean Bruneteau; — en 1740, Jean Nenert; — en 1760, Jean Barit, tisserand chez Montagne; — en 1787, Guionnet; en 1788, Pierre Texier, marchand d'eau-de-vie chez Abel: Pierre Texier était né le 7 novembre 1747, et avait épousé, le 19 août 1769, Anne Billette, dont il n'eut pas d'enfant. Il était fils de Pierre Texier et de Jeanne Souchet, et petit-fils de Jean Texier et de Marie Duret, de chez Salmon en Touzac. La Révolution va bientôt le mettre en vue. Il était protestant.

Après 1789, le syndic fut remplacé par le maire, et la paroisse elle-même, du moins dans le langage administratif, par la commune.

Maires et nouvelles municipalités (1790-95). — L'Assemblée Constituante en effet, par les décrets des 14 décembre 1789, 15 janvier, 16 et 26 février 1790, sanctionnés par le roi le 4 mars suivant, substitua à l'ancienne division de la France en provinces, la division en circonscriptions plus petites, appelées *départements*. Les départements furent à leur tour divisés en *districts*, circonscriptions un peu moins étendues et par suite plus nombreuses que nos arrondissements actuels ; les districts en *cantons* ; les cantons en *communes*.

L'ancienne province de l'Angoumois, dont faisait partie Lignières, forma donc, avec quelques parties de la Saintonge, du Poitou, du Périgord et du Limousin, le département de la « Charente-Supérieure ».

Celui-ci fut divisé en 6 districts : Angoulême, la Rochefoucauld, Confolens, Ruffec, Cognac, Barbezieux ; — le district de Cognac, en 7 cantons : Cognac, Châteauneuf, Jarnac, Lignières, Rouillac, Salles, Segonzac ; — le *canton de Lignières*, en *9 communes* : Lignières, Ambleville, Bonneuil, Criteuil, la Madeleine, Sonneville et Saint-Palais, Touzac, Verrières, Viville.

Dans chaque commune était établi un *Conseil général*, composé d'*officiers municipaux*, ou échevins, dont le premier prenait le nom de *maire*, d'un *procureur* syndic, et d'un nombre de *notables* double de celui des officiers municipaux.

Ces nouvelles municipalités étaient élues par les citoyens actifs de la commune réunis en assemblées primaires.

On appelait *citoyens actifs* tous les Français âgés de 25 ans, domiciliés dans la commune depuis un an, inscrits sur les registres de la garde nationale, n'appartenant pas à la classe des domestiques, et payant une contribution directe de la valeur de 3 journées de travail.

L'institution des premières municipalités n'eut pas lieu sans grandeur... ni sans difficultés !.. Il y fallut plusieurs réunions, qui toutes, ou presque toutes, se firent à l'église. Les opérations furent particulièrement laborieuses à Lignières, et n'exigèrent pas moins de sept séances, qui s'échelonnèrent du 7 février au 11 avril 1790. Des élections furent contestées, en particulier celle du maire, M. de Frémont, sous prétexte qu'il était en procès

avec les collecteurs de la paroisse et que, étant déjà commandant en chef des gardes nationales d'Ambleville,
Sonneville et Saint-Palais-des-Combes, il ne pouvait
cumuler. Des mandats furent refusés; des questions
personnelles, agitées. Le procès-verbal, rédigé de façon
tendancieuse, oppose au « parti démocratique » (déjà) les
membres de « l'ancienne oliogarchie » (*sic*), vise particulièrement, parmi ceux-ci, le seigneur du lieu, le Comte
de Plas, et accuse un certain Broussard, « agent dudit
seigneur, et capitaine de la garde nationale », d'avoir
voulu en imposer à l'Assemblée « avec une garde armée,
baïonnette au bout du fusil », placée le 19 février à la
porte de l'église.

Finalement, furent élus : *maire*, Michel Louis Noël
de Frémont, seigneur du May, par 42 voix sur 80
citoyens actifs; — *officiers municipaux*, Jean Simon,
marchand au bourg; Pierre Monnerot, laboureur à
Hauteneuve; Jacques Demédy, laboureur chez Huet;
Pierre Giraudeau, marchand chez Piet; Pierre Matignon
fils, chez Abel; — *procureur* de la commune, Pierre
Texier, négociant chez Abel, par 56 voix sur 68 votants;
— *notables* : Pierre Dupuy, laboureur à Saint Denis;
Cybard Vallée; Elie Besson; Pierre Lacombe; Pierre
Morillon et Pierre Guionnet, maître cordier, d'Haute-
neuve; autre Pierre Guionnet, négociant, et Jean
Mignon, de chez Piet; Jean Dumontet; Junien de
Lavillauroy, de chez Abel; Jean Guerry et Pierre
Boutinet, de chez Huet et chez Jonchères.

Ensuite, le maire, les officiers municipaux, le procureur
et les notables levèrent, conformément à l'art. 48 du
décret, la main à Dieu, et prêtèrent serment « de
maintenir de tout leur pouvoir la Constitution du
royaume, d'être fidèles à la nation, à la loi et au roi,
et de bien remplir leurs fonctions » [1].

A peine installées, ces municipalités devaient, à la
fin de cette même année 1790, être renouvelées par
moitié. Ce renouvellement eut lieu à Lignières les 21

---

[1] Arch. de la Charente, Fonds Révol. L. 1010.

et 22 novembre 1790, dans l'église, l'après-midi. Les 2 officiers municipaux et les 6 notables sortants étaient, la première fois, désignés par le sort. Les 2 officiers municipaux sortants, Pierre Matignon et Pierre Monnerot, furent réélus. Il en fut de même des notables sortants Elie Besson, Jean Dumontet, Pierre Guionnet, de chez Piet, et Pierre Dupuy. Mais Pierre Guionnet, d'Hauteneuve, et Junien de Lavillauroy se virent remplacés par Jean Rullier, de chez Sardet, et Jean Rondrailh, de Saint-Denis [1].

D'autres renouvellements ayant eu lieu à d'autres époques indéterminées, on trouve, en juin-juillet 1792, *Jean Hérard*, maire ; puis, au 1er janvier 1793, *Pierre Texier*, auparavant procureur.

Le 14 frimaire an II (4 décembre 1793), un décret décida que les citoyens qui occupaient la place de procureurs de la commune, feraient désormais fonctions et porteraient le nom d'*agents nationaux*. L'agent national recevait les ordres du district, les transmettait aux maire et officiers municipaux et notables, et en surveillait l'exécution. C'est conformément à ce décret que, le 21 pluviôse an II (9 février 1794), Jean Roux, de chez Rigaillaud, fut élu agent national.

Après lui, jusqu'au 24 prairial an III (12 juin 1795), l'agent national fut Jacques Joubert, notaire, qui, démissionnaire pour surcroît de travail, fut remplacé par Jacques Roux, agriculteur.

A cette époque (1794-95), Pierre Texier était toujours maire. Pierre Giraudeau, Jean Besson, Philippe Meunier, François Péron, Jean Lévêque étaient officiers municipaux. Les 12 notables étaient Elie Besson, Jean Vallée, Jean Rondrailh, Pierre Morillon, Jean Simon, Jean Rullier, Jean Mignon, Pierre Prévostière, Jean Dumontet, Pierre Guionnet, Pierre Lacombe, et Jean Matignon qui avait remplacé Pierre Dupuy décédé.

---

(1) Arch. de la Charente, Fonds Révol. L. 1010.

Municipalité cantonale (1795-1800). — Les uns et les autres ne devaient pas exercer longtemps encore leurs fonctions municipales. A la fin de cette année 1795, sous le Directoire, les maires et conseils municipaux disparurent, ainsi que les administrations de districts. Il ne resta plus que les cantons, formant des municipalités cantonales composées de l'agent municipal ou de l'adjoint de chaque commune (loi du 21 fructidor an III– 7 septembre 1795).

La municipalité cantonale de Lignières fut ainsi composée :

Jean Dupuy Lépine. de Criteuil, *président*. (1)

Jean Dumontet, agent de *Lignières* ; — Roux, de chez Rigaillaud, adjoint, remplacé en l'an V par Jean Vallée.

Bernard, agent d'*Ambleville*, remplacé en l'an VI par Jean Couprie ; — Bézier, des Brandes, adjoint, remplacé par Pierre Cristain.

Ferrand, agent de *Bonneuil*, remplacé en l'an V par Grondain ; en l'an VI par Jacques Texier ; en l'an VII par Jean Brancheraud ; — Pierre Gourry, adjoint, remplacé en l'an V par Jean Brancheraud ; en l'an VI par Ballet ; en l'an VII par Jean Régnier.

Hospitel Bellair fils, agent de *Criteuil*, remplacé en l'an V par Hérard ; en l'an VI par Pierre Sicard : — Joseph Nallebert, adjoint, remplacé par Jean Renaud.

Rullier, agent de *la Madeleine*, remplacé par Pierre Marcadier ; — Pierre Marcadier, adjoint, remplacé par Pierre Gautier.

Jean Dupuy, agent de *Sonneville* ; — Jean Rondelail, adjoint, remplacé en l'an VI par François Martin.

J. B. Turcat fils, agent de *Touzac*, remplacé en l'an V par Pierre Martin, des Connils ; en l'an VI par Jean Texier, de chez Salmon ; — Philippe Joubert, adjoint, remplacé par Jean Monnerot Descombes.

Bergeron, agent de *Verrières*, remplacé en l'an V par

----

(1) Etait fils de Jean Dupuy et de Jeanne Filhon, demeurant au logis de l'Epine en Criteuil. Il avait épousé Jeanne Fernand. D'où 4 enfants, parmi lesquels Jacques, qui fit la guerre de Vendée.

Cartron ; en l'an VI par Boucherie, meunier ; en l'an VII par Jean Moulon ; — Pierre Picoron, adjoint, remplacé en l'an V par François Rullier ; en l'an VI par Longuet.

Jean Guinefolleau, agent de *Viville,* remplacé en l'an V par P. Gautier, puis par Geay, et en l'an VIII par Jean Verdeau ; — André Belliard, adjoint, remplacé en l'an V par Guillot ; en l'an VI par Jeanneau, de chez Sébile ; en l'an VII par Pierre Belliard.

Auprès de chaque administration cantonale, était un *Commissaire* du pouvoir exécutif, nommé par le pouvoir central et chargé de requérir l'application des lois, de transmettre les ordres de l'Administration départementale et centrale. Ce commissaire, à Lignières, fut *Pierre Texier*, des Abels, ancien maire. Nommé le 2 frimaire an IV (23 novembre 1795), il devait en prononcer en effet de ces « réquisitoires » contre telle ou telle classe de citoyens, et même contre la municipalité cantonale, trop lente à son gré pour faire appliquer les lois !.. On le verra à l'œuvre, au cours de cette histoire.

Cette organisation municipale dura jusqu'à la Constitution de l'an VIII, exactement jusqu'à la loi du 28 pluviôse an VIII (17 février 1800).

A cette époque, Bonaparte, qui venait d'être nommé 1er Consul, tout en conservant les départements tels que la Constituante les avait créés, et tout en maintenant le principe de la division des districts devenus des arrondissements en cantons, des cantons en communes, réduisit le nombre des cantons. Parmi les cantons sacrifiés, se trouva Lignières, qui redevint simple commune et fit partie du canton de Segonzac. Lignières avait été chef-lieu de canton pendant dix ans, de 1790 à 1800.

Justice de paix et famille Gautier. — Comme chef-lieu de canton, Lignières fut le siège d'une justice de paix, comprenant, avec le juge, un greffier, et 4 assesseurs par commune.

Le *juge de paix* du canton de Lignières fut d'abord

Pierre Texier ; puis, sous le Directoire, *Jean Hérard*, de chez Ménard.

Le *greffier* était *Pierre Gautier*. C'est de lui que descendent les Gautier, de Lignières, famille notable de la paroisse, dont on ne sera pas étonné de trouver ici la généalogie.

I. — *Pierre Gautier* était né en 1760, de Jean Gautier, armurier, et de Marguerite Martin, demeurant au bourg de Viville. D'abord maître d'école à Lignières de 1781 à 1790 ; puis marchand au bourg où il vendait toile, tabac, plomb à giboyer, etc.; enfin propriétaire à Bellevue, adjoint de 1800 à 1815, président du Conseil de Fabrique de 1827 à sa mort en 1838, il avait épousé, par contrat reçu Piet, notaire à Baignes, le 30 août 1787, *Marie Madeleine Merle*, du bourg neuf de Montauzier, paroisse de Sainte-Radegonde.

De ce mariage, naquirent 5 enfants :

1° — *François Pierre*, 13 mars 1791-15 mai 1865, qui fut officier de Napoléon I⁰ʳ, conseiller municipal de Lignières de 1823 à 1827, vint habiter chez Coutin en Touzac, et eut, de son mariage avec *Nancy Landry*, de Guimps, 4 enfants, parmi lesquels Marie Françoise, mère de M. Masson maire de Touzac, et Célestin, décédé maire de Lignières en 1914.

2° *Jean François*, 19 janvier 1793, qui fut médecin, président du Conseil de Fabrique de 1820 à 1827, conseiller municipal de 1827 à 1831, puis de 1834 à 1840, et alla habiter Barbezieux. Il avait épousé *Célestine Machard*, de Jarnac, et en avait eu un fils, mort jeune, et 2 filles, dont la plus jeune, Célestine, épousa M. André, notaire à Aigre, député, puis sénateur de la Charente, et fut la mère de M. André, député de Barbezieux, et de Mme Arnous.

3° *Pierre François*, qui suit.

4· *Pierre François* l'Aimé, dit « plus jeune », 25 octobre 1796, qui eut Bellevue, et mourut le 13 mars 1877. Marié le 31 janvier 1837, à *Marie Elisabeth Guillot*, du Puy de Neuville en Touzac, il en avait eu une fille, Anna, décédée célibataire en 1923, à 85 ans.

5· *Marie Marguerite*, qui épousa *Jean Victor Rambaud*, de Montchaude, et mourut à Barbezieux le 3 mars 1835.

II. — *Pierre François Gautier*, dit « Minet », du mois de germinal dans lequel il était né le 4 avril 1794, est dit « marchand drapier » en 1834, puis négociant, fut conseiller municipal de 1843 à 1848, président du Conseil de Fabrique de 1843 à 1876, et mourut le 3 mai 1879, à 85 ans.

De son mariage avec *Justine Landry*, de Guimps, il avait eu :

1· *Anatole*, qui suit.

2· *Pierre*, mort en bas âge.

3· *Marie*, 29 octobre 1824, décédée le 7 décembre 1846 à 22 ans.

4· *Celina*, décédée le 22 septembre 1849 à 21 ans.

5· *Juliette*, mariée le 28 janvier 1856 à Alfred Delâge, médecin, et décédée le 24 janvier 1861 à 26 ans.

III. — *Anatole Gautier*, né le 24 juillet 1820, conseiller municipal de 1860 à 1865, conseiller de Fabrique de 1876 à sa mort, arrivée le 25 août 1881, fut négociant. Il avait épousé *Julie Marie Bonnemaison*. D'où :

1· *Anatole*, qui suit.

2· *Pierre Georges*, 13 avril 1857, médecin à Paris, chevalier de la Légion d'honneur.

3· *Jean Hermann*, 26 janvier 1860.

4. *Jeanne*, 5 novembre 1863, mariée le 3 septembre 1883 à Antonin Gérain, courtier maritime à Marennes.

5· *Anne Marie*, 31 juillet 1866, mariée le 9 août 1890 à Joseph Pionneau, de Cognac.

IV. — *Anatole Gautier*, né en 1855, conseiller municipal de 1884 à 1888, puis de 1900 à 1919, conseiller de Fabrique de 1882 à 1890, puis de 1901 à 1906, a épousé, le 8 août 1887, *Brigitte Matignon*, des Collinauds.

Réorganisation municipale (1800). — L'ancienne organisation municipale, en donnant à chaque commune le droit d'élire ses administrateurs, rendait ceux-ci indépendants du pouvoir central. Cette organisation ne pouvait plaire à l'esprit centralisateur et absolu du maitre de la France. Il nomma donc à la tête des différentes administrations un agent unique et révocable à son gré. Cet agent était dans le département le préfet ; dans l'arrondissement, le sous-préfet ; dans la commune, le maire. Et de même, qu'il y eut auprès du préfet, un Conseil de Préfecture et un Conseil Général ; auprès du sous-préfet, un Conseil d'arrondissement ; de même, auprès du maire, il y eut un conseil municipal, dont les membres étaient *nommés*, eux aussi, par le 1er consul, ou son représentant dans le département, le préfet.

Après la décentralisation excessive opérée par la Constituante, c'était l'excès opposé : la centralisation à outrance, à laquelle devaient d'ailleurs remédier, mais non sans des retours momentanés vers le système centralisateur, les lois municipales ultérieures : loi du 21 mars 1831, d'après laquelle les Conseils municipaux étaient élus au suffrage restreint pour 6 ans, mais se renouvelaient par moitié tous les 3 ans ; — loi de 1848, qui les rendait renouvelables intégralement au suffrage universel, le maire et l'adjoint restant toujours nommés par voie d'élection jusqu'aux lois du 7 juillet 1852 et du 25 mars 1855, qui en remirent la nomination au Chef de l'Etat, lequel pouvait les choisir même en dehors des Conseils municipaux ; — lois du 14 avril 1871 et du 12 août 1876, qui rendirent aux Conseils municipaux la nomination des maires et des adjoints ; — loi du 5 avril 1884, qui rend les municipalités renouvelables tous les 4 ans, et réalise une solution moyenne entre la centralisation et la décentralisation.

La commune en effet dans ce régime, n'est ni asservie, comme dans la loi de l'an VIII, ni cependant pleinement libre. D'une part, elle nomme ses conseillers municipaux, qui, à leur tour, nomme le maire et l'adjoint ; elle peut prendre, par l'intermédiaire de son Conseil municipal, un grand nombre de délibérations. Mais d'autre part, elle reste en tutelle pour les actes les plus graves de sa vie, particulièrement en matière de finances . De même, le maire est le représentant de la commune, l'administrateur de son domaine, l'exécuteur des décisions du Conseil municipal; et, en même temps, il est le représentant de l'Etat, l'officier de police judiciaire et l'officier de l'Etat civil.

La loi du 5 avril 1884 a abrogé et remplacé toutes les lois d'administration communale antérieures, Elle forme aujourd'hui ce qu'on peut appeler la charte de notre organisation municipale.

Maires. — *Jean Jacques Roux* (1800-1823), notaire chez Ménard, fut le premier maire de Lignières après la Révolution. S'il y a un reproche à lui adresser, ce n'est pas celui d'avoir administré la commune sans le concours de son adjoint. Les procès-verbaux de l'époque représentent toujours le maire et son adjoint agissant « de concert », « décorés » même l'un et l'autre, « de l'écharpe tricolore ». Bien plus, un autre procès-verbal du 22 germinal an IX (12 avril 1801), les fait monter tous les deux à la tribune du temple décadaire pour y donner lecture d'une proclamation des Consuls !

Jacques Roux dut céder la mairie le 17 mai 1815, pendant les Cent Jours, à Jean Lézard Fontbrune. Mais ce fut pour peu de temps, puisqu'on le retrouve maire au mois d'août.

Il mourut le 17 janvier 1823, à 58 ans. Son enterrement eut lieu, dit son acte de sépulture rédigé par le curé Masgontier, en présence de X. et de Y. « et de plusieurs autres personnes qui s'étaient faites un devoir d'assister à l'enterrement de leur défunt premier magistrat ».

Il était né le 16 octobre 1764 de Jean Roux et d'Hippolyte Matignon, de chez Girard en Touzac ; et avait épousé le 2 thermidor an II (20 juillet 1794), par contrat reçu Joubert, *Jeanne Hérard,* fille de Jean, juge de paix, et de défunte Jeanne de Jarnac, demeurant chez Ménard. D'où un fils, *Jean Jacques*, aussi notaire, qui épousa *Clémence Pautier*, et eut un fils, *Salomon Jean Jacques*, le 9 décembre 1821.

Les minutes de Jean Jacques Roux père et fils sont chez Me Vollaud, à Segonzac, et vont : celles du père, du 28 fructidor an III (14 septembre 1795) à 1822 ; celles du fils, du 20 juillet 1822 au 26 juin 1838. Ils furent les deux derniers notaires de Lignières.

Jean Lézard Fontbrune (1823-1855) était d'une famille de tanneurs, originaire de Bonnes, canton d'Aubeterre. Son père, Jean Lézard, surnommé Fontbrune, avait épousé Anne Baudoin, de chez Bouchet en Barbezieux, et était venu, vers la fin du XVIIIe siècle, s'établir à Lignières, où nous le verrons bientôt, sous le Directoire, exercer les modestes fonctions de « piéton », avant qu'il eût hérité de son oncle Pierre Texier, des Abels. Le fils naquit le 22 octobre 1783 et mourut en 1859. Il avait épousé d'abord *Jeanne Roux*, de chez Girard en Touzac, le 1er novembre 1802 ; puis sa femme étant morte le 26 août 1807 sans lui laisser d'enfant, il s'était remarié après 1813 avec *Anne Chaudier*, de chez Piet, et en avait eu une fille, *Anne Adèle*, mariée en 1835 à Jean Guichard, propriétaire aux Abels.

Les 32 ans pendant lesquels il administra la commune lui valurent d'être décoré de la Légion d'honneur. Il était protestant.

Jean Chaudier (1855-1881) était aussi protestant. Neveu du précédent, il fut, ainsi que son oncle, un maire universellement consulté et écouté. L'orgueil démocratique n'avait pas gâté l'esprit du peuple ; on éprouvait encore le besoin de demander conseil !

Célestin Gautier (1881-1914) était né le 13 août 1830, de François Pierre Gautier et de Nancy Landry, et est mort le 9 décembre 1914. De son mariage avec *Félicité Emmeline Doche-Laquintane*, sont nées deux filles : *Marie Louise*, mariée le 12 janvier 1892 à Michel

Desjoncherets, d'Angoulême, et décédée peu de temps après son mariage ; *Marguerite Marie*, mariée le 15 octobre 1894, à Pierre Halary, de Vicq (Haute-Vienne).

De haute taille et d'une force remarquable (il mettait debout tout seul un tierçon d'eau-de-vie), M. Célestin Gautier a laissé de plus à Lignières le souvenir d'un maire intelligent, droit et énergique.

Joseph Gémier, poëlier au bourg, a fait fonction de maire dès 1914, n'étant encore que conseiller municipal, et a été élu maire en 1919. Il est né le 14 août 1868, de Joseph Gémier et de Emmeline Gallenon.

Adjoints. – Pierre Gautier (1800-1815). — Pierre Jannet, artiste vétérinaire. (mai-juillet 1815). — Jean Lézard Fontbrune (1815-1823). — Jacques Roux (1823-1830). — Pierre Jannet (1830-mars 1835). — Jean Dumontet (mars-novembre 1835). — Jean Louis Bonneau (novembre 1835-1840). — Jean Cristin (1840-1845). — Pierre Jullien (1845-1848). — Pierre Ravaud (1848-1852). — Jean Chaudier (1852-1855). — Elie Florentin Jannet, vétérinaire. (1855-1858). — Jean Dumontet père (1858-1862). — Pierre Goy, (1863-1880). — André Bienassi (1881-1886). — Alfred Delâge, médecin (1886-1900). — Eugène Guillot (1900-1908). — Guillot, fils du précédent (1908-1919), — Théodore Merlet, depuis 1919.

Conseillers municipaux, dans l'ordre alphabétique, après le maire et l'adjoint.

Sont *nommés :*

25 messidor an VIII (14 juillet 1800). — Jacques Roux, maire ; Pierre Gautier, adjoint ; Jean Besson ; Jean Biteau ; Jean Dumontet ; Jean Dupuy ; Pierre Guionnet ; Pierre Guionnet fils ; Jean Matignon ; Pierre Morilhon ; Pierre Prévôtière ; Jean Roux.

1808. — Les mêmes, sauf Jean Dumontet, Pierre Guionnet et Pierre Prévôtière, remplacés par Jacques Cartaud, Jean Jude Joubert et Cybard Vallée.

1812 (20 décembre). — Les mêmes, sauf Jean Matignon, remplacé par Jean Blanchard.

1815 (17 mai). — Jean Lézard Fontbrune, maire; Pierre Jannet, adjoint; Jean Besson; Jean Biteau; Jean Blanchard; Jacques Cartaud; Jean Dupuy; Pierre Guionnet; Jean Jude Joubert; Pierre Morilhon; Jean Roux; Cybard Vallée.

1815 (août). — Jacques Roux, maire; Jean Lézard Fontbrune, adjoint; Jean Besson; Jean Biteau; Jean Blanchard; Jacques Cartaud; Jean Dupuy; Pierre Guionnet; Jean Jude Joubert; Pierre Morilhon; Jean Roux; Cybard Vallée.

1820 (22 septembre). — Les mêmes, sauf Jean Biteau décédé, remplacé par Jacques Giraud.

1823 (3 avril). — Jean Lézard Fontbrune, maire; Jacques Roux, adjoint; Jean Blanchard, Jacques Cartaud; Jean Dupuy; Pierre François Gautier, nommé en remplacement de Jean Besson décédé; Jacques Giraud; Pierre Guionnet; Jean Jude Joubert; Pierre Morilhon; Jean Roux; Cybard Vallée.

1824 (26 janvier). — Les mêmes, sauf Pierre Morilhon, démissionnaire, remplacé par Jean Dumontet.

1827 (2 avril). — Les mêmes, sauf Jean Dupuy, décédé, remplacé par Pierre Jannet. — (12 mai). — Les mêmes, sauf Pierre François Gautier, remplacé par Jean François Gautier, médecin.

Et l'année qui précède les premières élections municipales, le Conseil est ainsi composé :

1830. — Jean Lézard Fontbrune, maire; Pierre Jannet, adjoint; Jean Blanchard; Jacques Cartaud; Jean Dumontet; Jean François Gautier; Jacques Giraud; Pierre Guionnet; Jean Jude Joubert; Jacques Roux; Jean Roux; Cybard Vallée.

Sont *élus* :

1831 (24 et 25 septembre). — Jean Lézard Fontbrune, maire; Pierre Jannet, adjoint; Jean Barit; Pierre Besson; Pierre Bézier; Jean Blanchard; Jean Couilleau;

Jean Dumontet ; Jean Jacques Joubert aîné ; Jean Lévêque.

Le nombre des conseillers à élire avait été fixé par erreur à 10 par la Préfecture. Il fut porté à 12 au renouvellement triennal de 1834.

1834 (12 octobre). — Jean Lézard Fontbrune, maire ; Pierre Jannet, adjoint, remplacé le 12 mars 1835 par Jean Dumontet, remplacé lui-même le 6 novembre suivant par Jean Louis Bonneau ; Jean Barit ; Pierre Besson ; Pierre Bézier ; Pierre Blanchard fils ; Jean Louis Bonneau ; Jean Dumontet ; Jean François Gautier ; Jacques Giraud ; Jean Lévêque ; Pierre Mathurin Roy père.

1837 (4 juin). — Jean Lézard Fontbrune, maire ; Jean Louis Bonneau, adjoint ; François Augier ; Jean Barit ; Pierre Besson ; Pierre Blanchard ; Jean Cristin fils ; Jean Dumontet ; Jean François Gautier ; Jacques Giraud ; François Gourry ; Pierre Mathurin Roy.

1840 (6 juin). — Jean Lézard Fontbrune, maire ; Jean Cristin, adjoint ; François Augier ; Pierre Besson ; Pierre Blanchard ; Pierre Boutinet fils ; Jacques Chapt ; Jean Dumontet ; François Gourry ; Jacques Matignon ; Antoine Melquin père ; Pierre Mathurin Roy.

1843 (11 juin). — Jean Lézard Fontbrune, maire ; Jean Cristin, adjoint ; Pierre Blanchard ; Jean Boutinet ; Jacques Chapt ; Jean Delalle ; Jean Dumontet ; Pierre François Gautier ; Antoine Melquin ; Pierre Pissot ; Jules Renard ; Pierre Mathurin Roy.

1845 (2 novembre). — Conseil municipal de la nouvelle commune de Lignières-Sonneville : Jean Lézard Fontbrune, maire ; Pierre Jullien aîné, adjoint ; David Cartron ; Jacques Chapt ; Jean Cristin ; Jean Dumontet ; Jean Dupuy ; Pierre Frapin ; Pierre François Gautier ; Pierre Pissot ; Pierre Ravaud ; Jules Renard.

1848 (30 et 31 juillet). — Jean Lézard Fontbrune, maire ; Pierre Ravaud, adjoint ; Pierre Bézier ; Jacques Chapt ; Jean Chaudier fils ; Jean Couilleau fils ; Jean Cristin père ; Jean Dumontet père ; Jean Dupuy père ; Pierre Frapin père ; Pierre Pissot ; Jules Renard.

1852 (26 septembre). — Jean Lézard Fontbrune, maire ;

Jean Chaudier fils, adjoint ; Pierre Bézier père ; Jacques Chapt ; Jean Couilleau ; Jean Cristin père ; Jean Dumontet père ; Pierre Frapin père ; Pierre Martin fils ; Pierre Pissot ; Pierre Ravaud ; Jules Renard.

1855 (29 juin). — Jean Chaudier, maire ; Elie Florentin Jannet, adjoint, remplacé le 18 octobre 1858 par Jean Dumontet père ; Pierre Bézier père ; Jacques Chapt ; Jean Couilleau ; Jean Dumontet père ; Pierre Frapin père ; Pierre Goy ; Jean Lézard Fontbrune ; Pierre Martin ; Pierre Pissot ; Jules Renard.

1860 (27 septembre). — Jean Chaudier, maire ; Jean Dumontet père, adjoint, remplacé le 2 octobre 1863 par Pierre Goy ; Pierre Bézier ; Jacques Chapt ; Jean Couilleau ; Pierre Frapin ; François Anatole Gautier ; Pierre Goy ; Jacques Joubert ; Pierre Martin ; Isaac Nadaud ; Pierre Pissot.

1865 (23 et 30 juillet). — Jean Chaudier, maire ; Pierre Goy adjoint ; Toussaint Bézier ; Jean Couilleau ; Alfred Delâge ; Chéri Dumontet ; Pierre Frapin ; Léonide Guichard ; Pierre Morillon ; Isaac Nadaud ; Pierre Pissot ; Jacques Texier.

1870 (7 et 14 août). — Jean Chaudier, maire ; Pierre Goy, adjoint ; François Audureau ; Toussaint Bézier ; André Bienassi ; Jean Boutinet ; Jean Couilleau ; Alfred Delâge ; Pierre Frapin ; Léonide Guichard ; Jacques Joubert ; Pierre Morillon.

1874. — Jean Chaudier, maire ; Pierre Goy ; adjoint ; François Audureau ; Toussaint Bézier ; André Bienassi ; Jean Boutinet ; Jean Couilleau ; Alfred Delâge ; Henri Frapin ; Jacques Joubert ; Pierre Morillon ; Isaac Nadaud.

1878 (6 et 13 janvier). — Jean Chaudier, maire ; Pierre Goy, adjoint ; Toussaint Bézier ; André Bienassi ; Alfred Delâge ; Henri Frapin ; Célestin Gautier ; François Gilbert ; Léonide Guichard ; Jacques Joubert ; Pierre Morillon ; Isaac Nadaud.

1881 (9 et 16 janvier) — Célestin Gautier, maire ; André Bienassi, adjoint ; Toussaint Bézier : Jean Boutinet ; Jean Chaudier ; Alfred Delâge ; François Gilbert ;

Pierre Goy ; Léonide Guichard ; Jacques Joubert ; Pierre Morillon ; Isaac Nadaud.

1884 (4 et 11 mai). — Célestin Gautier, maire ; André Bienassi, adjoint, remplacé le 5 novembre 1886 par Alfred Delâge ; François Audureau ; Toussaint Bézier ; Alfred Delâge ; Anatole Gautier ; François Gilbert ; Léonide Guichard ; Théodore Martin ; Pierre Merlet ; Pierre Morillon ; Isaac Nadaud.

1888 (6 et 13 mai). — Célestin Gautier, maire ; Alfred Delâge, adjoint ; François Audureau ; Jean Chaudier ; Henri Frapin ; François Gilbert ; Léonide Guichard ; Eugène Guillot ; Théodore Martin ; Pierre Morillon ; Gustave Nadaud ; Alexis Seguinard.

1892 (1 et 8 mai). — Célestin Gautier, maire ; Alfred Delâge, adjoint ; François Audureau ; Jean Chaudier ; Henri Frapin ; François Gilbert ; Léonide Guichard ; Eugène Guillot ; Pierre Martin ; Pierre Merlet ; Pierre Morillon ; Alexis Seguinard.

1896 (4 et 11 mai). — Célestin Gautier, maire ; Alfred Delâge, adjoint ; Jacques Douteau ; Henri Frapin ; François Gilbert ; Léonide Guichard ; Eugène Guillot ; Pierre Martin ; Pierre Merlet ; Pierre Morillon ; Gustave Nadaud ; Jean Rullier.

1900 (6 et 13 mai). — Célestin Gautier, maire ; Eugène Guillot, adjoint ; Eutrope Bézier ; Jacques Douteau ; Anatole Gautier ; Léonide Guichard ; Alexandre Laîné ; Pierre Merlet ; Pierre Morillon ; Gustave Nadaud ; Jean Ossant ; Jean Rullier.

1904 (1 et 8 mai). — Célestin Gautier, maire ; Eugène Guillot, adjoint ; Eutrope Bézier ; Jacques Douteau ; Anatole Gautier ; Joseph Gémier ; Léonide Guichard ; Théodore Merlet ; Pierre Morillon ; Gustave Nadaud ; Jean Ossant ; Jean Rullier.

1908 (3 et 10 mai). — Célestin Gautier, maire ; Emile Guillot, adjoint ; Eutrope Bézier ; Jacques Douteau ; Alfred Gâchet ; Anatole Gautier ; Joseph Gémier ; Léonide Guichard ; Pierre Lacombe ; Théodore Merlet ; Gustave Nadaud ; Jean Rullier,

1912 (5 et 12 mai). — Célestin Gautier, maire, remplacé après sa mort en 1914 par Joseph Gémier ; Emile Guillot, adjoint ; Eutrope Bézier ; Alfred Gâchet ; Anatole Gautier ; Joseph Gémier ; Léonide Guichard ; Pierre Lacombe ; Alexandre Laîné; Théodore Merlet ; Gustave Nadaud ; Jean Rullier.

1919 (30 novembre et 7 Décembre). — Joseph Gémier, maire ; Théodore Merlet, adjoint ; Marcel Ballotaud ; Eutrope Bézier ; Camille Biteau ; Léon Dudognon ; Alfred Gâchet ; René Hériard ; Alexandre Laîné : Jean Rullier ; Camille Train ; Alexandre Trouvé.

1925 (3 et 10 mai). — Joseph Gémier, maire ; Théodore Merlet, adjoint ; Marcel Ballotaud ; Eutrope Bézier ; Léon Dudognon ; Léonide Guichard ; René Hériard ; Alexandre Laîné ; Daniel Mercier ; Maurice Nadaud ; Camille Train ; Alexandre Trouvé, ce dernier, élu maire le 17 mai, mais par erreur..

Registres de l'Etat civil. — Les registres déposés à la mairie remontent à l'année 1632.

Jusqu'à la fin de 1792, ces registres ne sont autres que les registres paroissiaux tenus et signés par le *curé*. L'obligation pour les curés de tenir registre des baptêmes, mariages et sépultures, leur avait été imposée par François 1er en 1539, dans son Ordonnance de Villers-Cotterets.

Mais tandis que le curé n'enregistrait que les actes de baptême, de mariage religieux et de sépulture ecclésiastique, l'administration municipale qui lui fut substituée par la loi du 20 septembre 1792 dut dresser pour tous les citoyens, catholiques, protestants ou autres, des actes de naissance, de mariage civil et de décès. L'Etat se séparait ainsi de la religion : il se laïcisait.

De 1793 à 1800, les registres de l'Etat civil furent tenus par des *officiers publics* : Jean Jude Joubert, Jean Dumontet, Jean Dupuy Lépine.

Ils le sont depuis 1800 par le *maire* ou l'adjoint.

Services municipaux. — Ces services comprennent : le garde-champêtre, le tambour, les cantonniers, le fossoyeur, les pompes funèbres.

Il y avait aussi autrefois un piéton et des sapeurs pompiers.

Gardes-Champêtres. — Institués par les lois du 20 messidor an III, 3 messidor an IV, 11 frimaire an VIII, ils sont utiles, dit une délibération de mars 1822, « pour la conservation des récoltes, le maintien de la largeur des chemins et pour la police » !

Le premier nommé fut le sieur Phelip (20 juillet 1807-1815). Il était garde-champêtre des 3 communes de Lignières de Sonneville et d'Ambleville, et touchait 350 fr. par an : 160 fr. pour Lignières, 100 fr. pour Ambleville, 90 pour Sonneville. Il alla ensuite à Bourg-Charente.

Jean Lavêque, de chez Jeanneau en Touzac, fut nommé garde-champêtre de Lignières le 1er mars 1815 ; mais mal accueilli de la population, ne dut pas exercer longtemps ses fonctions. Proposé de nouveau au Conseil le 13 mai 1821, il fut refusé ; puis, renommé ; mais, le 21 novembre 1830, « ne désirant pas servir de garde malgré les habitants » qui avaient adressé contre lui une pétition au sous-préfet de Cognac, il donna sa démission.

Pierre Lacombe fils, cultivateur au bourg, fut nommé le 30 décembre 1830.

Après lui, on trouve : Restier, 1856-1896. — Ballotaud, 1896-1899. — Jean Baptiste Founeau, 1899-1925. — Henri Thubin, 1925.

Tambour-afficheur. — A été le plus souvent le même que le garde-champêtre.

Fossoyeur. — A le plus souvent cumulé ses fonctions avec celles de sacristain. Depuis que les deux fonctions ont été séparées, on trouve : François Mauvy, 1863-1900. — Alexis Mauvy, fils du précédent.

Pompes funèbres. — Elles comprennent un corbillard et un brancard.

Sapeurs-pompiers. — En mai 1881, sur l'initiative de

M. Gautier, maire, le Conseil s'engagea à voter 300 francs par an pendant 5 ans pour l'organisation et l'entretien d'un corps de sapeurs-pompiers.

Ceux-ci devaient être 12. Ils touchaient 10 fr. par an, étaient assurés aux frais de la commune contre les accidents, et se réunissaient le 1er dimanche du mois pour s'exercer à la manœuvre de la pompe.

De cette belle organisation, il ne reste plus que la pompe.

Piéton. — Il y avait un « piéton » à Lignières, avant qu'il y eût un bureau de poste, quand la commune était rattachée au bureau de Cognac dans les premières années du XIXᵉ siècle, ou au bureau de Barbezieux dans les dernières années du XVIIIᵉ

Ce modeste ancêtre de nos facteurs ruraux se faisait appeler tantôt « piéton » tantôt « postillon », suivant qu'il faisait son service à pied ou à cheval.

Le premier dont on trouve mention sous le Directoire, est Jean Lézard Fontbrune, qui, pour se rendre trois fois par décade à Barbezieux, touchait de l'Administration municipale du canton de Lignières 96 fr. par an, et fut au service de cette administration du 6 février 1797 au 21 septembre 1798.

Après lui, les fonctions furent données à l'adjudication au rabais, et le piéton ne dut plus aller que deux fois par décade à Barbezieux. Furent nommés : en septembre 1798, Pierre Phelip, tailleur, qui ne demanda que 54 fr. par an, et en septembre 1799, Marcadier, qui n'en demanda que 50 !..

Dans les premières années du XIXᵉ siècle, le piéton allait deux fois par semaine à Cognac, et émargeait chaque année au budget communal pour un salaire variant de 25 à 50 francs !..

La commune fut dans la suite rattachée au bureau de poste de Barbezieux, d'où la correspondance lui venait tous les deux jours, par exemple en 1832 ; — puis au bureau de poste de Segonzac, quand le chef-lieu de canton fut doté d'un bureau de poste. Le service était alors assuré par deux facteurs.

Le Conseil municipal ayant demandé à plusieurs reprises, à partir de 1861, l'établissement d'un bureau de poste à Lignières, le bureau fut enfin accordé en 1875.

Titulaires du bureau de poste. — Mlle Brunet, 1875-1878. — Mme Delâge, 1878-.... — M. Coldebœuf, ...-1882. — Mlle Barrat, 1882-1884. — Mlle Lalanne, 1884-1902. — François Collas, 1902-1904. — Bernard Eyssely, 1904-1905. — M. Maillol, 1905-06. — Mlle Navarre, 1906-1909. Mme Veuve Fayoux, 1909-1917. — Mme Faverger, 1917-1920. — Mme Normand, 1920.

III

LES ÉCOLES ET L'INSTRUCTION A LIGNIÈRES

Notre époque, qui s'enorgueillit tant de ses lois et établissements scolaires, semble croire qu'on n'a rien fait avant elle pour l'instruction des enfants du peuple.

C'est une grossière erreur.

Bien avant la Révolution, il y avait des écoles dans les paroisses. Elles étaient ordinairement fondées sous les auspices de l'Eglise, encouragées par le gouvernement royal, entretenues par des particuliers ou le seigneur de l'endroit, dirigées par des maîtres qui portaient alors le nom de « maîtres d'école », « maîtres ez arts », « précepteurs », « régents », « instructeurs de la jeunesse », et dont le traitement était, d'après un édit de Louis XV du 14 mai 1724, de 150 livres pour les maîtres, et de 100 pour les maîtresses.

L'école à Lignières fut d'abord mixte. Mais vers le milieu du XVIII* siècle, la Comtesse de Plas fonda une école « pour l'instruction des filles de la paroisse » et constitua, sur les revenus de la seigneurie, une somme de 2000 livres devant rapporter annuellement 100 livres pour le traitement de la maîtresse. Cette maîtresse fut, de 1765 à 1775, *Catherine Dumergue*, de Touzac.

Maîtres d'école. — *Jacques Vergnon* (1695-1737), qui dut mourir à 82 ans, le 8 mars 1746.

Jean Pirault 1737-1744.

Guillaume Audoin (1744-1781), qui était sellier, et mourut le 9 décembre 1786, à 72 ans. Il avait épousé, le 26 juin 1741, Anne Besse, fille de chambre de la Comtesse de Plas, et en avait eu 8 enfants.

Pierre Gautier (1781-1790). Voir : « Généalogie de la famille Gautier ».

Pierre Tressac, cordonnier, fut nommé instituteur pour Lignières et Sonneville, en exécution de la loi du 27 brumaire an III (17 novembre 1794), et exerça jusqu'en messidor an IX au moins (juin-juillet 1801), mais non d'une façon continue. Il avait épousé étant veuf le 18 nivôse an III (7 janvier 1795) Paule Augustine Junien de Lavillauroy, des Abels.

Il ne semble pas y avoir eu d'instituteur à Lignières dans les premières années du XIXe siècle. C'est en novembre 1817 seulement que l'on voit apparaître, comme instituteur privé, *Jean Morain*, qui se dit « instituteur de Lignières et Sonneville », et ne craint pas — l'imprudent ! — de se recommander à la confiance des parents par l'affiche suivante ; « A vis aux public. Messieur J'ai l'honneur de prevenir tous les habitant qui voudront envoyer leurs enfants â lecollé à moi dit Morain j'ai promai de leur donner dé lescons dé lecture, dé ecriture, darithmétique et que jai fairai tout mes efforts pour justifier la confiance du commité, ainsi que celle des respectables parants qui voudront avoir confiance pour leur enfants. jouvrirai mon Ecollé le trois novembre prochain et j'y recevrai gratuitement les enfants des pauvre qui seront attestai tele par monsieur le maire. A lignière le premier novembre 1817 ».

Muni de ce style et de cette orthographe, on devine à quelles lettres il dut former ses élèves pendant tout le temps qu'il exerça comme instituteur privé, c'est-à-dire jusqu'à la loi du 28 juin 1833 sur l'enseignement primaire !.. Aussi n'est-il pas étonnant qu'à la suite de cette loi, il ait été refusé comme instituteur public par le Conseil municipal pour son incapacité. Il n'en fut pas moins nommé instituteur communal par autorisation ministérielle le 30 octobre 1834. Mais il donna sa démission le 11 janvier 1836 pour devenir exclusivement le sacristain qu'il était aussi depuis 1831 [1].

---

[1] Un instituteur chantre et sacristain, c'était alors, et ce devait être, jusqu'à la IIIe République, un spectacle assez commun dans

En exécution de la loi scolaire de 1833, le Conseil municipal décida, le 10 mai 1834, qu'il y aurait une école primaire à Lignières. Les frais de location de cette école ne devaient pas dépasser 60 francs; le traitement de l'instituteur était fixé à 200 francs; plus une rétribution mensuelle à lui dûe par chaque élève payant: cette rétribution était de 1 fr. 25 pour la 1e classe, de 1 franc pour la 2e, de 0 fr. 75 pour la 3e.

Le 15 février 1839, la Commune fut autorisée à acquérir, moyennant 2700 francs une maison sise au bourg, et appartenant à M. Jannet, pour en faire la maison d'école. C'est l'école de garçons actuelle.

Après Jean Morain, furent instituteurs à Lignières.

David Cartron, de Sonneville (novembre 1837-mars 1848), marié à Catherine Clouet, de Guimps.

François Benjamin Jamin (1er avril 1848-octobre 1854), qui se retira ensuite au May où il mourut le 19 décembre 1874, à 69 aus.

Jean Savignal (1855-1861), qui se maria trois fois: d'abord avec Marguerite Bourgine; puis avec Marguerite Bruhat; enfin, le 28 décembre 1858, avec Marie Jobit de chez Chauvin en Touzac.

Jacques Delsol (1861-1866). — *Rousse* (1866-1868). — *François Celor* (1868-71). — *Sébastien Terrassier* (1871-1881). — *Pierre Fagot* (1881-1882). — *Garraud* (1882-83). — *Bardeau* (1883-1884). — *Barbut* (1884-1885). — *Théophile Perraud* (1885-1896). — *Château* (1896-1901). — *Levêquot* (1901-1909). — *Thadée Roy* (1909-1921). — *Douteau*, 1921.

___

nos campagnes. Cela répondait à l'idée qu'on se faisait encore de l'enseignement primaire. On ne le comprenait pas, même après la Révolution, sans une base religieuse. Combien il est désirable que l'école ne se sépare pas de la religion, le ministre protestant Guizot lui-même l'avait proclamé dans une page admirable dont la dernière phrase, que voici, n'a rien perdu de son opportunité : « Si le prêtre se méfie ou s'isole de l'instituteur, si l'instituteur se regarde comme le rival indépendant, non comme l'auxiliaire fidèle du prêtre, la valeur morale de l'école est perdue, et elle est près de devenir un danger ».

Institutrices. — En même temps qu'un instituteur, Lignières eut une institutrice, mais non d'une façon continue, après 1850 ; et même, à partir de 1874, une école publique de filles, conformément à une loi du 10 avril 1867 obligeant toute commune de 500 habitants et au-dessus à avoir une école de filles. La commune fut ensuite autorisée, le 12 avril 1877, à acquérir de Paul Martin, moyennant 6500 francs un corps de bâtiments situé chez Méniquet. C'est l'école des filles actuelle.

Furent institutrices :

Marguerite Georgette Jamin (1850-1854), fille de l'instituteur, mariée en premières noces le 4 septembre 1854, à Joseph Boucq, instituteur à Juillac le Coq ; en secondes noces, le 8 décembre 1872, à François Audureau, du May.

Marguerite Bruhat, épouse Savignat, nommée le 10 novembre 1855, décédée peu après.

Mlle *Laforêt* (1874-....). — Mlle *Coissard.* — Mlle *Chevalier* (1881-1885). — Mme *Perraud* (1885-1900). — Mlle *Boiteau* (1900-1903). — Mme *Jartron* (1903-1922). — Mlle *Moivière*, 1922.

Ecole libre de filles. — En conséquence de la loi de 1850 sur la Liberté d'enseignement, une école libre de filles fut aussi ouverte à Lignières en 1858, grâce à la générosité d'une famille, la famille Joubert-Ellie, qui fournit la maison. On fit appel, pour tenir cette école, d'abord aux Sœurs du Saint et Immaculé Cœur de Marie, de Niort (1858-1893) ; puis aux Sœurs de Sainte Marthe d'Angoulême (1897-1903). Il y avait plusieurs religieuses enseignantes. Les directrices furent ; *Sœur Saint Raymond* (1858-1874) ; *Sœur Adélaïde* (1874-1896) ; *Sœur Sainte Anastasie* (1897-1903).

L'enseignement que donnaient ces maîtresses ne le cédait en rien à celui de l'école d'à côté ; et la formation morale et religieuse qui s'y ajoutait répondait à un vœu des familles, surtout à partir de 1882, quand fut laïcisé l'enseignement primaire. Aussi l'école libre de Lignières était-elle florissante : elle comprenait externes et pensionnaires, les enfants y venaient même des paroisses voisines.

Mais en 1901 et 1904 furent votées des lois d'exception, qui refusent encore aux religieux le droit de s'associer et d'enseigner, alors qu'on le reconnaît, ce droit, à telles personnes qui sont loin d'offrir les mêmes garanties de capacité, de moralité, de patriotisme, même de conscience professionnelle !..

Les religieuses de Lignières reçurent, le 22 avril 1903, l'ordre de partir dans un mois. Après leur départ, l'école fut dirigée quelque temps encore par une religieuse sécularisée, Mlle *Jeanne Boyer* (1903 - janvier 1905); puis par une institutrice libre, Mlle *Bernadette Boyer*, sœur de la précédente (1905-1909). Mais en 1909, la maison ayant été aliénée, l'école, du même coup, tomba. C'est maintenant une pharmacie.

On ne déplorera jamais assez la disparition de cette école, qui avait, pendant 50 ans, formé des générations chrétiennes, et grandement contribué à entretenir la foi dans la paroisse.

N'avait-elle pas aussi — suprême bienfait ! — suscité des vocations religieuses? Comment en douter, à voir les jeunes filles de Lignières qui ont embrassé la vie religieuse à cette époque, et qu'il y a lieu par conséquent de mentionner ici ?

Religieuses sorties de Lignières. — *Isabelle Pérochon* (Sœur Saint-François de Borgia), du Saint et Immaculé Cœur de Marie, de Niort, décédée le 1er novembre 1921, à 80 ans, après 56 ans de profession.

Rose Gâchet (Sœur Sainte-Elisabeth) du Saint et Immaculé Cœur de Marie, de Niort, née le 13 mai 1842, supérieure à Taillebourg à 25 ans, décédée en 1892.

Eugénie Giraud (Sœur Saint-Félicien) des Filles de Sainte-Marthe, d'Angoulême, née à Sonneville, décédée en février 1918 à Montbron, où elle passa 40 ans de sa vie, 25 ans comme directrice d'asile, 15 ans comme visiteuse des pauvres et garde-malade.

Marie Marguerite Elisabeth Ellie. Voir : « Famille Ellie », p. 50.

Hortense Mesnard (Sœur Saint-Michel), sœur tourière au Carmel d'Angoulême.

Rose Fougère (Sœur Saint-Philippe de Néri) du Saint et Immaculé Cœur de Marie, de Niort, née le 30 août 1864, aux Maines, sécularisée en 1904.

Hélène Founeau (Sœur Saint-Clément), des Sœurs de la Sagesse, de Saint-Laurent-sur-Sèvre (Vendée), née le 28 octobre 1878, actuellement supérieure à Haïti.

Angèle Chauvin (Sœur Saint-Martin), des Filles de Sainte-Marthe, d'Angoulême, née à Saint-Médard le 31 mai 1900, baptisée à Lignières le 24 juin suivant.

IV

PRINCIPAUX ÉVÉNEMENTS DE L'HISTOIRE CANTONALE ET COMMUNALE

Etats Généraux (1789). — En exécution des lettres royales du 24 janvier 1789, par lesquelles Louis XVI convoquait les Etats Généraux, et de l'Ordonnance du Sénéchal d'Angoulême en date du 14 février suivant, les habitants de Lignières composant le Tiers État de la paroisse se réunirent à une date restée indéterminée, et probablement dans l'église.

Le but de la réunion était de nommer, à raison de 2 par 200 feux et au-dessous, de 3 au-dessus de 200 feux, etc. des députés qui devaient représenter la paroisse à l'Assemblée Générale des 3 Ordres (clergé, noblesse, tiers-état) à Angoulême, le 16 mars suivant. Ceux-ci, à leur tour, avec les députés des autres paroisses, devaient, dans cette Assemblée des 3 Ordres, élire les députés à envoyer aux Etats Généraux à Paris.

La réunion du Tiers Etat de Lignières eut lieu sous la présidence de M. Joubert. La population ne comptant pas plus de 100 feux (Sonneville et Saint-Palais n'avaient pas encore été rattachés à Lignières), il y avait, d'après le règlement, 2 députés à élire. Furent élus : MM. Joubert, notaire ; et Texier, négociant, des Abels.

Tous les députés élus par les paroisses ne devaient pas assister le 16 mars à l'Assemblée générale des 3 Ordres à Angoulême. Un quart seulement devaient y prendre part.

Cette réduction du nombre des députés eut lieu à Angoulême les 11, 12, 13 et 14 mars. Pour y procéder plus facilement, on divisa la Sénéchaussée en 15 arrondissements. Châteauneuf et Bouteville réunis formèrent un de ces arrondissements, et Lignières dut en faire partie. Mais parmi les 16 notables que les députés de l'arrondissement de Châteauneuf et Bouteville nommèrent à la pluralité des voix pour les représenter à l'Assemblée générale du 16 mars, y eut-il un des 2 députés de Lignières ? C'est ce qu'on ne saurait affirmer, les Joubert et les Texier qu'on retrouve parmi ces 16 notables faisant suivre leur nom d'un titre ou d'une appellation qui ne paraissent pas avoir appartenu à ceux de Lignières.

Il est donc possible que le Tiers Etat de Lignières, vu son petit nombre, n'ait pas été représenté à l'Assemblée des 3 Ordres à Angoulême.

La noblesse de Lignières y fut représentée par le baron de Plas, colonel d'infanterie, frère du seigneur de Lignières ; et le curé du lieu, par Fétis, curé de Sonneville (1).

Cahiers de doléances. — Comme on ne fait ici que l'histoire de la paroisse, laissons les députés des 3 Ordres réunis à Angoulême nommer les députés aux Etats Généraux, et revenons à la réunion tenue par les habitants de Lignières.

On ne devait pas seulement au cours de cette réunion, nommer des députés ; on devait aussi rédiger des cahiers de doléances.

Le cahier de doléances de la paroisse de Lignières demande la suppression de certains droits.

Suppression du casuel pour les ecclésiastiques, et des droits de chancellerie romaine dans le cas de mariage entre parents.

Suppression du moulin et du four banal du seigneur. C'était le droit qu'avait le seigneur d'obliger son vassal à se servir exclusivement, moyennant une redevance, du four ou du moulin appartenant à la seigneurie. Les moulins et fours banaux furent supprimés par la Convention le 17 juillet 1793.

---

(1) Chancel : « L'Angoumois en 1789 » ; et Abbé Blanchet : « Lé Clergé charentais pendant la Révolution ».

Supression de l'impôt sur le sel, ou gabelle. Supprimé en 1790.

Suppression des douanes intérieures, en vertu desquelles on percevait, avant 1789, des droits de sortie et d'entrée à la limite de chaque province. Elles ont été remplacées par les droits d'octroi et, de nos jours, par les taxes sur le chiffre d'affaires, véritables douanes intérieures que le fisc prélève sur la marchandise non plus seulement d'une province à l'autre, mais de ville à ville, de maison à maison, de mains en mains.

Suppression de certains monopoles, comme celui du tabac, ou liberté d'en faire venir partout, quitte à en prélever la 6e partie au profit de Sa Majesté.

Le cahier de Lignières demande encore :

1° Que certaines charges, ou travaux publics, imposés jusqu'alors au tiers état, en particulier pour la confection des chemins, soient désormais répartis entre tous les citoyens, tant nobles et ecclésiastiques que roturiers. Ce sont les prestations actuelles.

2° Que des réformes soient introduites dans le droit civil et criminel, réforme que devait opérer plus tard Napoléon.

3° Que la vénalité des charges de magistrature soit abolie et que la justice soit rendue gratuitement. Cette réforme eut lieu en 1791.

4° Que les mesures soient les mêmes partout. Cette réforme devait être réalisée, en principe le 22 juin 1799 ; en fait, à partir du 1er janvier 1840, par l'adoption du système métrique. Auparavant, les mesures variaient suivant les châtellenies, ce qui entravait singulièrement le commerce, Il y avait la mesure de Bouteville, d'Ambleville, de Barbezieux, d'Angoulême, etc.. A Lignières, la mesure généralement employée était celle de Bouteville. Or, la pipe, à la mesure de Bouteville, valait 20 boisseaux ; à la mesure d'Ambleville, 18 ; à la mesure de Barbezieux, 28 ; à la mesure d'Angoulême, 12 Le demi-boisseau servant à recevoir les rentes à la mesure de Bouteville avait 6 pouces moins 1/2 ligne de profondeur, 14 pouces 7 lignes de diamètre dans le fond et

14 pouces 1 ligne dans le haut; tandis que le demi-boisseau à la mesure d'Ambleville avait 6 pouces 5 lignes de profondeur, et 14 pouces 5 lignes de diamètre.

Ainsi, la plupart des réformes demandées par le cahier de Lignières devaient être accomplies quelques années, où même seulement quelques mois plus tard. Le Tiers Etat de la paroisse avait le plus souvent mis le doigt sur la plaie, et su discerner les maux dont souffrait la société à la fin de l'Ancien Régime.

Assemblées électorales. (2-7 juin 1790). — On a dit plus haut (voir: « La Commune ») qu'une des premières réformes opérées par la Constituante fut la réforme administrative.

Lignières ayant été érigé en chef-lieu de canton, les citoyens actifs de tout le canton se réunirent dans son église les 2, 3, 4, 5, 6 et 7 juin 1790 pour nommer des électeurs qui devaient à leur tour nommer les députés.

Les députés étaient en effet nommés par des élections à 2 degrés. Etaient électeurs du 1er degré les citoyens actifs du canton réunis en assemblées primaires. Ils choisissaient parmi eux les électeurs du 2° degré, à raison de 1 pour 100, ou, plus tard, de 1 pour 200, et ceux-ci nommaient les députés. Pour être électeur du 1er degré, il fallait payer une contribution équivalant à 3 journées de travail; électeur du 2° degré, une somme équivalant à 10 journées; éligible, un impôt d'un marc d'argent, soit 55 francs. Et l'on avait proclamé l'égalité de tous devant la loi, et l'accession de tous aux emplois publics « sans autre distinction que celle de leurs vertus et de leurs talents »!.. Mais reprenons notre récit.

Il y avait donc à Lignières, le 2 juin 1790, tous les maires du canton : de Frémont, maire de Lignières; Boujut, maire de Sonneville et Saint-Palais-des-Combes; Gautier, de Bonneuil ; Monnerot, de Touzac ; Jean Dupuy de Lépine, de Criteuil, qui devait plus tard déposer prudemment sa particule ; Daviaud, de Viville ; Tutrut, de la Madeleine; Lambert, d'Ambleville; Longuet, de Verrières — les officiers municipaux, procureurs et notables des communes ; les Commandants des Légions ou Gardes nationales de Lignières (Guionnet fils aîné), de Touzac (Jean Texier Boisseguin) et le Commandant en second de celle de Sonneville et Saint-Palais (Petit Dollivet) ; — les Curés de Lignières, de Sonneville, de Bonneuil, de Verrières ; — et parmi les autres citoyens actifs : Leroy de Lenchères, Le Boulanger, ancien garde du corps ; Pierre Bruneteau père, notaire royal : Pierre Bruneteau fils, huissier ; Pinot, capitaine des grenadiers *(sic)* de Touzac ; Dupuy Ladotrie ; Rullier, de Talluchet, les sieurs Mangars père et fils ; Dutillet, chirurgien au Puy de Neuville en Touzac ; Hospitel Lhomandie, notaire, etc. etc. En tout, 718 votants sur 882 citoyens actifs que comprenait le canton de Lignières.

Il y avait 9 électeurs à nommer, 1 pour 100.

Furent élus, au cours de 6 réunions successives : Dupuy de Lépine, 637 voix ; de Frémont, 628 ; Jean Texier Boisseguin, 496 ; Pierre Texier, des Abels, 463 ; Longuet, 458 ; Monnerot, 409 ; Daviaud, 388 ; Jean Texier, de chez Salmon en Touzac, 377 ; Leroy de Lenchères, 92. La plupart étaient protestants. Comment ne pas voir dans ce fait un signe de la réaction qui s'opérait alors contre l'esprit de la monarchie ?

Quoi qu'il en soit, cette qualité d'électeur était un titre que l'on ne manquait pas de faire valoir à l'occasion. C'est ainsi que dans une transaction du 21 mars 1791, Jean Dupuy de Lépine se dit « premier électeur » et de Frémont « deuxième électeur du canton de Lignières ». Ils se disent aussi — ce qui valait peut-être moins — « membres de la Société des Amis de la Constitution d'Angoulême ». Cette société était une filiale du Club des Jacobins de Paris.

D'autres élections se firent en septembre 1792 pour nommer les députés à la Convention. Mais nous n'avons rien trouvé sur elles à Lignières. On sait du reste par l'histoire qu'elles se firent « sous la pression d'une terreur qui amena un chiffre énorme d'abstentions » : 6.300.000 sur 7 millions d'électeurs !

Elles reprirent sous le Directoire pour nommer les

députés au Conseil des Anciens, et à celui des Cinq
Cents. Ces deux Conseils étant renouvelables par tiers
chaque année, les élections eurent lieu tous les ans. Elles
étaient toujours à 2 degrés ; mais il n'y avait plus qu'un
électeur du 2e degré à nommer sur 200 citoyens actifs,
ce qui réduisait à 4 le nombre des électeurs du 2e degré
à nommer par le canton de Lignières.

Furent donc élus :

Aux élections des 1er et 2 germinal an V (21 et 22 mars
1797) : le premier jour, personne, faute de majorité absolue ; — le 2° jour : Jacques Texier, du Maine Androu
en Bonneuil, 82 voix sur 129 ; Rullier, de Talluchet, 76 ;
Dumontet, des Abels, 73 ; Monnerot-Descombes, de
Touzac, 62.

Aux élections des 1er et 2 germinal an VI (21 et 22
mars 1798) : à un premier tour, Pierre Texier, des Abels,
215 voix sur 278 ; Dupuy Lépine père, 156 ; — à un
2° tour, Pierre Martin, des Connils en Touzac, 176 voix
sur 280 ; — à un 3° tour, Guillot, de Viville, 127 voix
sur 182.

Aux élections des 1er et 2 germinal an VII (21 et 22
mars 1799) : à un premier tour, personne, faute de majorité absolue ; — à un 2° tour, Jacques Texier, du Maine
Androu, 84 voix sur 137 ; — à un 3° tour, le 2 germinal,
Dumontet, agent de Lignières, 72 voix sur 91 ; Christophe
Dupuy, maréchal à Sonneville, 37 ; Joubert fils aîné,
ex-adjudant major, 39 [1].

Fête de la Fédération (14 juillet 1790). — A la
suite de la prise de la Bastille (14 juillet 1789) et de la
Journée de la Grande Peur (fin juillet 1789), des gardes
nationales, destinées à assurer l'ordre et la sécurité publique, s'étaient formées un peu partout. Lorsque le
gouvernement entreprit de les fédérer, le 14 juillet 1790,
il demanda que chaque garde nationale du royaume
envoyât à Paris, ce jour-là, un homme sur 200. Les
paroisses trop petites pour se faire représenter étaient

----

(1) Arch. dép. Fonds Révolution, LL 1007, 126 ; et Registre de délibérations de la municipalité cantonale.

invitées à s'unir, par une cérémonie patriotique organisée sur place, à la grande cérémonie du Champ de Mars à Paris.

Il n'y eut que Touzac et Verrières, les deux plus fortes communes du canton, qui envoyèrent un député à la fête de la Fédération à Paris. Ce député fut pour Touzac, le capitaine de la garde nationale, Pierre Pinot, du Grandmont ; et pour Verrières, Pierre Picoron, lieutenant (1).

La commune de Lignières eut-elle, à défaut de député, sa cérémonie patriotique ? Nous n'en savons rien. Mais voici, pour donner une idée de l'enthousiasme de bon aloi qui régnait alors dans la région, le procès-verbal de celle qui eut lieu à Sonneville.

« Aujourd'huy, 14 juillet 1790, environ midy, nous, citoyens, habitans et garde nationnalles sous les armes de la paroisse et communauté de Sonneville et St-Pallais son anexe, assemblé à l'églize dudit lieu de Sonneville et après y avoir entendu la messe célébrée en icelle nous avons à l'exemple de nos cher frère camarade et amis les citoyens de Paris prêté le serment civique, patriotique et fédératif.

« En conséquence, nous dits citoyens soldats et soldats citoyens rassamblé en se sainct lieu voulant donné des preuves de notre patriotisme à nos dits cher frère brave amis les citoyens de Paris en vertu de leurs adresses honnaite à nous envoyé et confirmé par les décrets de l'auguste assemblé nationnalle et sanctionné par le Roy avons juré sur l'hotel de la patrie en présence du Dieu des armées et sur nos ames d'estre toujours fidelle à la nation à la Loy et au Roy et de maintenir de tout notre pouvoir contre les enemis du bien public et de létat, la constitution du Royaume décrété par l'auguste Assemblée nationnalle et accepté par le Roy, jurons de aussi protéger de tout notre pouvoir et conformément aux Loix la sûreté des personnes, de propriété, la libre circulation des grains la perception des impôts sous quel forme et

____

(1) Arch. dép. Fonds Révol. L 1024.

dénomination qu'il s'aperçoive, de prester secours à nos frère tous les français touté les fois que nous en seront légalement requis et de rester toujours unis par les liens indissoluble de la plus cincère fraternité, et yceluy sermant cydessus fait, nous avons fait nos prière et exortation à Dieu de vouloir nous faire la grâce de vivre entre nous tous comme de bons et sage bons fidelle citoyens et sujets et frère doivent faire ; que l'union la paix et la concorde ne se sépare jamais de nous, et de ne déployer nos forces nos armes nos bras et nos résistance que contre les ennemis du bien public ét de l'état ; tel est notre sermant et nos intantions, desquelles nous désirons vivre et mourir.

« Fait et passé en l'église dudit Sonneville le jour an et heure susdite, que le présant a été dépozé en notre greffe municipal pour servir çe que de raison et on signé ceux quy le savent faire : de Frémont, commandant la garde nationnalle de Sonneville et Saint-Pallais ; P. Boujut, maire ; J. Dupuy, échevin ; J. Jullien, échevin ; C. Dupuy, procureur de la commune ; Fétis, curé ; A. Chaudier, 1er lieutenant ; P. Boujut, second lieutenant ; J. Chaudier fils aîné, secrétaire greffier », etc. En tout, 62 signatures. [1]

Garde nationale. — Une loi devait bientôt organiser ces gardes nationales dans les départements : ce fut la loi du 14 octobre 1791.

D'après cette loi, le district de Cognac devait former 17 bataillons ou 2 légions. Et dans le district, les cantons de Cognac, de Segonzac, de Lignières et de Salles devaient former la 2ème légion : Cognac et Segonzac avec 3 bataillons chacun , Lignières avec 2, Salles avec un seul.

Le 1er janvier 1792, toutes les communes du canton de Lignières apportèrent à la municipalité la liste des citoyens composant leur garde nationale. Ces listes comportaient 3 colonnes : celle des citoyens actifs au-dessus de 60 ans ou vétérans ; celle des citoyens au-dessous de 60 ans, et

---

[1] Arch. dép. Fonds Révol. L. 1025.

celle des citoyens non actifs. Tout le monde s'était fait inscrire ; les curés eux-mêmes avaient tenu à honneur de donner leur nom, même les vétérans comme Combret, curé de Touzac, 68 ans, et Fétis, curé de Sonneville, 66 ans. Mais on ne devait retenir que les hommes âgés de moins de 60 ans ; et c'était ceux-là qu'il fallait maintenant répartir en compagnies.

Or les compagnies devaient compter chacune 80 hommes et se former par communes. Dans le cas où une commune n'atteindrait pas ou dépasserait le nombre fixé pour une compagnie, elle devait passer ou demander le surplus à sa voisine.

C'est ainsi que Lignières (147 hommes) ne pouvant former 2 compagnies, mais Sonneville en ayant 93, soit 13 de trop, juste ce qui manque à Lignières, Lignières prendra ces 13 hommes dans les villages de chez Androux et de chez Piet.

Verrières (223 h.) demandera à Ambleville (105 h.) les 17 hommes qui lui manquent pour former 3 compagnies et les prendra dans les villages de chez Philbert, chez Rougeon et la Rousselière.

Criteuil (176 h.) donnera à la Madeleine le surplus de ses 2 compagnies, à prendre chez Guérin et aux Verdoiries.

Touzac (217 h.) ayant plus d'hommes qu'il en faut pour former 2 compagnies, fournira à la Madeleine les 7 qui lui manquent encore, et les prendra chez Moreau. Il fournira aussi à Viville (58 h.) 22 hommes, à prendre à la Coudre, Vacheresse, chez Robin, chez Gadras, chez Damouroux ; à Bonneuil (154 h.) 6 hommes, à prendre chez Giraud et à la Brande,

En tout, 15 compagnies, qui devaient former les deux bataillons de Lignières : le 7ᵉ et le 9ᵉ. L'un de ces bataillons, le 7ᵉ, avait pour commandant J. Dupuy Lépine, et pour adjudant Mathieu Boulanger, de Criteuil. Il devait comprendre les 2 compagnies de Criteuil, qui avaient pour capitaines Régnier fils et Jean Longueteau, les 3 de Verrières, celle de la Madeleine et celle de Viville.

Le 9ᵉ bataillon avait pour commandant en chef Paul

Dominique Texier, de la Pégerie en Touzac ; pour commandant en second, Roux ; pour adjudant, Joubert.

Il comprenait 8 compagnies : les 2 de Lignières, de Touzac, de Bonneuil, celle de Sonneville, et celle d'Ambleville. La 1re avait pour capitaine, Roux, pour lieutenant, Gautier ; la 2e, Dumontet et Joubert ; la 3e, Richet et Angelier ; la 4e, Dupuy et Moindron ; la 5e, Joubert et Morillon ; la 6e, Rondier et Grondin ; la 7e, Melquin et Dupuy ; la 8e, Mathieu du Roc et Boujut.

Le 12 juillet 1792, le 9e bataillon de la 2e Légion de Cognac reçut son drapeau du département [1].

Cette organisation ne fut pas de longue durée. Trois ans après, en fructidor an III (août-septembre 1795), on éprouva le besoin de réorganiser les gardes nationales. C'est d'ailleurs un besoin qui va devenir chronique, et se fera sentir chaque année jusqu'à la fin du Directoire.

Donc, en août 1795, la garde nationale du canton de Lignières ne forma plus qu'un bataillon, composé — chose étrange ! — de compagnies dont quelques-unes n'étaient pas du canton, alors que d'autres, qui étaient du canton, n'y figuraient pas.

Ces compagnies étaient : celle de Lignières, capitaine Jacques Giraudeau fils ; celle de Bonneuil, capitaine Pierre Brédon ; celle de Touzac, capitaine Jean Braud ; celle de Sonneville, capitaine André Chaudier ; celle de Viville, capitaine Pierre Roux ; celle d'Ambleville, capitaine Jean Courret ; celle de Criteuil, capitaine Thomas Régnier ; celle de Criteuil et La Madeleine, capitaine Jean Longueteau ; les deux de Malaville, capitaines Philbert Roux et Jean Desmortier ; les deux de Bouteville, capitaines André Boitaud et Jacques Jobit.

Restait à nommer l'Etat-major du bataillon. Le 13 fructidor an III (30 août 1795), les officiers, les sous-officiers des gardes nationales du canton de Lignières, « et quelques autres », s'assemblèrent « en la ci-devant

---

(1) Arch. dép. Fonds Révol. L 1164.

église de Lignières », sur convocation du procureur syndic du district Rouhaut, pour nommer un chef de bataillon, un adjudant et un porte-drapeau.

Au début de la réunion, les officiers et sous-officiers de Malaville protestèrent contre la mesure administrative qui les avait détachés de leur canton (Châteauneuf), déclarèrent ne pas vouloir voter, et se retirèrent.

On vota ensuite pour le chef de bataillon. Le citoyen Boulanger obtint 1 voix ; Texier, de la Pègerie, ex-commandant, 11 ; François Servant, de Criteuil, 17. Ce dernier ayant obtenu la majorité absolue (sur 29 votants) fut élu. André Chaudier fils, de Sonneville, fut élu adjudant-major ; et Pierre Martin, « fils du chanteur d'Ambleville », porte drapeau.

C'était l'époque où les municipalités devaient s'ingénier à procurer au peuple des distractions, pour remplacer les fêtes religieuses désormais proscrites. Les nouveaux élus ne pouvaient décemment entrer en fonctions sans être solennellement installés par le maire ; et c'est ce qui donna lieu, le 27 fructidor an III (13 septembre 1795), à une fête bien républicaine.

Les citoyens composant le bataillon de Lignières étant assemblés en armes, le maire Pierre Texier, des Abels, parut au milieu d'eux, suivi des officiers municipaux avec leurs écharpes, et flanqué à sa gauche de François Servant, qui avait son épée « à la min » *(sic)*. Il fit jurer à Servant « fidélité à la nation, haine à la royauté et obéissance à la République ». Y allant ensuite de son petit discours : « Citoyens, dit-il, vous reconnaîtrez le citoyen François Servant pour votre chef de bataillon, et vous lui obéirez en tout ce qu'il vous ordonnera pour la sûreté des personnes, la garantie des propriétés et le service de la République ». Et il lui donna l'accolade fraternelle.

Le maire ayant donné l'exemple, le chef de bataillon le suivit. Il reçut avec le même cérémonial l'adjudant, le porte-drapeau et les officiers de tous grades. Les capitaines, dans chaque compagnie, en firent autant avec les sergents et les caporaux. Ce fut touchant. (1)

Le 8 octobre suivant (16 vendémiaire an IV), une loi ordonna de réorganiser (encore !) les gardes nationales des cantons.

Il s'agissait désormais de former une compagnie par commune du canton. Les communes qui n'étaient pas du canton, c'est-à-dire Malaville et Bouteville, disparurent de la nouvelle organisation ; et Verrières y entra avec sa compagnie, dont le capitaine était Jean Gueslin ; le lieutenant, François Bienassit ; le sous-lieutenant, Pierre Picoron. Les officiers des autres compagnies restèrent vraisemblablement les mêmes qu'en août 1795, ainsi que le chef de bataillon, l'adjudant major et le porte-drapeau. Cependant, en janvier 1799, Jean Colardeau, chirurgien, est dit capitaine de Lignières. Chaque compagnie se composait d'un capitaine, d'un lieutenant, 2 sous-lieutenants, 4 sergents, 8 caporaux, 64 volontaires, 2 tambours. Au total : 82 hommes.

La garde nationale fut l'ornement des fêtes républicaines de cette époque. Mais c'est à elle aussi qu'échut la tâche ingrate de rechercher et de garder les déserteurs ; de faire, au nom d'un pouvoir tyrannique et ridiculement soupçonneux, des visites domiciliaires chez des gens paisibles et innocents ; de faire des patrouilles dans chaque commune pour surveiller l'observation du repos décadaire ; et, à partir de germinal an VII (mars 1799), d'envoyer à toutes les décades à Lignières un détachement chargé « d'assurer la décence des assemblées décadaires ».

A partir de 1800, Lignières redeviendra simple commune, mais n'en continuera pas moins à avoir une garde nationale, dont je raconterai les... prouesses en temps utile.

Volontaires de 1791. — L'organisation des gardes nationales avait aussi pour but de préparer la jeunesse au service militaire.

---

(1) Arch. dép. Fonds Révol. L 1166.

Ce service militaire, l'Assemblée Nationale le voulut tout d'abord volontaire. Le 19 juillet 1791, elle ordonna la levée de 169 bataillons de volontaires, pour la formation d'une masse de troupes auxiliaires. Le département de la Charente devait prendre part à cette levée en formant deux bataillons de 574 hommes chacun.

Conformément à ce décret, le Directoire du département décida, le 15 septembre, que chacun des districts fournirait 191 hommes, sauf Angoulême et La Rochefoucauld qui en donneraient chacun 192. Dans le district de Cognac, Cognac-ville devait fournir 23 hommes et Cognac-canton 24, et les cantons de Jarnac, Rouillac, Châteauneuf, Lignières, Segonzac et Salles, chacun 24.

Les volontaires du district de Cognac formèrent, avec ceux des districts d'Angoulême et de Barbezieux, le 2ᵉ bataillon de la Charente.

Chaque bataillon était composé d'une compagnie de grenadiers et de 8 compagnies de fusiliers, et commandé par un lieutenant-colonel en 1ᵉʳ et un lieutenant-colonel en second. L'Etat-major comprenait en outre un adjudant quartier-maître, un adjudant sous-officier, un tambour-maître, un chirurgien-major et un armurier. Chaque compagnie comptait un capitaine, un lieutenant, un sous-lieutenant, un sergent-major, plusieurs sergents et caporaux, un tambour.

Tous ces officiers et sous-officiers, sauf le lieutenant-colonel en 1ᵉʳ et le chirurgien, étaient élus à la majorité des voix et au scrutin secret par les volontaires eux-mêmes, comme s'il suffisait d'être l'élu du peuple pour avoir d'emblée les qualités d'un chef, même subalterne !.. Mais c'était un principe alors en vigueur : celui du gouvernement du peuple par le peuple. Principe excellent en soi, dangereux en fait, dont on poursuivait alors l'application dans tous les domaines : civil, militaire, religieux et auquel on est revenu en politique avec le suffrage universel.

Le 2ᵉ bataillon de la Charente eut pour lieutenant-colonel en 1ᵉʳ, Paquot ; pour lieutenant-colonel en second, Monteil ; pour quartier-maître, Cal.

La compagnie de grenadiers était composée de 60 hommes, dont un Philbert, d'Ambleville. La plupart des autres volontaires du canton de Lignières faisaient partie de la 2ᵉ compagnie de fusiliers, qui avait pour capitaine, Menault, de Châteauneuf.

Le 2ᵉ bataillon de la Charente fut le plus éprouvé, et celui qui devait récolter le moins de gloire. Destiné, comme le premier, à entrer dans la 2ᵉ ligne de réserve qui allait être formée en vertu du décret de l'Assemblée nationale, il quitta Angoulême les 21 et 22 décembre 1791 et fut dirigé par Limoges, Tours, Blois, Orléans, sur Château-Thierry (Aisne). Il y était encore au mois de mai 1792, lorsque, vers le 12 mai, il reçut l'ordre de rebrousser chemin et de se rendre à La Rochelle pour le 26. Une révolte venait d'éclater à Saint-Domingue entre blancs et mulâtres, qui nécessitait l'envoi de renforts dans la partie française de cette île. L'autre partie était aux Espagnols, qui devaient aussi plus tard entrer en lutte contre nous. Le 2ᵉ bataillon de la Charente s'embarqua donc à La Rochelle pour l'Amérique vers la fin d'août, et le 17 septembre il débarquait à Port de Paix (Port au Prince) dans l'île de Saint-Domingue.

Cette île fut son tombeau. Beaucoup moururent de la fièvre jaune, tel le grenadier Philbert, d'Ambleville, mort au camp de la Marmelade le 15 décembre 1792; tel encore le fusilier Rigaleau, de Touzac, mort aussi à la Marmelade le 30 janvier 1793.

Ceux qu'épargna la maladie ne furent guère plus heureux. Les uns furent tués; les autres, prisonniers. Parmi ces derniers, je relève les noms de Billard, de Touzac, prisonnier de guerre chez l'Anglais (30 juin 1794); de Gautier, d'Ambleville, mort en Espagne le 5 octobre 1794; de Garnier, de Bonneuil, mort en Espagne le 15 septembre 1793; de Couprie, de Bonneuil, mort à la Guayra (Espagne) le 14 janvier 1794.

Parmi les rares soldats qui échappèrent au danger ou survécurent à leur captivité, citons Pierre Maillard et Jean Trouillet, de Touzac, mentionnés comme grenadiers sur un état du 5 prairial an V (24 mai 1797).[1]

Volontaires de 1792. — Les volontaires de 1791 du canton de Lignières étaient allés mourir loin de leur patrie, dans une île des Antilles qui n'en devait pas moins plus tard, malgré leur héroïque sacrifice, être perdue pour nous. Ceux de 1792, plus heureux, devaient rester en France, et délivrer leur pays de l'invasion.

L'Autriche et la Prusse en effet, inquiètes des progrès de la Révolution, ayant fini par se coaliser contre nous, l'Assemblée Législative en prit prétexte pour ordonner une nouvelle levée de volontaires. Le 22 juillet 1792, elle déclara la patrie en danger, et ordonna aux citoyens valides des gardes nationales de se réunir par cantons pour désigner, au prorata des contingents demandés, les hommes qui marcheraient au secours de la patrie.

Cette réunion fut fixée par les soins du Directoire de la Charente au dimanche 5 août. Le Directoire adjoignit de plus aux municipalités, pour recevoir les enrôlements, un commissaire par canton. Le commissaire désigné pour le canton de Lignières fut Dupuy-Lépine aîné, de Criteuil. Les enrôlements devaient du reste se continuer les jours suivants « jusqu'à ordre contraire ».

Le résultat, en Charente, dépassa les espérances. Au lieu des 900 hommes demandés, le département en fournit 4000. Il n'y eut pas de canton qui ne fournit au moins une compagnie, c'est-à-dire environ 100 hommes.

Lignières, d'après M. Boissonnade, en aurait même fourni deux. La 2e aurait eu pour capitaine Fournier, et pour sous-lieutenant Boulanger. Je n'ai pas trouvé trace de cette 2e compagnie.

Parmi ceux qui s'enrôlèrent les 5 et 11 août 1792 à Lignières, je relève des noms encore portés dans le pays ; Quintard, de chez Souchet, et Maillard, de chez Robin, en Touzac ; — des noms de tout jeunes gens, presque d'enfants : Jean Richier, de Bonneuil ; Paul Lévêque, de

---

(1) Arch. dép. Fonds Révol. L 303, et Boissonnade : « Histoire des Volontaires de la Charente ».

Touzac ; Martin Loranger, d'Ambleville, 18 ans ; Jean Souchet et François Motard, de Lignières ; Pierre Souchet, de Touzac ; François Servant, de Criteuil ; Jean Dexmier, de Bonneuil ; Jean Pressat, de Verrières, 17 ans.

Un des plus jeunes, sinon le plus jeune de tous, était assurément Philippe Joubert, de Touzac, 16 ans. Il n'en fournit pas moins la plus brillante carrière. Il fit les guerres de la Révolution et de l'Empire, et, parvenu au grade de chef de bataillon, décoré de la Légion d'honneur sous Louis XVIII, prit sa retraite, fut maire de Touzac de 1831 à 1848, et mourut en 1853.

Un autre volontaire de 1792 qui devait se distinguer pendant les guerres de la Révolution fut Jean Jacques Joubert, de Lignières, 25 ans, lequel revint en 1797 avec le grade d'adjudant-major.

A vrai dire, l'engagement des volontaires n'était pas complètement désintéressé. Ils touchaient une solde de 15 sous par jour, somme relativement élevée pour l'époque, et qui équivaudrait à 3 fr. de notre monnaie d'avant-guerre. Ils emportaient aussi l'assurance que leurs parents recevraient un secours proportionné à leur âge, à leur état de santé, à leur situation de fortune. Ceci soit dit sans vouloir diminuer en rien le courage dont ils purent faire preuve contre les ennemis de la patrie. (1)

Hélas !.. Pourquoi ce courage ne fut-il pas employé uniquement contre les ennemis de l'extérieur ?.. Si la plus grande partie des volontaires charentais de 1792 servirent dans les grandes armées de la Révolution : armées du Nord, de Sambre et Meuse, d'Italie, quelques-uns de leurs bataillons, les 7ᵉ et 14ᵉ, furent dirigés sur la Vendée, où ils durent verser le sang dans des luttes fratricides.

Volontaires de 1793 et Guerre de Vendée. — Une petite partie seulement des volontaires charentais de 1792 fit la guerre de Vendée. C'est au contraire la

____

(1) Arch. dép. Fonds Révol. LL 1024 et 1114.

plus grande partie des volontaires de 1793 qui devait y prendre part.

A dire vrai, la plupart des hommes de 1793 n'étaient plus des volontaires, mais des soldats recrutés d'office par la Convention, en vertu de la loi du 24 février 1793.

Cette loi prescrivait, pour faire face aux dangers de l'extérieur, une levée de 300.000 hommes, à répartir entre les départements.

Le département de la Charente devait fournir 4640 hommes. En réalité, il en fournit environ un quart de plus que le chiffre fixé par la Convention.

Le district de Cognac à lui seul en fournit 1029, parmi lesquels 125 formaient le contingent du canton de Lignières, et étaient ainsi répartis :

12 de Lignières, parmi lesquels on relève les noms de Jean Giraudeau, Pierre Augier, François Rullier ; — 10 de Sonneville ; — 28 de Touzac, parmi lesquels Jean Duclou, de Vacheresse ; Pierre Quintard, de chez Souchet ; Paul Nadaud, de Vacheresse ; — 6 de Viville, parmi lesquels Jean Boucherie ; — 12 d'Ambleville, parmi lesquels Pierre et François Courret, Pierre Gravaud, Michel Martin ; — 19 de Bonneuil, parmi lesquels Pierre Grondin, d'Issac ; — 15 de Criteuil, parmi lesquels Jacques Dupuy-Lépine, qui devint capitaine au bataillon « Le Vengeur » ; — 2 de La Madeleine : — 21 de Verrières.

L'enrôlement de ces hommes s'était fait en moins d'une semaine : du 17 au 23 mars. Leur organisation en compagnies demanda plus de temps. Les stocks faisaient défaut ; les municipalités et les districts durent contribuer, selon leurs moyens, et très souvent par des moyens de fortune, à l'habillement, à l'équipement et à l'armement des volontaires. Des commissaires ayant été de nouveau, à raison d'un par canton, chargés de surveiller cette opération, c'est encore le citoyen Dupuy-Lépine, de Criteuil, qui fut nommé pour le canton de Lignières.

Les frais d'habillement et d'équipement de chaque homme devaient s'élever dans le canton de Lignières à une moyenne de 300 livres. Si l'on ajoute à ces dépenses la solde de 15 sous par jour que devait toucher du département chaque volontaire, depuis le jour de son enrôlement jusqu'à son départ exclusivement, on s'aperçoit — les hommes n'étant partis que le 5 mai — que la levée des volontaires de 1793 coûta au département, dans le seul canton de Lignières, la somme globale de 41.976 livres. [1]

Une fois équipés et armés, les volontaires du canton de Lignières ne se montrèrent pas tous sérieux et disciplinés. On en vit à Sonneville se servir de leurs armes pour forcer l'entrée des maisons, et exiger de l'argent ou des vivres. De ce nombre, fut un sieur M..., tailleur de pierre, qui, s'imaginant sans doute que les nobles n'avaient plus aucun droit, du moment que « la démocratie coulait à pleins bords », extorqua au citoyen de Plas un assignat de 50 livres. [2] Il n'était pas sans danger de les garder plus longtemps.

Aussi bien, les évènements les appelaient sur un autre théâtre. Les volontaires étaient tout d'abord destinés à l'armée des Pyrénées Orientales, qui se formait contre les Espagnols. Mais une petite partie seulement y fut envoyée. Le plus grand nombre, et parmi eux, tous ceux du district de Cognac, furent dirigés là où le danger était le plus pressant, sur la Vendée, qui était en pleine insurrection depuis le mois de mars, et dont les succès militaires menaçaient alors l'existence même de la République.

Les volontaires du canton de Lignières partirent donc le 5 mai pour Niort, où se trouvait le quartier général de l'armée de l'Ouest. Ils furent ensuite incorporés dans l'armée de Luçon, où ils firent partie, avec les autres volontaires du district de Cognac, du célèbre bataillon « Le Vengeur ».

Ce que fut leur vie à ce bataillon, quelques lettres écrites à cette époque par l'un d'eux, Paul Nadaud, vont nous le dire. [3]

---

(1) Arch. dép. Fonds Révol. L 1116.

(2) Arch. dép. Fonds Révol. L 18³, fol. 201.

(3) Elles m'ont été aimablement communiquées par un descendant de la famille, M. Alphonse Nadaud, propriétaire à Guimps.

Paul Nadaud, de Vacheresse en Touzac, était volontaire à la Compagnie de Grenadiers du bataillon « Le Vengeur », armée de Vendée, en garnison à Luçon

C'était un garçon intelligent, animé de sentiments nobles et délicats, et d'un ardent patriotisme : il termine habituellement ses lettres par cette formule : « Je suis votre très humble et très obéissant fils », souhaitè à tous « la bénédiction de Dieu », et rend maintes fois hommage à la valeur de l'adversaire.

Adoptant le langage de l'époque, il désigne sous le nom de « brigands » les insurgés vendéens qu'il avait devant lui. Mais l'histoire impartiale dira que ces prétendus brigands furent en réalité de rudes soldats, qu'un homme qui s'y connaissait, Napoléon, appelait « les Géants de la Vendée » ; et surtout des héros chrétiens, qui ne prirent tout d'abord les armes que pour défendre leur religion proscrite par l'impiété révolutionnaire. « De l'entreprise vendéenne, une seule chose demeure désormais, une seule, mais que nulle puissance ne pourra ni effacer ni amoindrir, à savoir : l'honneur du nom divin confessé dans l'un des plus sublimes holoeaustes qui furent jamais ». (1)

La *guerre de Vendée* devait être, de part et d'autre, acharnée et terrible.

Pour les soldats de la République, que les Vendéens appelaient « les Bleus » à cause de la couleur de leur uniforme, elle le fut à tel point que Paul Nadaud écrit, le 17 mai 1793, au lendemain de la bataille de Fontenay : « Nous sommes au tàil (2) pour nous battre tous les jours » ; — le 27 juillet : « Les troupes qui sont sur les frontières sont plus tranquilles que nous » ; — le 30 octobre : « Nous avons perdut beaucoup de monde depuis trois mois, car de neuf cent hommes que nous étions dans notre bataillon, nous ne sommes plus que cent

---

(1) Pierre de la Gorce : « Histoire religieuse de la Révolution française ». T. III, p. 183.

(2) Expression locale, qui veut dire ici : « sur le point de... » ou « à pied d'œuvre ».

cinquante. Depuis la Saint Jean nous couchons toujour à la belle étoille ».

Aux dangers de la guerre, vinrent s'ajouter de bonne heure les maladies. « Nous sommes, écrit Paul Nadaud de Luçon le 25 juin, dans un pays mal sein où il se trouve le quart de nos camarades malades, même le sitoyen Vandesticq et Butet sont à l'hôpital à la Rochelle ».

L'ordinaire du soldat laissait aussi à désirer. « Nous n'avons que dix sous par jour et le pain et la viande » (19 juillet). Jean Duclou, caporal à la même compagnie, ajoutant un mot à la lettre de son camarade, dit de son côté : « Nous sommes bien aises pour le pain et la viande, mais pour le vin nous nant buvont point. »

Malgré tout, le moral de Paul Nadaud ne semble avoir jamais connu de défaillance. Il n'en fut pas de même d'un de ses voisins, jeune homme au cœur tendre dont il parlera bientôt.

Partis de Niort le 11 mai 1793, lui et ses camarades étaient à Fontenay le 16. C'est là qu'ils reçurent le baptême du feu. Ecoutons-le nous faire le récit de cette bataille, qui fut la première de *Fontenay*, une seconde bataille ayant eu lieu 8 jours après, le 24 mai, où les Vendéens devaient prendre leur revanche.

« Lannemy y a arrivez à mydy. Ils nous ont assiégez au proche de la ville. Notre général et nous nous y sommes rangé en bataille. Le combat a duré quatre heures si tellemant que les boullets de canon et les balles y tombaient sur nous comme de la graille. Ils étoient quinze mille hommes et il avaient quarante pièce de canons nous étions que sept mille nous navions que quinze pièce de canons. Et néanmoins nous les avons battut Nous leur avons pris trante et une pièce de canons. Nous avons pris une pièce de canons quil fondoient toute leur espérance sur elle. Il la nommaient *Marie Jeanne* (1). Il a

---

(1) C'était en effet une magnifique pièce d'artillerie à laquelle les Vendéens tenaient comme à un talisman. Ils l'avaient prise aux Républicains le 16 mars précédent au combat de Coron dans les Mauges.

resté de lannemy plus de deux cent sur la place, pour nous nous en avons perdut aux environs de une douzaine. Nous leur ont pris plus de vingt charrette et chariot toute leur balle et leur boullet, generallemant toute leur artillerie, nous ont pris de la farine de la viande du pain du vin, nous les avons poursuit plus de deux lieux dans les bois ». (Lettre du 17 mai 1793).

Revenant sur cette bataille dans une lettre du 25 juin, Paul Nadaud augmente considérablement le nombre des Vendéens qui y furent tués. « Nous les avons pas tous chassé, car les canons et les fusils en ont tué plus de huit cent ». Et parlant d'un de ses camarades de Touzac : « Le fils de T..., de chez Souchet, dit-il, eut tant de peur qu'il s'enfuit à la Rochelle et s'est retiré chez luy. Et loccasion quil avoit pour se retirer sest que il voulloit aller voir la servante du sitoyen Combret votre curé car lorsquil étoit avec moy il ma fait faire trois lettres pour luy envoyer Et luy promettoit toujours quil yrait lépouser. Il a mieux aimé se retirer auprès delle que servir la patrie car il a vu quil navait pas tant de danger ».

Nos volontaires étaient alors en garnison à Luçon ; et, de là, faisaient de fréquentes sorties contre l'ennemi. C'est ce que Paul Nadaud appelle « aller à la découverte ». Néanmoins, ils durent alors connaître quelques jours de répit, l'armée vendéenne faisant porter son effort sur Saumur, puis sur Nantes.

Mais à la fin de juillet, la lutte recommença, plus chaude, dans le sud. Voici la lettre qu'écrit Paul Nadaud le 27 juillet : « Mon cher père vous ne douté pas que dans ce moment cy nous avons beaucoup de peinne et de traverse car nous sommes dans un pays quil y a beaucoup de brigand. Je vous diray que le vingt quatre de juillet à dix heures du soir nous avons party de Lusson et avons été à Saint-Hermine à trois lieux de Lusson an croyance de nous battre contre les brigand. Nous ne les avons pas

---

et ils devaient la reprendre le 24 mai à la 2ᵉ bataille de Fontenay. Ils l'avaient baptisée « Marie Jeanne », du nom des filles de deux braves paysans, ses parrains et ses premiers pointeurs.

trouvé, sependant toujours animé dun nouvaux courage nous nous sommes mis en état de les poursuivre. Nous avons party de Saint-Hermine à huit heure du soir et avons marché toute la nuit. Nous avons trouvé un pont qui étoit coupé et gardé par les brigand et leur canons braqué dans des retranchemant, et eux étoient caché dans dautre retranchemant bien proche de nous Nous nous sommes mis en bataille et à la pointe du jour le feux a commansé. Nous avons u un feux de canons qui a duré quatre heure sans que lannemy ne reculla dun pas. Enfin nous avons avansé avec les fusils, il ont encore soutenut le feu pendant plus de deux heure. Les pièce de canons tant dune part que dautre tiraient à mitraille il nont point party pour cela. Enfin nous avons avansé la bayonnette au reins. En ce tamp-là ils nont pu nous résister, il ont pris la fuite. Nous les avons poursuit fort loin. Nous leur avons pris à *Chantonnay* plusieurs chevaux et mule bœuf vaches et je puis vous assurer que les troupe qui sont sur les frontières sont plus tranquille que nous car à présent nous allons nous battre tous les jours contre les brigand car nous sommes résolut de vaincre ou de mourir. Je puis vous assurer encore que la compagnie des grenadiers passera pour des grenadiers car pendant demy heure nous étions seuls à nous battre contre les brigand dont vous pouvez croire que nous avons entendut siflé beaucoup de balle. Jay oublié de vous dire que nous leur avons pris deux canons, fait beaucoup de prisonnier. Je ne sauray vous dire le nombre des morts et sy se navait été de leur retranchement nous les aurions tous tué car nous étions dun courage extraordinaire ». Ce fut la bataille de Pontcharrault (25 juillet 1793).

Plus encore que les soldats de Luçon, la Convention était résolue à en finir avec les Vendéens. Aux armées qui opéraient dans l'Ouest, elle envoya en août, un important renfort, celui des Mayençais. Et ce fut alors l'encerclement de la Vendée qui commença. Traqués de toutes parts, les Vendéens donnèrent encore de rudes coups de boutoir. Ils eurent en particulier avec la division de Luçon, fin septembre, une rencontre qui tourna à leur avantage, et où Paul Nadaud l'échappa belle. « Il me prirent, dit-il dans sa lettre du 30 octobre, mon chapeaud, habits fusil sabre abresac. Je me suis sauvez tout nud de leurs mains ».

Mais ces avantages étaient comme les dernières lueurs que jette un feu avant de s'éteindre. Bientôt les Vendéens allaient être chassés de leur pays, contraints de passer la Loire et de commencer, à travers la Normandie et la Bretagne, une lamentable marche errante qui devait se terminer par le désastre de Savenay.

Sur leurs talons s'élancent nos volontaires ; et voici la lettre que Paul Nadaud croit pouvoir écrire dès le 30 octobre :

« Mon cher père, je vous apprand que Dieu mercy la guerre de la Vandée est finye, quoique sepandant les brigand ne sont pas encore tous détruit. En huit jours de tamp nous avons pris toute leur ville savoir : le chataud de La Forest, Bressuire, Châtillon, Chollet, Mortagne, Baupraux, Saint Florant. Enfin dans la Vandez pandant quarante lieux au carrez le pays est tout brullez jusque sur le bord de la Loire. Quand les brigand ont été contre la rivière de la Loire nous les avons poursuit sy vivement quil se sont précipitez dans lau et dans des bataud. Il en a noyez plus de deux mille et ont laissez derrière eux plus de trante canons et caissons.

« Ensuite il ont etez dans la Bretagne. Et nous aussy nous avons passez par Nantes et ensuitte dans Langeous nous les avons poursuit jusque contre la normandie. Les normand se sont elevez contre eux qui leur ont couppez une forte rivière de manière que les brigand ne pouvaient plus allez ny en arre ny en avant, quand il se sont vut perdut il nous ont surpris lorsque nous avons etez les attaquez et ne nous ont pas donnez le tamp de nous mettre en bataille. Il se sont jettez sur nous comme des lions furieux. Nous avons etez forcez a recullez. Nous avons battut en retraite pendant quinze lieux ».

Cette lettre est la dernière qui nous reste de Paul Nadaud, et c'est à la fin de cette lettre qu'il nous apprend que l'effectif de son bataillon « Le Vengeur » est réduit de 900 à 150 hommes. Ce bataillon si éprouvé n'en fut pas moins maintenu en Vendée jusque dans les premiers mois de 1794, pour achever la répression de l'insurrection sous les ordres d'un chef ignoble, Turreau, qui « était toujours saoul au point de ne pouvoir se tenir à cheval », et qui devait être, de plus, l'homme sinistre des colonnes infernales.

En mai, le bataillon était ramené à Cognac, réorganisé et, le 10 juillet 1794, envoyé probablement, dit M. Boissonnade, à l'armée des Pyrénées Occidentales.

Il est à peine besoin d'ajouter qu'entre les descendants des Volontaires et ceux des Vendéens de 1793 dont beaucoup ont émigré en Charente il y a une trentaine d'années, il ne reste plus rien aujourd'hui de ces luttes fratricides. Volontaires et Vendéens avaient d'ailleurs une raison de prendre les armes : les uns combattaient pour ce qu'il y a de plus sacré au monde, leurs autels et leurs foyers ; les autres étaient en service commandé.

La levée du 23 août 1793. — C'est encore sur la Vendée que furent dirigés tout d'abord les hommes de 18 à 25 ans levés en exécution de la loi du 23 août 1793. Votée par la Convention sous la menace des dangers extérieurs et intérieurs que courait alors le pays, cette loi fixait à 6 bataillons le contingent que devait fournir la Charente.

Le département en donna 8 ; le district de Cognac, 2, comptant en tout 1423 hommes. Dans le district de Cognac, le canton de Lignières fournit 87 hommes, ainsi répartis : 16 de Lignières, parmi lesquels Pierre et Jean Rondrailh, Jean Biteau, Biteau jeune et Antoine Melquin ; — 9 de Sonneville, parmi lesquels Jean Cristain, François et Jean Ballet, Pierre Pinard, Jacques Coutard, Christophe Dupuy fils ; — 12 de Touzac, parmi lesquels Jean Babin, Pierre Vandesticq ; — 2 de Viville ; — 11 d'Ambleville, parmi lesquels Pierre Martin, Antoine Boujut ; — 2 de Bonneuil ; 16 de Criteuil, parmi lesquels Jean Palaise, Pierre Renaud ; — 3 de La Madeleine, dont un Louis Marchadier ; — 16 de Verrières, parmi lesquels Jean Maugars, Jean Audureau. (1)

Dans la pensée de la Convention, les jeunes gens de la Charente devaient renforcer l'armée des Côtes de la Rochelle. Mais les évènements leur donnèrent une autre destination. Par arrêté du 24 septembre, les représentants du peuple en Vendée, Fayau et Bellegarde, prescrivirent de les envoyer à Niort ; et c'est en exécution de cet arrêté que le district de Cognac prescrivit à son tour que les jeunes gens du canton de Lignières partiraient de Cognac le 3 octobre. (2)

Ils arrivèrent à Niort sans enthousiasme, n'ayant pas le feu sacré des volontaires, mais la résignation des hommes enrôlés de force. Avec leurs camarades du district de Cognac, ils furent organisés en 2 bataillons, et répartis dans les cantonnements de Champdeniers et de Coulonges (Deux-Sèvres). Ils y restèrent 6 mois, en proie aux maladies, au dénuement (on n'avait pas pris le temps de les habiller ni de les armer), à l'oisiveté et aux mauvaises suggestions de la vie de garnison. Il y eut des désertions en si grand nombre qu'un arrêté du Comité de Salut public du 24 pluviôse an II (12 février 1794) ordonna que les hommes de la réquisition de la Charente fussent dirigés sur l'armée du Rhin, à Colmar, après avoir été reconnus aptes au service et équipés au complet. Par suite des dispenses accordées par les Conseils de Réforme pour maladies, infirmités ou services publics, l'effectif des 2 bataillons de Cognac ne fut plus que de 1264 hommes. Un détachement de 261 hommes resta dans la Vendée. Les autres, formant 2 bataillons composés le premier de 483 hommes, le deuxième de 520, reçurent l'ordre de quitter les Deux-Sèvres au milieu d'avril 1794, et, par Ruffec, Poitiers, l'Indre, le Cher, la Nièvre, l'Yonne, la Côte d'Or, le Jura, le Doubs, le Haut-Rhin, arrivèrent, au bout d'un mois et demi de marches, au quartier général de Colmar, où ils furent incorporés dans l'armée du Rhin.

----

(1) Arch. dép. Fonds Révol. L 1118.
(2) Arch. dép. Fonds Révol. L 1174.

Le moral des bataillons s'était amélioré pendant cette marche à travers la France, et les chefs n'eurent qu'à se féliciter de leur discipline et de leur bonne tenue. (1)

Prisonniers de guerre (1794-1795). — Les guerres que la France était alors obligée de soutenir sur toutes ses frontières contre toute l'Europe coalisée eurent pour résultat d'amener dans le pays un certain nombre de prisonniers de différentes nations.

Dans l'été de l'an II (juillet-août 1794), le district de Cognac reçut 400 prisonniers espagnols à répartir entre les communes chez les cultivateurs. Le canton de Lignières en eut 33 pour sa part, ainsi répartis : Lignières, 4 ; Ambleville, 3 ; Bonneuil, 4 ; Criteuil, 5 ; La Madeleine, 1 ; Sonneville, 3 ; Touzac, 6 ; Verrières, 5 ; Viville, 2.

Il y avait aussi en fructidor an III (août-septembre 1795) des déserteurs autrichiens, hongrois, polonais à Touzac, Bonneuil, etc. Et ceux qui étaient chargés des prisonniers de guerre étaient, à Lignières, les citoyens Jacques Joubert, Barthélemy de Plas, Roy, des Collinauds ; à Touzac, Pinot, du Grandmont ; à Bonneuil, Guillaumeau, de Flaville. (2)

Quelques-uns de ces prisonniers restèrent dans le pays et s'y marièrent.

Assignats (1795-1796). — A la fin de cette même année 1795, dans les premiers jours du Directoire, les assignats tombèrent à rien. Les appointements du secrétaire de la municipalité du canton de Lignières, qui avaient été fixés, le 15 frimaire an IV (6 décembre 1795), à 12.000 livres, lui furent payés l'année suivante 300 frs en numéraire. Un assignat de 100 livres ne valait plus que 2 fr. 50.

Aussi les citoyens, s'ils donnaient volontiers de ces assignats à l'Etat pour payer leurs contributions, n'en voulaient-ils plus recevoir de lui. Témoins, les cordonniers, obligés par une loi du 14 ventôse an II (4 mars 1794)

----

(1) Boissonnade : « Histoire des Volontaires de la Charente ».

(2) Arch. dép. Fonds Révol. L 1173.

de fournir chacun deux paires de souliers par décade pour l'équipement des troupes, sous peine d'une amende de 100 livres. La municipalité dut intervenir, et leur enjoindre, le 9 ventôse an IV (28 février 1796), d'accepter le papier-monnaie, et cela, disait-elle, « pour acceleré la marche du gouvernement ». C'était de toute évidence, attendu qu'il s'agissait de chaussures !..

Emprunt forcé (1795). — Pour relever les finances, et rendre aux assignats un peu de crédit en diminuant leur nombre, le Directoire décréta, le 19 frimaire an IV (10 décembre 1795), un emprunt forcé de 600 millions, où les assignats seraient acceptés, mais réduits au centième de leur valeur.

Un état des contribuables soumis à l'emprunt fut dressé par le Département. Le premier tiers de la somme à laquelle on était taxé devait être acquitté le 30 nivôse (20 janvier 1796) ; le second tiers, le 15 pluviôse (4 février). Faute de quoi, on recevait une contrainte du département ; à défaut de paiement dans les 24 heures de la contrainte, il devait être procédé, sans aucune autre formalité, à la saisie et à la vente des meubles.

Le gouvernement n'y allait pas de main morte. De plus, l'état des contribuables dressé par le Département le fut trop à la hâte. Les plaintes et les demandes de dégrèvement affluèrent à la Municipalité qui, après en avoir le plus souvent reconnu le bien-fondé, les renvoya toutes au Département.

Cet emprunt d'ailleurs ne rapporta point ce qu'on en attendait : 8 millions seulement rentrèrent, sur les 600 prévus. Quelques jours après (avril 1796), les assignats furent remplacés par les *mandats territoriaux*, qui n'eurent pas plus de succès.

Arbre de la Liberté (1796). — Pas plus que le papier monnaie, les arbres de la Liberté, plantés naguère dans les communes en souvenir du 14 juillet, n'étaient l'objet de la considération populaire.

A Touzac, le 28 floréal an IV (17 mai 1796), cet arbre, qui était un « chaigne vert », fut cassé « par force, à la hauteur de un pied du rez de chaussée ». En présence d'un pareil délit, la municipalité du canton de Lignières, estimant solennellement qu'elle ne pouvait garder le silence « sans contrevenir aux lois dont elle était l'organe », confia au juge de paix du canton le soin de rechercher les coupables, et invita l'agent et l'adjoint de Touzac « à faire replanter un autre chaigne vert », symbole d'une liberté qui ne devait jamais périr !...

Fêtes républicaines (1796-1799). — On sait à quel prix, pour les républicains de l'époque, cette prétendue liberté avait été achetée : prise de la Bastille (14 juillet 1789), mort du roi Louis XVI (21 janvier 1793), victoires sur les ennemis de la patrie. Si quelques-uns de ces évènements méritaient d'être célébrés, il n'en était pas de même des autres, du 21 janvier par exemple, ni même du 14 juillet, qui n'avaient rien de bien reluisant pour notre honneur national. N'importe ! Aux yeux du gouvernement d'alors, ils avaient tous contribué à donner au peuple la liberté. Il convenait donc que le souvenir n'en fût pas perdu. Ce fut l'origine des fêtes républicaines.

La première dont l'anniversaire s'offrait au Directoire, et qu'il n'avait garde de laisser échapper, était la mort du roi. Dans sa haine de la royauté, et avec une belle imprévoyance, il l'appela : *Fête de l'anniversaire de la juste punition du dernier roi des Français.*

Aux termes de la loi du 21 nivôse an III (10 janvier 1795) qui avait institué cette fête, tous les fonctionnaires du canton : président, officiers municipaux, juge de paix, greffier, assesseurs, notaires, officiers de la garde nationale, et tous ceux qui étaient salariés par la République, devaient se réunir le 1er pluviôse, jour correspondant au 21 janvier, dans le temple dédié à l'Etre suprême, au chef-lieu de canton ; et là, en présence du peuple, déclarer par serment qu'ils étaient sincèrement attachés à la République, et qu'ils vouaient une haine éternelle à la royauté.

En conséquence, le 20 pluviôse an IV (9 février 1796), et non le 1er pluviôse, (on verra tout à l'heure pourquoi), tous les fonctionnaires du canton de Lignières et plusieurs autres citoyens et citoyennes étant à midi précises réunis au chef-lieu, dans la ci-devant église devenue temple décadaire, le président de la municipalité, Dupuy Lépine, monta à la tribune, c'est à dire probablement dans la chaire, donna lecture de la loi du 21 nivôse, et dit : [1]

« Citoyens, nous voicy tous réunis pour cellébrer la juste punition du dernier roy des français. Cette feste quy a eüe lieu dans presque toutte la république le premier de ce mois, mais que nous ne pouvions observer plus tôt, n'ayent reçeu la loy quy l'ordonnait que le quatorze et croyant que l'intervalle jusqu'à aujourd'huy étoit nécessairre pour en prévennir ceux quy devoient nécessairement s'y trouver, fait que nous lavons remise à ce jour ; s'y y avoit le moindre doutte sur la pureté de veaux santimens, je vous retraserais les trahisons de ce parjurre quy ne cherchoit quà nous ramené sous lesclavage, mais connaissant vos praincipes républicains, je me borneray à ce peux de mots : vous, membres de la municipallité, soyez exat à observer les lois, faittes les observer à vos administrés, et dévouez vous entièrement à la choze publique, vous, juge de paix assesseurs et greffiers que la justisse néprouve chez vous ny lenteur, ny partialité, ayez surtout atantion que les frais ne soient pas grossis par la cupidité des huissiers, vous fonctionnaires publicqs, conduisez-vous toujours de manière à ne mérité que des éloges, vous sallariés ou pensionnés de la république, reconnaissez ses bienfaits et méritez sa générosité, et vous officiers de la garde nationalle rapellez vous san cesse que vos frères d'armes ont versé et sont encorre prêts à verser leur sang pour la déffence de la libertté, et sy contre

____

[1] Je cite textuellement, sans rien changer au style ni à l'orthographe.

toutte aparence, elle avait bezoin de vos bras nésitez pas à voller à son secours ; entretenez vos troupes dans cet esprit républicaiu, et maintenez toujours soub les ordre des autorité constîtuée la paix dan l'intérieur, enfin réunissons-nous tous pour ne formé qu'une famille de frères et de républicains ce quy est la même choze : c'est d'aprais ces princippes quy ont toujours gravés dans mon cœur que je jurre de conserver jusqu'à mon dernnier soupir le plus profont dévouement à la république et la plus fortte hainne à la royauté »

Si la parole écrite est la fidèle reproduction de la parole parlée, il faut reconnaître que le serment du président ne manqua pas d'énergie.

Après lui, montèrent successivement à la tribune pour faire le même serment, tous les fonctionnaires présents. Presque tout le monde était là, même l'ancien curé de Touzac, Combret, et l'ancien curé d'Etriac, alors domicilié à Touzac, Blanchard, l'un et l'autre en qualité de pensionnés. Un très petit nombre s'étaient fait porter « absents pour affaires ». Un officier de la garde nationale, « étant au lit, malade », avait quand même tenu à envoyer son serment en ces termes : « Je jurre haine à tous les tirans et aux royaliste, à tous les aristrocatte (*sic*) et atachement à la République ».

Aux citoyens et citoyennes présents, on se contenta de demander un serment collectif. Puis, « le couplet chéry des français » :

> *Faisons tous le serment civique*
> *De n'obéir jamais qu'aux lois ;*
> *Et que jamais la République*
> *Ne subira le joug des rois.*

fut « chanté et rechanté avec la plus vive allégresse », comme cela convenait pour un morceau d'une aussi belle envolée !.. Et la fête se termina par les cris « réitérés » de : Vive la République ! Vive le Directoire exécutif ! Vive le Conseil des Anciens ! Vive le conseil des Cinq Cents ! Vive l'Assemblée législative ! (1).

______

(1) Quelques-uns de ceux qui jurèrent en cette journée n'en devaient pas moins plus tard se montrer de bons serviteurs de la royauté res-

Autre fête républicaine le 10 prairial (29 mai 1796), celle-ci appelée *Fête de la Victoire*, et ordonnée par une loi du 18 floréal précédent.

La municipalité étant réunie avec plusieurs autres citoyens dans le temple de l'Etre suprême, le président Dupuy Lépine monta à la tribune, lut la loi du 18 floréal, et dit avec emphase :

« Citoyens, nous voici tous réunis pour la sélébration dune festé quy fera dans tous les temps l'admiration du monde entier. Elle nous rappelle la coalission de presque tous les despote de Lurope pour ramener les français dans les fers qu'ils venoient de rompre, elle nous rappelle les eforts que les amis de la Liberté ont faits pour conserver sette même Liberté, elle nous rapelle Lardeur avec laquelle nos patriotte se sont enrollés et sont vollés sur nos frontières, elle nous rapelle La valeur avec laquelle ils onts toujours combatu Les esclave des tirans, elle nous rapelle Lespagne et La prusse nous demandant La paix que nous leur avons accordé sous la condition glorieuse quil nous reconnaîtroient comme un peuple libre, elle nous rapelle la conqueste de La holande que, nous navons faite quafain de rendre à se peuple La Liberté quil avait perdue, elle nous rapelle que nos troupe se sont emparé de La Belgique et en ont chassé Les satelites de Lampereur, elle nous rapelle, et ses faits sont tous ressens, que nos troupe viennent d'obliger le Roy de Sardagne et Le duc de parme à nous demander La paix aux condisions que nous voudrons leur imposer. Je ne vous parle citoyens que des faits principaux. Sy jusse entré dans tous les détails qui méritent notre admi-

---

taurée. S'ils furent coupables de déclarer avec serment, par crainte de paraître suspects, des sentiments qui n'étaient pas les leurs, plus coupable encore est le gouvernement qui impose de pareils serments... à moins que la vérité n'ait été dite là-dessus par le duc Pasquier au duc de Broglie : « Un serment politique, qu'est-ce que cela signifie ? C'est aussi bête à demander qu'à refuser. J'en ai prêté quatorze, Monsieur, en suis-je moins considéré ? » Et de fait, ajoute avec bonhomie le duc de Broglie dans ses « Mémoires », « il n'avait pas tout à fait tort, car une grande considération l'entourait ». Le serment politique a été aboli par le décret du 10 septembre 1870.

ration, je nusse jamais fini et suis persuadé quavant que jusse rapellé seux passés, nos armées men eussent fourni de nouveaux, jusse pu vous dire quil a falu à nos troupe une valeur plus quordinaire pour aupérer ce quelle onts faits, surtout daprès La trahison de plusieurs de Leurs chefs et Les troubles intérieur susités par les Royallistes et fanatiques, ce qui a occasionné La malheureuse guerre de La Vendée qui a tant fait périr de monde, et que nous pouvons regarder en ce moment comme terminée grasse à la fermeté des patriote et des gens qui veille sur La République, qui a enfain ouvert les yeux à sette partie de notre territoire et a montré à La presque totalité de ses abitants quils était dans Lereur et se forgaits des fers, je m'adresse actuellement à vous pères mères épouses frères et amis de nos braves républiquains qui ont périt pour La défanse et Laffermissement de La Liberté, La nouvelle de La perte de ses citoyens que vous affectionnez a du vous être très sansible La nature ne peut perdre ses droits, mais que vous avez eut et que vous avez encore de motifs de consollation Les amis de la chose publique partagent vos douleurs Cette perte Les afecte et par le regret de voir périr des bons républicains et par le chagrain de voir enlever à la République ses zélés défenseurs Une autre consollation et que sûrement vous avez faite après un moman de réflection est sette satisfactions que doit éprouver tous bons républicains davoir pu concourir à Laffermissement de sette précieuse Liberté qui est Le principal but de tout bon français. Vous méritez et vous orez toujours par à La reconnoissance de tous vos concitoyens. Que la fête que nous sélébrons ne fasse de nous tous qu'une famille de frère et damis et comme elle est sélébrée aujourd'huy dans toute la république quelle y opose le même eflet quelle ramenne dans Les bon principe Les ennemis de La chose publique sil en existet encore, quelle engage ceux qui ont déserté de nos armée a se rendre et à expier Leurs honte par Leur dévouement à La cause commune sest le moyen de nous faire obtenir promtement une paix glorieuse Livrons nous tous citoyens à sette joye que Le bonheur de notre patrie nous inspire et commansons nos champs dalégresse par Le

couplet chéri des français : Faisons tous le serman civique
de nobéir jamais quau Loix et que jamais La république
ne subira le joug des roys. »

La fête se termina par « plusieurs autres couplets qui
luy était analogue » et par une danse « fraternelle » qui
dura jusqu'à la nuit. On comprend qu'après la harangue
présidentielle, les citoyens aient éprouvé le besoin de se
divertir !..

Le 1er vendémaire suivant (22 septembre 1796) ramenait
l'anniversaire de la Fondation de la République (22
septembre 1792). Le Directoire, par une loi du 29 thermidor précèdent (16 août 1796), avait ordonné une fête
à cette occasion ; et un arrêté du Département du 13
fructidor (30 août) en avait fixé le programme.

En conséquence, les membres de la municipalité se
rendirent « en corps » du lieu ordinaire de leurs séances
(le ci-devant presbytère) au temple dédié à l'Etre
suprême, où se trouvaient déjà plusieurs citoyens et
citoyennes. Puis, selon toujours le même cérémonial, le
président Dupuy Lépine monta à la tribune, lut la
Déclaration des droits et devoirs qui précèdent la
Constitution de l'an III, et ajouta, un peu plus bref que
de coutume, mais toujours grandiloquent :

« Citoyens et citoyennes nous cellebrons aujourd'huy
laniversaire de la République. Cette feste nous rapelle
labolition des préjugés, elle nous rapelle que nos
chaîne ont esté totalement rompue à cette époque, elle
nous rapelle que ce naist véritablement que lors de
la fondation de la république que nous sommes véritablement rentrés dans les droits de citoyens. Je viens de
vous lais lirre ces droits quy sont les mêmes pour tous Il
nest plus question a prézant de ces privilèges abusifs quy
randent les uns despotte et les autres esclave Oublions
ces temps dorreur et tout en nous félisitent de ses aboli-
tions noublions-pas nos devoirs ces devoirs nous obligent
à maintenir la tranquillité dans notre canton, à ramener
ceux de nos frères quy momantanément pourroient donner
dans quelque erreur et surtout à les ramener par la

persuasion Enfin citoyens et citoyennes que ce jour soit pour nous le termme de labolition de toutte hainne, de toutte animosité et lépoque de lunion quy doit reigner parmy des républicain. »

Ce discours, dit le procès-verbal, fut « suivy de plusieurs himme et chanson patriotique » parmi lesquelles retentit sans doute « le couplet chéry des Français ! »

Cette fête de la Fondation de la République fut aussi célébrée les années suivantes, mais avec moins de solennité, comme si la ferveur républicaine allait s'affaiblissant avec le temps.

Le 21 janvier 1797 passa sans qu'on éprouvât le besoin de le commémorer. Du moins, il n'en fut pas dressé de procès-verbal.

Mais au mois d'avril, s'ouvrirent en Autriche les préliminaires de Léoben, qui devaient, six mois après, devenir le traité de Campo-Formio, et consacraient les victoires de l'armée d'Italie, commandée par Bonaparte. L'étoile de ce jeune général de 27 ans montait à l'horizon. Nul plus que lui ne donnait alors de gloire à la République. Autant donc par reconnaissance que par orgueil de voir un de ses plus puissants ennemis demander grâce, le Directoire ordonna de célébrer *une fête en l'honneur des Préliminaires de la Paix avec l'Empereur*.

Cette fête eut lieu à Lignières le 9 prairial an V (28 mai 1797). La municipalité, se mettant encore plus en frais qu'à l'ordinaire, avait fait écrire « au citoyen Texier la pègerie, comme pouvant par la supériorité de sa musique donner un plus grand éclat d'enthousiasme et d'allégresse à ladite fête », et au citoyen Servant, chef de bataillon, pour l'inviter à faire mettre la garde nationale sous les armes.

Le jour venu, on se rendit, à 10 heures du matin, « au temple de décade, où estoient déjà réunis nombre de citoyens et citoyennes et la garde nationale sous les armes ». En l'absence du président, le secrétaire, Jean Jude Joubert, fit le discours ; mais, modeste, ne crut pas devoir le faire passer à la postérité. Il se contente de dire qu'il en a donné lecture, ainsi que de celui du citoyen Caminade, membre du Département; puis, « après avoir fait sentir autemp quil estoit en luy la joye que doit inspiré la célébration de cette feste », il chanta... le couplet chéri des Francais, qui fut à plusieurs reprises répété par la garde nationale. et les citoyens et citoyennes présents.

Après avoir ainsi chanté il fallut boire. Il y eut donc un « banquet fraternel » ; et, pour terminer la fête, une danse qui dura jusqu'à la nuit.

Cette joie patriotique devait être, quelques mois après, assombrie par un deuil. Au cours de cette même campagne contre l'Empereur, mourait presque subitement sur le Rhin, le 19 septembre, un jeune général qui, comme Bonaparte, faisait grand honneur à la République. et lui donnait les plus belles espérances. Aussi sa mort fut-elle décrétée deuil national, et une *fête funèbre en l'honneur du général Hoche* ordonnée dans toute la République pour le 30 vendémiaire.

Elle ne fut célébrée à Lignières que le 10 brumaire (31 octobre 1797), la municipalité ayant reçu trop tard l'arrêté du Département qui ordonnait cette fête.

Ce jour-là, à midi, la municipalité étant réunie « dans le temple dédié à l'estre suprême », le président monta à la tribune, lut la loi du 6 vendémiaire fixant cette fête, énuméra toutes les obligations que la République avait à ce général qui, de caporal aux gardes françaises, était parvenu aux premiers grades, « ce quy est un bel exemple et un grand encouragement pour tous les républicains », et termina son discours en faisant remarquer aux citoyens présents « combien le vinqueur de Quiberon et le passificateur de la Vendée méritait nos regrets ».

Le président n'avait pas tort de représenter ainsi le général Hoche. C'est lui en effet qui eut l'honneur de pacifier la Vendée. Il y réussit grâce à sa modération, à sa douceur, et aux principes chrétiens dans lesquels, orphelin de bonne heure, il avait été élevé par un oncle curé de Saint Germain en Laye.

Mais les citoyens présents à cette fête funèbre ne devaient pas être bien nombreux. Le procès-verbal parle seulement de « plusieurs habitants du canton ». Les membres de la municipalité eux-mêmes brillaient par leur absence. On ne relève, avec la signature du président, que celle des agents de Lignières et de Bonneuil.

Le 2 pluviôse suivant (21 janvier 1798) était *l'anniversaire de la mort du roi*. La phobie royaliste ayant repris le Directoire, cet anniversaire ne pouvait pas ne pas être célébré. Mais le procès-verbal se contente de dire que tous les fonctionnaires présents prêtèrent le serment individuel de haine à la royauté et à l'anarchie, de fidèlité et d'attachement à la République et à la Constitution de l'an III.

Il n'en fut pas de même l'année suivante (2 pluviôse an VII-21 janvier 1799). C'était la dernière fois que devait être célébrée une fête plutôt pénible à tout bon Français, et que Bonaparte lui-même, pourtant peu suspect de sympathie pour la royauté, s'empressa d'abolir après le coup d'Etat du 18 brumaire. Comme s'il prévoyait cela, et surtout parce que la fête lui fournissait l'occasion de dénoncer certains abus, le président Dupuy Lépine avait soigné particulièrement son discours. Après donc avoir essayé de légitimer cette fête — ce qui semble bien prouver qu'elle ne jouissait pas tant que ça de la faveur populaire ! — il continua — et avec quelles précautions oratoires ! — :

« Mais citoiens, prenez-y garde, vous avez entandut l'imprécation contre les parjures, seriez-vous quelques uns de ce nombre je ne le croy pas, il seroit cepandant parjurre le fonctionaire quy ne donneroit pas à la chose publicque tout le tans et les soins quelle demande de luy ou agirait avec partialité, il seroit parjurre le militaire quy abandonneroit sans permition légalle le poste dhonneur auquel il avoit été apellé et quy niroit pas le reprandre de suitte ; il seroit parjurre tous ceux quy ne payeroient pas exatement leurs contributions, puisquil entraveroit par là la marche de la Révolution ; mais, citoiens, évitons la rechutte et sy nous avons eu ce malheur de ne pas remplir exactement nos emplois jusqu'à ce moment, que lavenir prouve notre saincérité ».

Et en prêtre du nouveau culte qui n'a pu se défaire des formules de l'ancien entendues naguère, il termina par cette adjuration :

« Et toy être suprême quy protège la république française dunne magnière sy visible, daigne nous fairre la grâce de remplir exatement lengagemant que nous alons prandre. Cest en ta présance et avec ses santimens de la plus intimme conviction que je jurre haine à la royauté et à lanarchie, et antier dévouement à la répu-publique et à la Constitution de l'an trois. »

Après lui, montèrent à la tribune et firent le même serment les fonctionnaires présents, lesquels étaient d'ailleurs beaucoup moins nombreux que la premiêre fois. Puis, la fête se termina, comme toujours, par des chants patriotiques, des jeux et des danses.

Entre temps, le 26 messidor an VI (14 juillet 1798), chaque commune du canton avait célébré « la fête mémorable » du *14 Juillet*.

Dans chaque commune aussi, et par conséquent avec moins de solennité qu'au chef-lieu dé canton, bien que la garde nationale y eût été convoquée, fût célébrée, le 30 ventôse an VII (20 mars 1799), la *fête de la Souveraineté du peuple*.

A la même époque, avaient lieu aussi des *fêtes civiques*, destinées à élever (!) l'esprit du peuple, telles que la fête de la Jeunesse, des Epoux, de la Reconnaissance, de la Vieillesse. On ne trouve trace à Lignières que de la fête des Epoux et de celle de la Vieillesse. Et encore le compte-rendu en est-il vite expédié, comme le fut sans doute la fête elle-même.

La *fête des Epoux* eut lieu au chef-lieu de canton le 10 floréal an VI (29 avril 1798). Le président y fit un discours

« relatif à cette fête », et elle se termina.... par des chansons patriotiques et des danses.

Fêter la Vieillesse au chef-lieu de canton n'offrait sans doute pas le même intérêt, ni d'ailleurs la même facilité. Comment y réunir les héros de la fête, quand ils en étaient la plupart éloignés de plusieurs kilomètres ? N'auraient-ils pas déjà assez de peine à se rendre au chef-lieu de leurs communes respectives ? L'Administration arrêta donc que cette *fête de la Vieillesse* serait célébrée dans toutes les communes du canton le 10 fructidor an VII (27 août 1799) et laissa à l'agent et à l'adjoint de chaque commune le soin de faire exécuter cet arrêté.

Reprise de la persécution contre les prêtres et les nobles (19 fructidor an V - 5 septembre 1797).— Comme on a pu le remarquer, ce qui revient le plus souvent dans les discours prononcés à l'occasion de ces fêtes, c'est, avec les mots de « République » et de « républicain », cet autre mot sacro-saint de « Liberté. »

Mais on avait beau répéter jusqu'à satiété au peuple qu'il était libre. Les faits trop souvent démentaient ces belles paroles.

Libres, les citoyens ne l'étaient point. Parmi eux, deux catégories surtout, les émigrés et les prêtres déportés rentrés en France, se voyaient, au lendemain du Coup d'Etat du 18 fructidor, de nouveau menacés des peines les plus sévères. Un état nominatif de ces « individus » (*sic*) devait être dressé par les municipalités cantonales. S'il ne s'en trouvait aucun dans le canton, on n'en devait pas moins faire un état négatif qui serait envoyé au Département.

Ce fut le cas pour Lignières. La loi du 19 fructidor n'y changea donc pas grand'chose. Elle nous valut seulement un violent et grossier réquisitoire du Commissaire contre « ces vils suppôts de l'imbécile Louis XVIII. »

Visites domiciliaires (18 thermidor an VI — 5 août 1798). — Il n'y avait pas de ces « individus » à Lignières. Il fallait cependant en trouver. Ainsi décida une loi du 18 messidor de l'année suivante (6 juillet 1798.)

Y mettant toute la bonne volonté possible, l'Administration municipale du canton de Lignières, après avoir constaté « qu'il n'existe point de maisons suspectes dans le canton », ajoute, sans avoir peur de se contredire, « que si quelques-unes pouvaient être considérées comme telles dans les circonstances dont s'agit, ce ne serait que celles où il y a des parents d'émigrés ou chez ceux qui ont passé pour leurs agents. » Et elle arrête que le 18 thermidor, à 8 heures, les agents et adjoints de chaque commune, accompagnés de quelques gardes nationaux, procéderont à des visites domiciliaires, ainsi qu'il suit : « à Bonneuil, dans la maison de Flaville, Lenchère et Fé la Rambeauderie ; à Sonneville, dans celle du citoyen Fétis, ex-curé ; à Ambleville, dans celle du citoyen Roy, fermier ; à Verrières, dans celle du citoyen Pelletan, de chez Loizeau ; à Criteuil, dans celle du citoyen Durocq ; à La Madeleine, dans celle du citoyen Gallenon, fermier, et Roy fils, de chez Guibon ; à Lignières, dans celle du citoyen de Plas et la veuve d'Auzy ; à Touzac, dans celle du citoyen Texier la Pègerie et le Puy de Neuville. »

Viville était donc la seule commune du canton qui ne fût pas un repaire de suspects ! Heureuse commune, mais qui ne connaissait probablement pas son bonheur !..

Police intérieure des communes. — Les simples citoyens eux-mêmes étaient soumis à une surveillance des plus minutieuses. Des règlements de police faisaient défense aux auberges, cabarets, maisons de jeux, de recevoir à coucher aucun étranger ou voyageur hors de son canton sans qu'il eût inscrit sur un registre coté et parafé par l'agent ou l'adjoint de chaque commune son nom, son domicile ordinaire, le lieu d'où il venait, où il allait. Ordre était donné aux agents et gardes nationaux des communes de visiter ces maisons, de leur faire tenir les registres indiqués, de traduire devant le juge de paix tout inconnu voyageant hors de son canton sans passeport, etc.. Et l'on était en liberté !..

Cela se verra mieux encore, quand on aura parlé du culte décadaire.

Culte décadaire. — Ce culte était destiné, dans la pensée de la Révolution devenue foncièrement antichrétienne, à remplacer le culte catholique.

Non contente d'avoir chassé les prêtres, fermé les les églises, débaptisé les nombreuses communes de France qui portaient des noms de saints, la Révolution, pour achever son œuvre de laïcisation et faire disparaître, comme on disait alors élégamment, « le préjugé de l'ancien calendrier », avait imaginé un calendrier nouveau, le *calendrier républicain*, qui fut en vigueur depuis le 1ᵉʳ vendémiaire an II (22 septembre 1793) jusqu'au 10 nivôse an XIV (31 décembre 1805).

D'après ce calendrier, l'ère nouvelle commençait le 22 septembre 1792, jour où la royauté avait été abolie. L'année était divisée en 12 mois de 30 jours. Comme il restait encore 5 jours pour finir l'année, 6 dans les années bissextiles, on les appela « jours complémentaires ». Les noms des mois, empruntés aux saisons, étaient :

Pour l'automne,
Vendémiaire (mois des vendanges, 22 sept.-22 oct.)
Brumaire (mois des brumes, octobre-novembre)
Frimaire (mois des frimas, novembre-décembre) ;

Pour l'hiver,
Nivôse (mois des neiges, décembre-janvier)
Pluviôse (mois des pluies, janvier-février)
Ventôse (mois des vents, février-mars) ;

Pour le printemps,
Germinal (mois des germes, mars-avril)
Floréal (mois des fleurs, avril-mai)
Prairial (mois des prairies, mai-juin) ;

Pour l'été,
Messidor (mois des moissons, juin-juillet)
Thermidor (mois des chaleurs, juillet-août)
Fructidor (mois des fruits, août-septembre).

Chaque mois était à son tour divisé en trois périodes de dix jours, ou décades. La décade remplaçait la semaine. Les jours de la décade étaient simplement appelés par leur numéro d'ordre. Le dixième ou décadi, remplaçait le dimanche : c'était le jour de repos, le jour de fête obligatoire. Les noms de saints étaient remplacés par des noms d'animaux, de légumes, d'instruments, etc.. Le rapporteur de la loi instituant ce nouveau calendrier n'avait-il pas, dans un jeu de mots dont l'esprit n'échappera à personne, déclaré que « la nation, après avoir chassé de son calendrier cette foule de canonisés, ces squelettes béatifiés, devait y retrouver à leur place le digne objet sinon de son *culte*, du moins de sa *culture* » ?.. Le caléndrier républicain commençait donc ainsi :

Vendémiaire

1. Primidi. Raisin (vieux style, 22 septembre St Maurice)
2. Duodi. Safran
3. Tridi. Châtaigne
4. Quartidi. Colchique
5. Quintidi. Cheval
6. Sextidi. Balsamine
7. Septidi. Carotte
8. Octidi. Amarante
9. Nonidi. Panais
10. Décadi. Cuve

Comme on le voit, ce calendrier laissait bien loin derrière lui l'ancien. Il constituait une réforme radicale... sur le papier ! Il ne restait plus qu'à le faire passer dans les mœurs. Ce n'était pas chose facile. On ne change pas, d'un trait de plume, les habitudes séculaires de tout un peuple. La municipalité du canton de Lignières, comme les autres municipalités, allait s'en apercevoir. Mais en même temps, l'application du nouveau calendrier allait donner lieu à toute une série de mesures tyranniques, qui durent inspirer au peuple des réflexions amères sur la prétendue liberté dont il jouissait, et lui faire regretter le temps où il vivait sous l'ancien calendrier.

Une des premières mesures prises par la municipalité fixa la tenue des *foires* et marchés. Dans une des communes du canton, Ambleville, se tenait depuis longtemps, le troisième mercredi du mois, une foire « très bonne pour le bétail ». De mercredi, il ne devait plus être question. C'est pourquoi la municipalité arrêta, le 19 nivôse an VI (8 janvier 1798), que les jours de foire d'Ambleville seraient à l'avenir tous les octidis de la troisième décade de chaque mois, et le marché, tous les octidis.

Plus encore que des foires, il convenait de changer la date des *frairies*. Ces fêtes populaires n'avaient-elles pas lieu en effet le dimanche?.. Or, il ne fallait plus entendre parler de ce jour de la semaine, dont le seul nom, à cause de sa signification religieuse, devait être en abomination à tout bon républicain de ce temps-là.

« Prenant donc en considération la nécessité de faire disparaître les vestiges et préjugés de l'Ancien Régime, et de les remplacer par un rétablissement (*sic*) républicain », la municipalité arrêta, le 7 ventôse an VII (25 février 1799), que « les danses publiques connues sous le nom de fréries » se tiendraient aux dates suivantes : à Lignières, les 30 thermidor et 30 fructidor, car Lignières avait alors deux frairies qui tombaient le dimanche après les Notre-Dame d'août et de septembre ; — à Touzac, les 30 prairial et 20 thermidor, car il y en avait aussi deux, qui étaient le dimanche après la Saint Médard et le 10 août ; — à Bonneuil, le 20 messidor, au lieu du 29 juin ; — à Sonneville, le 20 prairial, au lieu du dimanche de la Trinité ; — à Ambleville, le 10 floréal, au lieu du 30 avril ; — à Criteuil les 10 messidor et 20 fructidor, car il y en avait deux, qui étaient le dimanche après la Saint Jean-Baptiste et la Saint Vivien ; — à La Madeleine, le 10 thermidor, au lieu du dimanche après la Sainte Madeleine ; — à Verrières, le 20 floréal, au lieu du dimanche après le 3 mai ; — à Viville, les 10 et 30 messidor, car il y en avait deux, qui étaient le dimanche avant la Saint Jean-Baptiste, et l'autre trois semaines après.

Les frairies devaient donc se tenir désormais le *décadi*. Il s'agissait en effet de faire bénéficier ce jour des divertissements profanes attachés au ci-devant dimanche, et d'en faire le *jour de fête* du nouveau calendrier. Pour atteindre ce but, rien ne fut négligé de ce qui pouvait être considéré comme un élément de fête républicaine. Tout d'abord, ce jour-là, à 10 heures, la municipalité devait se rendre « en costume » au temple décadaire pour y donner lecture des lois. Comme cette lecture n'était pas d'un intérêt palpitant, on prétendit plus tard rendre le décadi plus intéressant en y célébrant les mariages, et en y lisant les actes de naissance, de divorce, de décès enregistrés pendant la décade. Cette innovation n'ayant encore qu'un médiocre succès, on finit par requérir la garde nationale en menaçant des tribunaux les gardes nationaux qui ne se trouveraient pas à leur poste à l'heure indiquée.

En dépit de toutes ces mesures où se voyait un singulier mélange de la manière douce et de la manière forte, et malgré tous les atours dont on s'ingéniait à le parer, le jeune décadi n'avait point l'heur de plaire à tous. Le vieux dimanche lui faisait encore une concurrence redoutable. Le 15 floréal an VII (4 mai 1799) la municipalité constate — ô douleur ! — que « quelques individus mal intentionnés se sont permis, les jours ci-devant dimanches ou fréries, de se livrer à des jeux, danses ou rassemblements publics ».

Jour de fête, le décadi devait être aussi *jour de repos*. La municipalité, donnant l'exemple, décida, le 16 nivôse an VI (5 janvier 1798), qu'elle ne s'assemblerait les jours de décade que dans des cas très extraordinaires; que les jours de séance d'obligation seraient à l'avenir tous les nonidis; puis, le 16 fructidor suivant (2 septembre 1798), que ces séances se tiendraient tous les duodis et septidis.

Mais cet exemple ne fut point suivi. Nombreux étaient les citoyens qui se permettaient de travailler le décadi comme un jour ordinaire.

Le peuple, décidément, ne comprenait pas son bonheur. Alors, on résolut de le rendre heureux malgré lui. On organisa des *patrouilles*.

Le 17 vendémiaire an VII (8 octobre 1798), le Commandant de la garde nationale est chargé par la municipalité de donner des ordres aux capitaines du canton pour que, le jour de la prochaine décade, ils commandent, dans leurs compagnies respectives, 4 fusiliers et un officier qui feront la visite de leur commune. S'ils trouvent des citoyens qui n'observent pas le décadi, ils en dresseront procès-verbal. Toutefois, la municipalité veut bien faire preuve de modération (!) et, se rappelant sans doute le mauvais effet produit par les visites domiciliaires du 5 août précédent, elle daigne ajouter qu'ils « n'entreront point dans les maisons, pour éviter les reproches qu'il serait possible qu'on leur fît ». Le soir venu, l'officier se rendra chez l'agent de la commune pour lui rendre compte du résultat de ses tournées. Celui-ci à son tour rendra compte à l'Administration municipale ; et la garde nationale continuera ses visites jusqu'à ce que l'Administration soit « parfaitement assurée » de l'observation de la loi sur les décades.

Cinq mois après, le 17 ventôse an VII (7 mars 1799), la municipalité, « considérant que les patrouilles n'ont presque point trouvé, ou peu de violateurs des décades ; que de les prolonger, ce serait fatiguer inutilement la garde nationale ; que, vu le civisme des habitants du canton, la surveillance des agents et adjoints suffit », rapporte son arrêté du 17 vendémiaire.

La municipalité se faisait, ou, par crainte de sévir, cherchait à se faire illusion. En réalité, les décades n'étaient pas observées. Sur un nouveau réquisitoire du Commissaire, qui déclara « qu'aucun des violateurs ne serait reçu à excuse » et qu'il ne pardonnerait « pas même son frère », la municipalité ne craignait pas, le 27 ventôse (17 mars), d'inviter les citoyens à lui dénoncer les violateurs des décades.

C'était l'odieuse *délation* employée comme moyen de gouvernement... la porte ouverte à toutes sortes d'abus.

Ils ne tardèrent pas à se manifester.

Le 17 germinal (6 avril), sont dénoncés quatre citoyens de Bonneuil, dont un domestique ; et cinq de Sonneville, dont deux domestiques et deux servantes. La municipalité se remet au Commissaire, qui paraît y tenir, du soin « de réprimer les auteurs de pareilles contraventions » ; et, le 2 floréal (21 avril), elle ordonne la reprise des patrouilles les jours de décades.

Le 11 floréal (30 avril), nouvelles dénonciations, qu'on veut bien, cette fois, nous exposer en détail, car vraiment la chose en vaut la peine !...

Ce jour-là, le citoyen Jacques Imbert fils se présenta « à la barre », et ayant « demandé et obtenu la parole », dit que sa femme avait été ou devait être dénoncée pour avoir, la dernière décade, lavé des drapeaux de son enfant ! Puis, d'accusé se faisant accusateur et frappant à la tête, il ajouta qu'elle « n'était pas la seule contrevenante aux lois à cet égard, que les domestiques du citoyen Dupuy Lépine président avaient travaillé toute la journée dans son jardin et cour », et qu'il en offrait la preuve.

A quoi le citoyen Dupuy Lépine président ne crut pas inutile de répondre le lendemain, après enquête ;

« Je soussigné, pour répondre à la dénonciation ci-dessus. déclare questant en permanence à l'Administration, j'ignorais ce qui sestoit fait chez moi, et y estant rendu, on me dit, daprès les questions que je fis, quon n'y avoit fait aucun ouvrage, ayant réitéré mes interogations, on m'avoua quon avait planté dans le jardin avec un piquet quelques pieds de choux et quelques laitues et quoique cet ouvrage ait été fait dans un terrain clos, je le reconnois contraire aux lois, et comme garent des faits de mes domestiques, je consens quil soit rendu contre moi un jument *(sic)* de condemnation sans quil soit besoin de me donner de sédulle et promets me rendre à la première audiance ».

Les dénonciations continuèrent jusqu'en brumaire an VIII (octobre 1799). Un tel avait été vu, un jour de décade, taillant sa vigne ; un autre, labourant ; d'autres, charroyant. Pour tous, la municipalité arrête qu'ils seront poursuivis conformément aux lois. Or, les lois allaient jusqu'à punir les délinquants de 10 jours de prison et 300 francs d'amende.

Et voilà où l'on en était arrivé, avec le repos obligatoire du décadi !... L'Eglise n'avait jamais été aussi sévère avec son dimanche ; et il se trouve que l'époque où l'on parla le plus de liberté fut aussi celle où l'on en eut le moins.

La municipalité voulut bien cependant, au temps des fauches, le 21 prairial an VII (9 juin 1799), faire fléchir les principes républicains, et autoriser les citoyens du canton, vu l'urgence, à faner et à rentrer leurs foins les jours de décades. Mais -- ô tolérance ! — seuls devaient bénéficier de cette autorisation ceux qui auraient coupé ou couperaient leurs foins les jours ci-devant dimanches ou fériés. Quand à ceux qui se permettaient ces jours-là de se reposer, ils ne méritaient pas que la République s'intéressât à leurs foins. Elle aurait plutôt dit : « Foin de tous ces fanatiques »!..

Emprunt forcé (1799). — Les citoyens devaient encore voir une atteinte faite à leur liberté dans les mesures qui furent prises par le Directoire pour faire face à une deuxième coalition que ses imprudences venaient d'armer contre la France. Les hommes et l'argent lui manquaient. Pour avoir de l'argent, il fit un nouvel emprunt forcé de 100 millions. Voici en quels termes délicats (!) les citoyens d'alors se virent taxés :

« Citoyen (un tel), en exécution de la loi du 19 thermidor an VII, et de l'état dressé par le jury du Département, vous verserez, pour votre taxe à l'emprunt de cent millions, dans la caisse de mon préposé à Cognac, la somme de ... savoir, un sixième dans les 10 jours, un second sixième dans le mois, et les 4 sixièmes restans, par quart, de 2 en 2 mois, à compter du 1er vendémiaire prochain. A défaut de payer chacune de ces sommes à chacune des échéances ci-dessus, vous recevrez une contrainte ; et à défaut de paiement dans les 5 jours de la contrainte, le séquestre sera mis sur vos biens, et l'expropriation poursuivie jusqu'à dûe concurrence ; et à défaut de propriété suffisante pour assurer l'acquittement de cette cote, vous y serez contraint par corps, et poursuivi conformément aux lois existantes ».

Pour avoir des soldats, le Directoire décréta (loi du 3 vendémiaire an VII — 24 septembre 1798) que tout Français sans exception serait astreint au service militaire de 20 à 25 ans, et fit immédiatement procéder à une levée de 200.000 hommes.

Désertions. — Les conscrits du canton levés en exécution de cette loi partirent de Lignières le 28 frimaire an VII (18 décembre 1798), à 7 heures du matin, pour se rendre à Angoulême sous la conduite du citoyen Jean Jacques Joubert, ci-devant adjudant-major.

Ils étaient loin d'être au complet. Quelques-uns avaient été exemptés par un jury de 5 membres choisis par la municipalité parmi les pères de famille « les plus âgés, les plus probes, les plus en état de juger », auxquels avait été adjoint, « pour éclairer leur religion sur l'état d'invalidité des conscrits », un officier de santé : Roy, des Collinauds, d'abord ; Goy, de Barret, ensuite.

D'autres refusaient de partir. La conscription n'était pas, comme aujourd'hui, entrée dans les mœurs. Elle rencontrait un peu partout des résistances nombreuses et tenaces.

Déjà, en 1793, nous avons vu des hommes de la première réquisition déserter en masse. En 1796, il y en avait encore dans le canton qui se disaient malades ou en congé dans leurs familles. Ils étaient même assez nombreux pour que la municipalité leur enjoignît, le 26 pluviôse an IV (15 février 1796), de se rendre à Lignières le 2 ventôse suivant (21 février) pour faire viser leur congé et prendre des feuilles de route à destination de leur corps, ou un billet d'hôpital. Faute de quoi, ils seraient livrés à la gendarmerie de Châteauneuf, et punis comme déserteurs. Même avertissement le 23 ventôse (13 mars).

En dépit de ses avertissements, la municipalité constatait, le 30 ventôse (20 mars), que plusieurs volontaires, après avoir pris une feuille de route ou un billet d'hôpital, n'étaient point partis, et que les gendarmes de Châteauneuf n'en avaient arrêté aucun dans leur tournée. Elle s'en remit alors à la garde nationale. Ordre fut donné au Commandant de la garde nationale du canton et au capitaine de la garde nationale de Verrières de se rendre « de suite » au domicile des « volontaires réfractaires » *(quelle alliance de mots !)* et de leur signifier que si, sous deux jours, les bien portants ne prenaient pas de feuilles de route pour leurs corps respectifs, et les malades, un billet d'hôpital pour Angoulême, la garde nationale de leur commune irait les prendre chez eux pour les conduire, les bien portants à la gendarmerie de Châteauneuf, les malades à Angoulême. Les parents ou amis qui leur donneraient asile seraient punis, aux termes de la loi, de

6 mois de prison au moins. La municipalité décidait de siéger en permanence jusqu'à ce que tous les volontaires fussent partis ; et elle nomma, pour les visiter, deux officiers de santé : les citoyens, Roy, des Collinauds ; et Alexandre Jolly, de chez Merlet, en Verrières.

Malgré tout, il y avait encore au 26 floréal (15 mai) des militaires absents de leur corps ; et nous avons entendu le président Dupuy Lépine y faire allusion dans son discours de la Fête de la Victoire le 29 mai 1796.

En 1798 et 1799, les faits de 1793 et 1796 se renouvelèrent. Le président y fait encore allusion dans son discours du 21 janvier 1799. Mais on allait trouver le moyen d'y mettre ordre.

Garnisaires (1799). — Les conscrits qui refusaient de partir furent recherchés par la gendarmerie de Barbezieux, et gardés à Lignières, tout le temps que durèrent les recherches, par un piquet de la garde nationale qui devait être relevé toutes les 24 heures. Les détenus étaient enfermés dans la ci-devant sacristie. Il leur était délivré toutes les 24 heures par le citoyen Biteau, sous la surveillance du secrétaire de la municipalité, une bouteille de vin, deux livres de pain et une livre de viande. Quant aux gendarmes, ils étaient logés par les soins des agents et adjoints des communes chez les parents des soldats qui refusaient de partir.

Au mois de brumaire de l'année suivante (octobre-novembre 1799), il y eut encore des soldats qui revinrent, abandonnant leur corps. La municipalité établit de nouveau chez eux des garnisaires, à raison de 3 fr. par jour. L'effet de cette mesure ne se faisait ordinairement pas attendre : ou le fils partait ; ou, quand il s'obstinait, c'était le père lui-même, comme cela se vit à Criteuil, qui offrait de partir à sa place, pour être délivré des garnisaires !

En somme, ce que certains manuels laïques de nos jours devaient tant reprocher à l'Ancien Régime : l'installation de garnisaires chez les sujets récalcitrants, la 1re République le faisait aussi, et y trouvait son compte.

- 183 -

Coup d'Etat du 18 brumaire (9 novembre 1799). —
A cette époque, eut lieu le coup d'Etat qui marquait
l'avènement de Bonaparte. On eut généralement l'im-
pression que quelque chose de grave se passait. La
municipalité cependant voulut se persuader que les
mesures prises par le Conseil des Anciens étaient conformes à la Constitution de l'an III, et ne tendaient «qu'à
l'affermissement et au bonheur de la République »; et
elle invita tous ses concitoyens « à demeurer dans la plus
parfaite tranquillité ». Mais tranquille, l'était-elle autant
qu'elle voulait bien le dire?. Il est permis d'en douter,
quand on la voit dater cette même séance, du « 26 brumaire an VIII de la République française une et indivi-
sible et *impérissable* ». Aurait-elle pour la première fois.
senti le besoin d'ajouter cette note aux deux autres, si
elle n'avait pas cru la République menacée dans son
existence ?...

De fait, une nouvelle Constitution, dite Constituton de
l'an VIII, était, quelques jours après, élaborée, présentée
à l'approbation du peuple français, et acceptée par trois
millions de suffrages contre un million cinq cent mille.
Et le 7 ventôse an VIII (26 février 1800), dans une de ses
dernières réunions, la municipalité dut, avec tous les
fonctionnaires du canton, prêter le serment exigé par la
loi du 21 nivôse précédent. La formule du serment, toute
simple, était : « Je jure fidélité à la Constitution de l'an
VIII » ; et la cérémonie se fit, non plus à l'église, mais au
lieu ordinaire des séances de la municipalité. Bonaparte
s'appliquait visiblement à ne blesser personne, à récon-
cilier les Français entre eux. C'est à cela, non moins qu'à
ses succès militaires, qu'il dut sa popularité. (1)

---

(1) Toutes les notes précédentes sur cette période de notre histoire
locale (1795-1800) sont extraites d'un Registre des Délibérations de la
Municipalité Cantonale de Lignières trouvé dans les papiers de famille de Mlle Anna Gautier, et obligeamment mis à ma disposition
par un des héritiers, M. Masson, maire de Touzac.

Proclamation de la paix (12 avril 1801). — Ce qui l'accrut encore, ce fut la proclamation des Consuls relative à la paix qui fut signée à Lunéville le 9 février 1801 et mettait fin à la 2ᵐᵉ coalition.

Le peuple des campagnes, se croyant enfin sorti des guerres et du chaos de la Révolution et se sentant gouverné par un maître, accueillit cette proclamation avec des transports de joie.

Le maire et l'adjoint — Lignières étant redevenue simple commune — avisèrent aussitôt de l'heureux évènement le capitaine de la garde nationale, le citoyen Jean Jacques Joubert, et invitèrent tous leurs administrés à se rendre au chef-lieu le dimanche 22 germinal an IX (12 avril 1801).

Le jour venu, à 10 heures du matin, le capitaine Joubert fit mettre les citoyens sur les rangs, et l'on entra dans l'église, derrière le maire et l'adjoint qui, étant montés « à la tribune », donnèrent lecture de la proclamation des Consuls. Cette lecture fut accueillie par les cris de : « Vive la République et le gouvernement de Bonaparte ! » Puis, la foule étant sortie, la garde nationale, sous le commandement de son capitaine, « fit plusieurs charges » ; les cris reprirent et la fête se termina par de joyeux divertissements.

Levées extraordinaires (1813). — L'illusion fut de courte durée.

Déjà Napoléon perçait sous Bonaparte. [1]

La guerre recommença. L'épopée impériale, tout en couvrant de gloire nos drapeaux, finit par épuiser le sang de France et lasser les courages. Pour échapper aux levées extraordinaires de 1813, les uns s'empressèrent de se marier : tel à Touzac, Pierre Martin ; les autres, de se trouver, moyennant finances, des remplaçants. C'est ainsi que le 15 mai 1813, les gardes nationaux de Lignières s'engagèrent à donner 100 fr. par mois, pendant tout le

---

[1] Victor Hugo : Les Feuilles d'Automne : « Ce siècle avait deux ans ».

temps que le service serait exigé de lui, à Jean Pasquier, de La Madeleine ; que, le 25 juillet, Jean Lézard Fontbrune se fit remplacer pour 800 fr. par un Allemand de naissance qui s'était marié à une Française et habitait Cognac depuis 7 ans ; que, le 1ᵉʳ septembre, un garde national de Touzac s'engageait à donner 1600 fr. et 2 hectolitres ¹/₂ de vin rouge à un ex-militaire de Barbezieux, qui avait promis de le remplacer sur les Côtes ou à l'armée.

Le peuple se détachait de Napoléon. Bientôt vaincu par ses ennemis, abandonné par la plupart de ses généraux, celui-ci dut abdiquer (6 avril 1814). Mais, relégué tout près, dans l'île d'Elbe, il ne tarda pas à revenir et à se rendre maître encore une fois de la France.

Retour du drapeau tricolore (1815). — Une de ses premières mesures fut d'abolir la cocarde blanche ; et, fidèle à sa fameuse proclamation : « L'aigle, avec les couleurs nationales, volera de clocher en clocher jusqu'aux tours de Notre-Dame », de faire arborer le drapeau tricolore sur les clochers des campagnes.

Cette mesure semble avoir pris le Conseil municipal de Lignières au dépourvu. Il n'y avait pas de drapeau tricolore ! Le maire, de concert (toujours !) avec son adjoint, en fit aussitôt faire un, et, dans des termes peu enthousiastes, invita le Conseil municipal et ses administrés, à se rendre, le 2 avril, à midi, à la maison commune, pour assister, « si bon leur semble », à l'installation du drapeau sur le clocher.

A l'heure fixée, « tous les administrés étant rendus », le capitaine de la garde nationale, Jean Jacques Joubert, fit mettre un peloton d'hommes sous les armes. On choisit ensuite, pour porter le drapeau, le sieur Jannet, « artiste vétérinaire », qui vint le prendre à la maison commune des mains du maire, ce dernier « décoré », ainsi que l'adjoint (bien entendu !), de l'écharpe tricolore ; et, par ordre de marche, on se rendit à l'église. Le nommé Boucherie monta le drapeau sur le clocher au cri de « Vive l'Empereur ! ». Le sieur Joubert commanda « un feu de file ». Un grand repas, dressé sous une tente, réunit enfin les nombreux citoyens, qui banquetèrent joyeusement aux cris répétés de « Vive l'Empereur ! ».

Un mois et demi après — était-ce un épilogue à cette fête ? — Jean Lézard Fontbrune était nommé maire en remplacement de Jacques Roux ; et Pierre Jannet, adjoint, en remplacement de Pierre Gautier.

Retour du drapeau blanc (1815-1830).

— Le drapeau tricolore n'était pas revenu pour longtemps. Après l'équipée des Cent Jours, il fut de nouveau remplacé par le drapeau blanc. Louis XVIII d'abord (1815-1824), Charles X ensuite (1824-1830) régnèrent sur la France.

De quelle estime jouissait alors la royauté à Lignières, nous en avons une preuve assez curieuse dans les considérations que fit valoir le Conseil municipal le 20 mars 1825, pour l'achat d'un buste en plâtre de Sa Majesté Charles X. « Considérant qu'il est très favorable et même glorieux pour tous les membres de pouvoir se représenter devant les yeux le portrait ou buste du meilleur des rois, si digne à tous égards de l'amour de tout bon Français ; que cette modique somme doit par conséquent être votée d'une manière libre et généreuse », etc... le Conseil la vote à l'unanimité. Il est vrai qu'il s'agissait de la somme de.. 6 fr. 50 !

Charte de 1830.

— Cela n'empêcha pas la commune de Lignières d'accueillir avec enthousiasme la Charte de 1830, consécutive à la chute de Charles X.

Cet enthousiasme se manifesta le dimanche 17 octobre 1830, lorsque, après le service divin, devant les habitants réunis au chef-lieu et la garde nationale au complet, le maire donna lecture de cette charte. Il fit cette lecture, dit le procès-verbal, « de la plus haute et intelligible voix, en appuyant sur tous les articles, et sur toutes les phrases et mots sans les oublier, de manière à bien faire comprendre et méditer cet acte sacré par tous les auditeurs pour ne laisser aucune équivoque ».

Qu'une lecture aussi bien faite ait été « écoutée avec la plus scrupuleuse attention », quoi d'étonnant ?... Elle fut écoutée aussi « dans la joie la plus parfaite », et se termina par les cris répétés de : « Vive le roi Philippe 1ᵉʳ ! Vive la Charte Constitutionnelle, seule base de nos droits et de nos libertés ! »

Et comme si la Charte n'était pas ainsi suffisamment publiée, elle fut ensuite affichée à la porte de l'église « et collée de manière la plus solide pour qu'elle ne puisse pas se détacher, afin que ceux qui n'étaient pas présents à sa lecture puissent chaque jour en prendre connaissance ».

Garde nationale (10 juillet 1831). — La Charte portait, entre autres dispositions, qu'une loi ultérieure organiserait les gardes nationales.

Cette loi fut votée le 22 mars 1831, et c'est en exécution de l'article 59 de la loi que, le 10 juillet 1831, le maire de Lignières réunit sous les armes la garde nationale. Il s'agissait de faire reconnaître le capitaine et les autres officiers, et de recevoir leur serment. Ces officiers étaient : Jean Jacques Joubert, capitaine ; Pierre Bézier, lieutenant ; Jean Barit, 1ᵉʳ sous-lieutenant ; Jean Baptiste Jannet 2ᵐᵉ sous-lieutenant, lequel, étant parti comme étudiant vétérinaire à l'Ecole royale d'Alfort, fut remplacé le 22 septembre 1833 par Pierre Sardet. Ils étaient, ainsi que les sous-officiers et caporaux, élus pour 3 ans. Il n'y avait, bien entendu, qu'une compagnie : « première et unique », dit le secrétaire du Conseil qui, décidément, n'a pas son pareil pour mettre les points sur les i !..

Le maire exposa d'abord le motif de la réunion. Puis, « après avoir fait battre un ban », il présenta aux gardes nationaux leur capitaine : « Gardes nationaux, en exécution de la loi, vous reconnaîtrez pour votre capitaine Mʳ Jean Jacques Joubert, et vous lui obéirez en tout ce qu'il vous commandera pour défendre la Royauté constitutionnelle, la Charte et les droits qu'elle a consacrés, pour maintenir l'obéissance aux lois, conserver ou rétablir l'ordre et la paix publics. » Le capitaine présenta ensuite et fit reconnaître dans les mêmes termes les officiers sous ses ordres, et la cérémonie se termina par le serment de « fidélité au roi des Français, d'obéissance à la Charte constitutionnelle et aux lois du royaume ».

C'était en somme le même cérémonial que pour l'installation de la garde nationale de 1795, avec, cependant, de notables différences : il n'y avait plus de « baiser Lamourette », le titre de » Monsieur » remplaçait celui de « citoyen », et le roi était revenu !... Vraiment, la Révolution avait-elle existé ?...

Fêtes de Juillet 1831. — Le mois de Juillet de cette année ramenait l'anniversaire des mémorables journées de juillet 1830 qui avaient mis fin à la Restauration, et inauguré, sous l'étiquette d'une royauté purement représentative, le régime réglementaire. Ce régime passant déjà pour le seul capable de faire le bonheur du pays, il convenait que l'anniversaire des journées de juillet ne passât pas inaperçu. Ordre fut donc donné de le célébrer partout par un ou plusieurs jours de fête.

Il fut célébré à Lignières le jeudi 28 juillet. Ainsi l'avait décidé le Conseil dans sa séance du dimanche précédent, au cours de laquelle, tout en se disant « animé de la plus vive ardeur aux approches de cette anniversaire », il estimait qu'à cette époque trois jours de fête auraient pu nuire aux travaux des champs. Il y eut à l'église, à 9 heures, pour les malheureuses victimes de juillet, un service funèbre, auquel assistèrent les autorités et la garde nationale. Après le service, 74 indigents désignés par le Conseil reçurent chacun trois livres de pain. La garde nationale fut ensuite passée en revue, et la multitude « invitée à se livrer aux plaisirs d'usage dans les jours de fête de la commune. »

Pour subvenir aux dépenses, le Conseil avait voté une somme de 52 fr. 85, dont 38 fr. 85 pour le pain, 9 fr. pour la cire employée au service, et 5 fr. pour la musique. »

Fêtes de Juillet 1832. — Si modeste que fût cette somme, le Conseil ne crut pas devoir en renouveler la dépense le 29 juillet de l'année suivante.

Ce n'est pas, laisse-t'il entendre, qu'il manque de zèle.

Bien au contraire ! « Considérant que le zèle et le
dévouement qu'ont toujours employé les habitants de
cette communne pour le maintien du trône du roi des
Français, pour assurer le triomphe de la Liberté et le
maintien du gouvernement constitutionnel que nous
chérissons tous, serait suffisant pour les engager à voter
une dépense si les ressources de leur caisse municipale
pouvait leur permettre... que d'ailleurs la dépense qu'on
pourrait faire en cette circonstance ne pourrait rien
ajouter à leurs sentiments et à leurs opinions constitu-
tionnels dont ils ont fait et sauront faire preuve », le
Conseil décide que l'anniversaire des journées de juillet
sera célébré cette année par une cérémonie religieuse « à
la mémoire des héros morts pour la défense de la patrie » ;
qu'à cette cérémonie, figurera la garde nationale « qui en
fera l'ornement. » Puis, selon la même et toujours vague
formule, les habitants seront invités à prendre part aux
plaisirs et divertissements d'usage.

Baptême du prince impérial. (1856). — Le gouvernement issu des journées de juillet 1830 sombra à son
tour dans les journées de février 1848, pour faire place à
la 2ᵉ République (1848-1852), qui fut remplacée elle-même
par le Second Empire (1852-1870).

Le baptême du prince impérial (14 juin 1856) fournit
au Conseil municipal de Lignières une nouvelle occasion
de faire preuve de son loyalisme à l'égard du pouvoir
établi. Il prit 200 fr. dans la caisse municipale, et les fit
distribuer, en l'honneur de l'heureux évènement, le
dimanche 15 juin, après la messe, aux pauvres de la
commune, à raison de 1 fr. 50 par tête.

Garde nationale de 1870. — Après la chute du
second Empire, Gambetta ordonna d'organiser partout
des compagnies de gardes nationales. Le but était d'exercer les citoyens valides au maniement des armes, et de
procurer, en cas de besoin, des renforts au gouvernement de la Défense nationale. Mais comment ce but
aurait-il été atteint avec une troupe qui n'avait guère

pour armes que de ridicules fusils de bois, ressemblait à une cohue plutôt qu'à une force disciplinée, et ne voyait souvent, dans ses exercices prétendus militaires, qu'une occasion de beuveries ? C'est au cours d'un de ces exercices, et devant l'insuffisance par trop grande du capitaine, un certain Rousset, perruquier, que le maire aurait dit au lieutenant Pierre Miot, d'après Pierre Miot lui-même : « Piârre, prends l' command'ment » !

Epidémie de variole. — Avec la guerre, en ces deux années 1870 et 1871, sévit un autre fléau : la variole. Il sévit particulièrement à Lignières. Le registre paroissial, qui mentionne jusqu'alors une moyenne de 15 décès par an sur une population de 900 habitants, accuse, en 1870, 38 décès, dont 5 en octobre, 6 en novembre, 8 en décembre ; et en 1871, 43 décès, dont 5 en janvier, 5 en février, 8 en mars. On verra plus loin que les familles du Château et du May, pour ne citer que les principales, furent particulièrement éprouvées.

Visites pastorales. — Les plus anciennes visites pastorales dont Lignières ait gardé le souvenir sont celles de *Mgr Cousseau* : le 17 mai 1851, le 29 mai 1859, le 8 mai 1864, à l'occasion de la Confirmation ; le 10 juin 1866, à l'occasion de la bénédiction du nouveau cimetière.

Ces visites pastorales de Mgr Cousseau, ainsi que les premières de Mgr Sebaux, étaient, à Lignières, l'occasion de manifestations civiles et religieuses intéressantes, que rendaient possibles alors l'état des esprits et l'attitude des pouvoirs publics à l'égard de la religion. Le maire, tout protestant qu'il était, venait, avec son Conseil municipal, saluer l'Evêque à l'entrée du bourg. On se rendait ensuite à l'église en passant sous plusieurs arcs de triomphe. Il arriva même quelquefois à l'Evêque de faire son entrée précédé d'hommes à cheval qui s'étaient fait un honneur d'aller à son avance.

Mgr Sebaux fut le premier qui visita tous les 4 ans le diocèse. Pendant son épiscopat de 18 ans, il vint 4 fois à Lignières : le 12 avril 1875, pour confirmer 167 enfants et jeunes gens ; le 17 novembre 1879, pour 60 enfants ; le 19 novembre 1883, pour 47 enfants ; le 5 mai 1890, pour 82 enfants.

Mgr Frérot y vint le 21 avril 1895 pour 46 enfants ; — *Mgr Mando*, le 9 mai 1900, pour 33 enfants ; — *Mgr Ricard*, le 17 mai 1904, pour 74 enfants de Lignières, Criteuil et Touzac.

Mgr Arlet est venu 4 fois : le 28 avril 1908, pour 91 enfants de Lignières, Criteuil et Touzac [1] ; le 18 mai 1916, pour 111 enfants de Lignières, Criteuil et Touzac ; le 20 juin 1920, pour 104 enfants de Lignières, Criteuil et Saint-Preuil ; le 6 mai 1924, pour 67 enfants de Lignières, Touzac et Saint-Preuil. « Chiffre, hélas ! inférieur, dit le rapport épiscopal de cette dernière année, et qui marque la diminution de la population avec la diminution de l'esprit de foi ». C'est aussi cette double raison qui oblige, depuis un quart de siècle, M. le curé de Lignières et beaucoup de ses confrères à ne plus avoir de Première Communion que tous les deux ans.

---

[1] Le 3 mai 1912, Lignières est allé se faire confirmer à Criteuil.

V

LA SEIGNEURIE

Lignières fut autrefois, jusqu'à la Révolution, le siège d'une seigneurie importante qui relevait du Roi à cause de son château de Bouteville, à foi et hommage-lige à muance de seigneur; et qui avait *droit* de forteresse, pont-levis, haute, moyenne et basse justice, savoir : la haute justice dans toute l'étendue de la paroisse, la moyenne et basse sur les vassaux et tenanciers relevant de la seigneurie dans les autres paroisses, avec droits de bans, ventes et corvées « sur iceux couchant et levant roturièrement dans ladite seigneurie ».

Pour tous ces droits, le seigneur de Lignières payait au Roi, à la recette de Bouteville, un *devoir* annuel de 10 livres, et de six vingt (120) boisseaux de froment et soixante d'avoine, mesure de Bouteville.

Domaines et revenus. — La terre et seigneurie de Lignières comprenait l'hôtel, maison noble et forteresse dudit Lignières, renfermée de fossés dans lesquels passait la rivière ; un pont-levis avec ses préclôtures en l'étendue desquelles étaient le moulin banal, la fuie, les garennes, les prés et quelques terres labourables, en tout 300 journaux environ.

Au lieu de « l'hôtel », on dit aujourd'hui: « le château »; mais autrefois, ce mot était exclusivement réservé au Château de Bouteville. Le château de Lignières fut rebâti au commencement du XVIIe siècle sur l'emplacement d'un autre qui tombait en ruines. Le « maître architecte » en fut Jehan Cosset, mentionné dans un acte de Monnerot, notaire à Touzac, du 25 octobre 1620.

Avec le moulin banal, ou « Grand Moulin », dont on voit encore les ruines proche et au-dessous le Château, la seigneurie de Lignières en possédait un autre, appelé « de chez Grimaud », aujourd'hui disparu, mais dont l'emplacement, facile à reconnaître, porte le nom de « moulin démanché ». Un passage y conduit de la route, et le Château a une langue de terre le long de la rivière au nord, depuis cet ancien moulin jusqu'au presbytère. Suivant une formule qui revient souvent dans les actes notariés, ces deux moulins « tournaient, viraient, faisaient farine ». Le 24 janvier 1749, ils étaient affermés pour un an, moyennant 61 boisseaux de méture payables de mois en mois.

Les *revenus* de la seigneurie étaient les cens, rentes, agriers, terrages et complants levés dans la paroisse et les paroisses voisines dépendant de la seigneurie.

On a vu que le total des rentes dûes au seigneur dans la seule paroisse de Lignières pouvait s'élever chaque année à 395 boisseaux de froment, 225 d'avoine, environ 100 livres argent, 133 chapons, 52 gelines, 6 poulets, 1 pinte d'huile.

Il fallait y ajouter un peu avant la Révolution :

En Touzac, les rentes des villages de chez Moreau, chez Piget, chez Guibon, Vacheresse, la Coudre, l'Etoile (en partie), chez Mondot (en partie), chez Coutin, celles de Puymullet, etc... soit, pour une superficie totale de 460 journaux environ, 107 boisseaux 7 mesures de froment, 50 boisseaux 1 mesure d'avoine, 37 livres argent, 25 chapons, 5 gelines, 2 poulets.

En Criteuil, les rentes de Beaumont, chez Genneteau, Bournaise, la Croix Rompue, les Croix, le Gros Puy, etc... soit, pour une superficie totale de 342 journaux, 128 boisseaux 4 mesures de froment, 34 d'avoine, 23 livres 15 sols 10 deniers argent, 32 chapons, 8 gelines, 8 poulets.

En La Madeleine, des rentes en Bournaise, à Talluchet, aux Sablons, au village et au moulin de Viaud, etc... soit, pour une superficie de 220 journaux, 53 boisseaux 5 mesures de froment, 11 boisseaux d'avoine, 48 livres argent, 12 chapons, 19 gelines.

En Sonneville, des rentes au Maine Apparent, chez les Rois, aux Brandes, à Boulot, à Chardechien, à Chantecaille, etc... soit, pour une superficie de 171 journaux, 31 boisseaux 6 mesures de froment, 45 boisseaux 4 mesures d'avoine, 15 livres argent, 14 chapons, 9 gelines, 1 pinte d'huile.

En Bonneuil, des rentes aux Chirons, à la Croix de Lhoumeau, aux Vioches. au Maine Margot, à Maubec etc... soit, pour 23 journaux, 6 boisseaux de froment, 4 d'avoine, 20 sols 6 deniers argent, 2 chapons, 2 poulets, 1 pinte d'huile.

En Bouteville des rentes à la Pinauderie et en quelques autres lieux, soit, pour une vingtaine de journaux, 16 boisseaux d'avoine, 35 sols 6 deniers argent.

En Saint-Preuil, 45 sols de rente pour 2 journaux à Marange, près chez Rivière.

En Segonzac, 5 sols de rente pour une vingtaine de journaux de bois au bois Janson et au bois Pailler.

Il s'ensuit que le total des rentes dûes au seigneur de Lignières dans toute l'étendue de sa terre pouvait s'élever par an à 722 boisseaux de froment, 385 d'avoine, 230 livres argent, 218 chapons, 93 gélines, 18 poulets, 3 pintes d'huile [1].

Fiefs nobles relevant de Lignières. — Percevant ces rentes sur les terres qui relevaient roturièrement de sa seigneurie, le seigneur de Lignières recevait, de plus, des *hommages* de certains possesseurs de fiefs relevant noblement de Lignières.

Relevaient ainsi de Lignières :

Les fiefs du *May* et d'*Ermelle*, dont il sera question plus loin.

Deux fiefs possédés par le seigneur abbé de *Madion sur Seudre* : l'un, appelé « des Seuzes » en Lignières, vers chez Abel ; l'autre, « des Combes » en Lignières ; plus des prés en Touzac et La Madeleine, et un moulin

------

(1) Papier terrier de Lignières, aux Archives départementales (Matignon, notaire à Lignières, 1774-1782).

à Talluchet ; le tout, tenu du seigneur de Lignières à titre de franche aumône, sans aucun devoir ni achaptement (1).

Le fief du *Puy de Neuville* en Touzac, à foi et hommage lige et serment de fidélité, sans nul autre devoir. (Aveux et dénombrements du 29 juillet 1605 par demoiselle Anne Guillon, veuve de Pierre d'Estivalle ; de 1753, par demoiselle Henriette de Guez ; du 10 décembre 1783, par messire Louis Honoré de Froger, époux de dame Louise Achard de Joumard Tison d'Argence).

Le fief de la *Pègerie* en Touzac, à hommage lige, soûs 3 devoirs d'achaptement : deux de 5 sols chacun, et l'autre, d'une perdrix évaluée 5 sols payables à chaque mutation de seigneur et de vassal. (Aveux et dénombrements des 10 mars 1566 et 29 juin 1603 par Anne Rocard ; — du 4 mai 1634, par Bertrand Barbier, sieur de Maisonneuve ; — du 23 octobre 1752, par Paul Texier ; — du 8 mai 1776, par Pierre Paul Texier).

Le fief de Gondeville, à foi et hommage lige à toute mutation de seigneur et de vassal, et sous le devoir et achaptement de 10 sols payables à mutation de vassal seulement, mais avec droit de justice ; et d'autres fiefs en Segonzac et Gensac, à hommage plein à mutation de seigneur et de vassal, et sous l'achaptement d'un gant blanc payable à mutation de vassal seulement. (Aveux et dénombrements de 1403, 1446, 1477, 1507, 1533, 1566, 1605, 1639, 1753, 1775).

Un fief en la rivière du Beau, à *Saint-Bonnet*, à foi et hommage simple, au devoir de 5 sols payables à toute mutation de seigneur et de vassal. (Aveux des 20 septembre 1752 et 7 novembre 1775 par Paul Drilhon, procureur fiscal au marquisat de Barbezieux).

Le fief de *Serquoy*, situé ès paroisses de Segonzac, Gensac, Saint-Même et Saint-Fort, comprenant en

____

(1) « Achaptement » : vieux mot, de « acáptamentum », « accapitare » qui a fait « achapter, acheter ». Droit de mutation qui était payé au seigneur à la mort du vassal par l'héritier de celui-ci, et en cas de mort du seigneur, par le vassal à l'héritier du seigneur.

Segonzac une maison noble chez Barraud, les villages de La Gorre et de Recherville en partie (les 2/3) ; en Gensac, le fief d'Auxilliac, autrement « le Coup de Boule » ; en Saint-Même, deux moulins à blé sur la Charente, appelés « de Saintonge » ; en Saint-Fort, plusieurs prés ; le tout tenu à foi et hommage, au devoir d'une paire de gants blancs appréciés 2 sols 6 deniers à payer à mutation de seigneur et de vassal, et sans droit de haute justice, celle-ci étant réservée au seigneur de Lignières. (Transaction du 27 août 1593 ; aveux et dénombrements du 11 janvier 1693, par dame Jeanne d'Ocoy ; — du 9 janvier 1753, par messire Gabriel Prévôt de la Javelière ; — du 8 novembre 1775, par Prévôt de la Javelière, fils du précédent).

Le fief des *Souduys*, situé ès paroisses d'Eraville (une métairie près le bourg), de Malaville (un pré), de Viville (un autre pré en la rivière du Né), au devoir et rachat d'une maille d'or payable à chaque mutation de seigneur et de vassal, d'après un titre de concession fait par Charles Poussard en faveur de noble homme Nicolas Bennereau, seigneur des Rougiers, 1ᵉʳ septembre 1583. (Aveux et dénombrements de 1741, par Marie Préveraud, Veuve Rullier, sieur de Blanchefleur, en Mosnac, et de l'Ajasson, en Eraville ; — et du 25 janvier 1776, par demoiselle Jeanne Rullier, fille mineur émancipée de défunts Jean Louis Rullier, sieur de Blanchefleur, et de Jeanne Bazagier, procédant sous l'autorité de Michel Gibaud, son curateur, demeurant l'un et l'autre à Châteauneuf).

Le fief du *Vignaud*, en Segonzac, autrefois appelé « le mas des 4 croix » (la croix de la Bernarde, du maine Pierre Roux, du Breuil, du bois Souchet, cette dernière seule existant encore en 1776), à foi et hommage lige, sous le devoir et achaptement de 10 sols à mutation de seigneur et de vassal. (Aveux et dénombrements du 9 juin 1524, par Jacquette Mercière, fille et héritière en partie de Jacques Mercier, sieur de Romillère ; — du 30 août 1639, par Suzanne Tabois et Jacob Quantin ; — du 8 mars 1688, par Jérémie Quantin, sieur de Nonac ; — du 8 mai 1753, par Jean Rousseau, maître chirurgien ; —

du 11 mai 1776, par dame Marie Rose Rousseau, épouse de François Bazagier, bourgeois, demeurant au village de chez Collet, paroisse de Segonzac).

Le fief des *Courrades*, situé ès paroisses de Segonzac et Saint-Preuil, comprenant en Segonzac l'hôtel noble et hébergement (1) des Courrades et ses dépendances, et plusieurs mas : la Croix Sanglé, le Champ de perdrix, le Petit Biterne, un autre chez Richon ; en Segonzac et Saint-Preuil, le fief de Combe Reine, autrefois la Tranchade : le tout tenu à foi et hommage lige, sous le devoir et achaptement de 5 sols et un éperon blanc à muance de seigneur et de vassal, avec droit de directité (2), de lods et ventes, de garenne, de fuie, de justice moyenne et basse, etc... (Aveux et dénombrements du 14 juillet 1527, par Guichard de Roffiniac, sieur de Gourville ; — du 22 août 1566, par Jean de Larochebeaucourt, seigneur de Saint-Même ; — du 10 juillet 1688, par maître Joseph Duverdier, docteur en médecine ; — du 3 octobre 1752, par messire Louis Duqueroy, curé de Segonzac ; — du 12 mai 1776, par messire Jean Roy, écuyer, conseiller secrétaire du roi, seigneur d'Angeac-Champagne et des Courrades, époux de dame Julie Duqueroy, demeurant à Cognac).

Le fief de *Recherville et Lagorre*, autrefois « de Rechérac », en Segonzac, pour une tierce partie seulement, les deux autres tiers appartenant au seigneur de Serquoy, tenu ledit tiers à foi et hommage plein sous le devoir et achaptement de 20 sols à chaque mutation de seigneur et de vassal, et « d'un manger de pain, de vin et de chair de porc bouillie toutes les fois que Madame de Lignères gît d'enfants, à elle et aux gens de son hôtel ». (Aveu et dénombrement du 15 mai 1776, par messire Pierre Babinet, chevalier, seigneur de Nozières).

---

(1) On appelait ainsi la maison du vassal quand le seigneur suzerain avait le droit d'y loger.

(2) « Directité » : droit qu'avait le seigneur de se porter seigneur direct de tous les domaines et héritages situés dans les confrontations de son fief, et d'imposer un nouveau devoir sur les terres qu'il trouverait dans son territoire ne lui payant aucune redevance. (Coutume d'Angoumois, art. XXXV).

Un fief en *Malaville*, au devoir de 20 sols à muance de seigneur et de vassal, et « d'un manger de pain, de vin, et de chair de pourceaux toutes les fois que la dame de Lignères est en couche, à elle et aux gens de son hôtel ». (Aveu de 1752, par Alexandre Cazaud, sieur de Malaville).

Un fief possédé par le seigneur marquis de *Brémond d'Ars*, en Segonzac et Saint-Fort, à foi et hommage, sous le devoir et achaptement d'une maille d'or réglée 5 sols, à muance de seigneur et de vassal. (Aveux et dénombrements de 1752 par le Comte d'Ars, et du 12 janvier 1777, par dame Marie Judith Hubert de Brémond d'Ars, Veuve du seigneur marquis d'Ars, tutrice de Marie Suzanne Sophie Rosalie de Brémond d'Ars, leur fille).

Le fief de *Flaville* en Bonneuil, à foi et hommage, à toute muance de seigneur et vassal, au devoir de 2 éperons d'or. (Aveu de 1752, par François Guillaumeau, écuyer, sieur de Flaville, la Bergère, etc..).

Le fief de *Ségeville* en Saint-Preuil, au devoir de 20 sols, à muance de seigneur et de vassal. (Aveu de 1752, par messire François Jean Fé, écuyer).

Le fief de *Luchet* en Criteuil (en partie), au devoir de 10 sols. (Aveu de 1752, par Jacques Bernard, écuyer).

Le fief de *Pombreton*, situé ès paroisses de Touzac (le Chêne, Ferrande, chez Jacob), Malaville, Nonaville, Eraville, Bouteville, Bonneuil, Segonzac, Ambleville, etc.. au devoir de 5 sols ou d'une paire d'éperons dorés, à muance de seigneur et de vassal. (Aveu du 22 novembre 1752, par Jacques Texier, sieur du Chaigne, et seigneur du fief de Pombreton, demeurant à Angoulême, paroisse de Beaulieu).

Le fief d'*Anqueville* en Saint-Même. [1]

Vassal du roi, le seigneur de Lignières était donc à son tour suzerain par rapport à tous ces possesseurs de fiefs nobles. C'est une façon de petite cour qu'il avait autour de lui, empressée sans doute à le servir, à l'héberger, à le

______

[1] Papier terrier de Lignières.

nourrir « toutes et quantes fois il était en couche, lui et les gens de son hôtel », chez l'un ou l'autre de ses vassaux.

Nous venons de voir quels étaient les serviteurs. Voyons maintenant quels furent les maîtres.

Seigneurs de Lignières. — La terre de Lignières appartenait autrefois à la *maison d'Archiac*, une des plus illustres et des plus anciennes de la Saintonge. (1)

Maynard le Riche, d'Archiac, qui vivait aux environs de l'an mille, eut d'Hildegarde, son épouse, deux enfants : Pétronille, qui épousa Geoffroi Taillefer, comte d'Angoulême ; et *Foucaud*, qui, ayant été exclu du fief principal de sa maison, eut Saint-Maigrin, Ambleville, Barret, Germignac, Linières, etc.

En 1116, un *Geoffroi de Linières,* est mentionné dans le « Cartulaire de La Couronne ».

Au XIVᵉ siècle, la maison d'Archiac était représentée à Lignières par *Aymery* d'Archiac, qui vint à Cognac en 1351 rendre hommage au roi Jean, comte d'Angoulême, et dont une descendante, Agnès, épousa Jacques Poussard, et en eut entre autres enfants, un fils, Henry, que nous retrouverons bientôt.

En 1430, un seigneur de Linières, chevalier, est signalé par Monstrelet comme étant mort à la prise de Compiègne.

Comment la terre de Lignières appartint-elle ensuite à un modeste écuyer, du nom de Pierre Boissel ?.. Toujours est-il que ce *Pierre Boissel* (alias : Boisseau), se disant « seigneur de Linières », rendit hommage de sa terre le 4 août 1430. En 1452, il est dit « capitaine du Château de Bouteville ».

Il avait épousé d'abord Jehanne de Chazelles, d'où une fille unique, Amicie, qui suit ; et en secondes noces, Marguerite d'Archiac, veuve elle-même de Joachim Poussard, de laquelle il ne paraît pas avoir eu d'enfant. Il est dit encore « seigneur de Linières » en 1462.

____

(1) Archiac, aujourd'hui chef-lieu de canton de la Charente-Infér. à 11 kilomètres de Lignières.

Famille Poussard (1475-1709).— I. — *Amicie Bois-sel* épousa, le 15 novembre 1445, « noble homme » *Henry Poussard*, chevalier, seigneur de Meursay [1], fils puîné de feu Jacques, chevalier, seigneur de Peyra, et d'Agnès d'Archiac. [2]

Les Poussard portaient d'abord : d'*azur à 3 soleils d'or, 2 et 1.* Ils modifièrent ensuite leurs armoi-ries, en souvenir de leur alliance avec Agnès d'Archiac, d'*un pal de vair posé en cœur*, qui se voit sur la cloche et au-dessus de l'en-trée de la chapelle de l'église.

Henri Poussard et Amicie Bois-sel eurent deux enfants :

1° *Guy*, qui suit ;

2° *Marguerite*, qui épousa Jean de Parthenay le jeune.

La dame de Lignières, devenue veuve, rendit hommage de sa terre à Marguerite de Royan, comtesse d'Angoulême, le 8 décembre 1473. Son fils Guy ayant renouvelé cet hommage le 2 juin 1475, on en conjecture qu'elle avait dû mourir dans l'intervalle.

II. — *Guy Poussard*, surnommé familièrement « Guyot », hérita de la terre de Lignières en Angoumois, et de celles de Meursay et de Venours, en Poitou. Ayant ensuite échangé avec Artus de Vivonne ces deux dernières terres pour celle de Fors [3], il obtint de Charles VIII l'établissement de foires dans sa terre de Fors, et donna le nom de cette terre à son fils aîné. Il obtint aussi du comte d'Angoulême et seigneur de

---

(1) Peut-être Marsay en Mirebalais, commune de Poligny, entre Mirebeau et Lencloitre (Vienne). Les Poussard étaient en effet une noble famille du Poitou.

(2) Un Jacques Poussard est mentionné par Froissart au siège de Montlieu, en 1385.

(3) Fors, canton de Prahecq (Deux-Sèvres).

Bouteville, dont il était le conseiller et maître d'hôtel, et qui le disait « son amé et féal », la concession, en 1488, de plusieurs mas dans Lignières avec droit d'agrier ; et même, en 1493, la concession de la haute justice. Il était conseiller du roi en 1498.

Il avait épousé d'abord *Marguerite Bouchard* d'Aubeterre, fille de François, sénéchal d'Angoumois, chambellan de Louis XI, et de Catherine Odart.

De ce mariage naquirent :

1° — *Jean*, qui eut Fors, et dont le fils aîné aura aussi bientôt Lignières, faute d'héritier dans la branche des Poussard de Lignières.

2° — *Louise*, mariée à Jean, sieur d'Aigreville.

Le seigneur de Lignières étant devenu veuf épousa ensuite *Julienne de Polignac*, fille de Foucaud de Polignac et d'Agnès de Chabanais, et veuve de Jean Bragier, sieur de Bourg-Charente et de Brizambourg. D'où *Charles*, qui suit.

III. — *Charles Poussard*, seigneur de Lignières et de Brizambourg [1], épousa vers 1509, *Jeanne de la Rochandry*, fille de Robert, sieur de Cléon, et de Jeanne de la Porte, qui lui apporta en dot la terre de Vervant [2]. D'où :

1° — *Pierre*, qui suit ;

2° — *Charles*, mort sans alliance.

Ils étaient en 1517 sous la tutelle de leur mère, et celle-ci est dite encore « dame de Linières » en 1535.

IV. — *Pierre Poussard*, seigneur de Lignières, Brizambourg et Vervant, épousa en 1559 *Jeanne de Gontaut*, fille de Jean, baron de Biron en Périgord, et de Renée de Bonneval. Il vivait, paraît-il, en grand seigneur, avait de nombreux domestiques, un maître d'hôtel qui se qualifiait d'écuyer, un page, etc... Le 16 février 1561,

---

(1) Brizambourg, canton de Saint-Hilaire (Charente-Inférieure).

(2) Vervant, canton de Saint-Amant-de-Boixe (Charente) ., ou de Saint-Jean d'Angély (Charente-Inférieure),

il instituait sa femme un de ses exécuteurs testamentaires, et peu de temps après, probablement dans les premiers mois de 1565, mourait sans postérité.

La terre de Brizambourg fut attribuée à sa veuve, qui convola en secondes noces avec Jean de Caumont en 1569, et mourut en 1598. Celle de Lignières échut à des cousins germains : Jehanne Poussard, vicomtesse de Monbas, pour une partie ; et Charles, son frère, qui suit. Lignières passait ainsi à la branche aînée de la famille ; les Poussard, de Fors, qui avaient déjà en Angoumois les fiefs et seigneuries de Saint-Trojan et de Saint-Brice. (1)

IV. — *Charles Poussard*, cousin germain du précédent, était le fils aîné de Jean Poussard, de Fors, conseiller du roi, et de Catherine Gasteuil, dame de Saint-Trojan ; et petit-fils de Guy Poussard et de Marguerite Bouchard d'Aubeterre.

Seigneur de Fors, Saint-Trojan, Saint-Brice et Lignières, il fut en outre maître d'hôtel et panetier ordinaire du roi de France Charles IX, et du roi et de la reine de Navarre. C'est lui qui réunit la terre de Saint-Brice à celle de Saint-Trojan. Dès le 10 mai 1540, il était capitaine de Belesme. Il devint ensuite gouverneur de Dieppe et vice-amiral des Côtes de Normandie. Il mourut dans son château de Saint-Brice, à 80 ans, laissant le souvenir de « l'un des plus et mieux réputés gentilshommes de tout le pays ». (2) Il s'était fait protestant à la cour du roi de Navarre. Le protestantisme devait régner au château de Lignières jusque vers 1630.

Charles Poussard avait épousé, en janvier 1545, *Marguerite Girard*, dame de Bazauges (3), Anquitard, etc... D'où :

1° *Charles*, qui suit.

---

(1) Saint-Trojan et Saint-Brice (canton de Cognac (Charente).

(2) Marvaud : « Etudes historiques sur Cognac », I. 220. Le même auteur dit qu'un Linières fut prisonnier à Jarnac (1569).

(3) Bazauges, canton de Matha (Charente-Inférieure).

2° *Paul* qui fut seigneur de Moric.

3° *Isaac.*

4° *Daniel*, chevalier de Saint-Brice et des marais de Bazauges, marié à Charlotte de Beaupoil.

5° *Marguerite*, dame de Saint-Laurent de Céris.

6° *Suzanne*, dame de Saint-Trojan, qui épousa le 5 mai 1582 Louis d'Ocoy, chevalier, seigneur de Couvrelles, chambellan du prince de Condé, et reçut du seigneur et de la dame de Lignières, ses parents, le fief de Serquoy (27 août 1593). Les d'Ocoy étaient protestants.

V. — *Charles Poussard*, chevalier, seigneur de Fors, Bazauges, Anquitard et Lignières, fut élevé comme enfant d'honneur de Jeanne d'Albret, reine de Navarre, et devint ensuite gentilhomme de la Chambre du roi. Il servit dans les guerres de son temps, et, ayant suivi le duc d'Alençon dans les Pays-Bas, fut fait prisonnier à Anvers en 1583.

Il avait épousé, le 26 octobre 1581, *Esther de Pons*, fille de François, baron de Mirambeau [1], et de Madeleine du Fou, qui lui apporta la terre du Vigean, et lui donna sept enfants :

1° *Louis*, mort célibataire.

2° *Henri*, baron du Vigean.

3° *François*, qui devint marquis de Fors, Bazauges, etc. conseiller du roi, fit partie du ban de 1635, et fut père de François, lieutenant général des armées de Sa Majesté, gouverneur de la ville et château de Sainte-Menehould, lieutenant général de la ville et évêché de Metz et pays messin.

4° *Jean*, qui eut Anquitard et Moings [2], épousa Anne Arnoul, et en eut Auguste, marié le 15 mai 1657 à Françoise de Saint-Gelais de Lusignan. Cette branche des Poussard habita Saint-Simon.

5° *Charles*, qui suit.

---

(1) Mirambeau, chef-lieu de canton (Charente-Inférieure).

(2) Moings, canton de Jonzac (Charente-Inférieure).

6° *Anne*, mariée en 1605 à Mre de la Forest de Vandoré.

7° *Jeanne*, mariée à Gabriel de Saint-Germain. (1)

VI. — *Charles Poussard*, chevalier, seigneur de Lignières, épousa en 1630 Charlotte Marguerite *Acarie du Bourdet* (2), fille de Louis Acarie, et de Bélise de Cozes.

La nouvelle dame de Lignières était une ancienne fille d'honneur de la Reine Mère, qui lui donna, à son contrat de mariage, pour les bons services reçus d'elle, 12.000 livres. Elle avait un frère, Louis Acarie, chevalier, seigneur du Bourdet, la Rousselière, Boisredon (3), la Barde et autres places, maréchal de camp des armées du roi, lequel, marié à dame Philippe du Chemin, en eut un fils, François Louis, qu'il fit baptiser à Lignières le 7 mai 1636, à 8 ans.

Le seigneur de Lignières mourut en 1658, laissant sept enfants :

1° *Charles*, qui suit.

2° *Angélique Louise*, née le 10 septembre 1636, baptisée à Lignières le 17 décembre 1642, mariée à messire Pierre de Raymond, avec une dot de 20.000 livres.

3° *François Hector*, chevalier, comte de Lignières, seigneur d'Arpaillon (4), qui ne paraît pas s'être marié.

4° *Paule*, qui épousa, vers 1674, Nicolas Verdin, chevalier, seigneur de Clairville, maréchal de camp des armées du roi, gouverneur de l'île et citadelle d'Oléron, et commissaire général des fortifications de France. Dès 1681, la dame de Clairville était veuve et résidait à Saintes.

5°, 6°, 7° *Anne*, *Acarie* et *Charlotte*, qui se firent religieuses : la première, chez les dames de Saint-Ozamy de Poitiers ; les deux autres, chez les Dames de Tusson.

---

(1) « Dictionnaire des familles de l'ancien Poitou », par Beauchet-Filleau.

(2) Le Bourdet, canton de Mauzé (Deux-Sèvres).

(3) Boisredon, canton de Mirambeau (Charente-Inférieure).

(4) Arpaillon commune de Naujan, canton de Branne (Gironde).

Avec la nouvelle dame de Lignières, la religion catholique avait repris possession du château.

La veuve du seigneur de Lignières lui survécut long-temps : elle ne mourut qu'en 1694. C'était une bonne châtelaine : elle figure souvent comme marraine de 1636 à 1659. Ce qui le montre encore, c'est le testament qu'elle fit le 13 janvier 1673, devant Rondrailh, notaire royal : « Je veux, dit-elle, que mon corps soit inhumé dans la chapelle dudit Lignières, sans qu'il soit fait aucune céré-monie lors de mon enterrement, mais seulement célébré une grand'messe, et quelques autres dans ladite chapelle, et autant à la huitaine et à la quarantaine ; et qu'il soit fait un annuel par telle personne que François Hector Poussard, mon fils, ou Paule Poussard, ma fille, voudront faire élection... Et en cas que j'arrive à décéder hors de Lignières, veux que mon cœur soit apporté et enterré dans ladite chapelle, avec celui de défunt Charles Pous-sard, mon fils aîné, qui est entre les mains de Me Jacques Delafont, procureur fiscal, auquel j'ordonne de le délivrer à mondit fils ou fille, ou autre qui fera faire l'enterre-ment... Ordonne à Hector et Paule Poussard après mon décès de faire blanchir la chapelle ; fonde à perpétuité 50 livres pour être distribuées aux pauvres, sur laquelle somme sera donné à dîner à 13 femmes le Jeudi Saint, et à chacune d'elles une miche de pain valant 3 sols, et 3 sols en argent... Veux que suivant volonté de feu mon mari, l'office de procureur fiscal soit et demeure dans la maison de Me Jacques Delafont, à lui, ses enfants ou à ceux qui en descendront, en considération des services qu'il a rendus à la maison depuis 35 ans, et en cas que l'on veuille le déposséder, que mes héritiers le rem-boursent... Veux que le bonhomme Montait soit toute sa vie nourri dans notre maison et donne à ses enfants 200 livres pour les services qu'il a rendus, plus à Jeanne Piget, quand elle se mariera, au sortir de la maison, 200 livres... Veux que sur deniers par moi destinés aux pauvres, il soit pris 15 sols pour une messe par an à pareil jour de mon enterrement, etc... »

VII. — *Charles Poussard,* chevalier, seigneur de Lignières, épousa, par contrat passé le 26 novembre 1652 au Douhet [1], devant Senède, notaire royal, *Judith de la Rochefoucauld,* fille de feu Charles, chevalier, seigneur du Douhet, et de dame Claude Vallée.

Parmi les notabilités présentes au contrat, on relève, outre les parents, frère, sœurs, oncles et tantes du futur, les noms de Pascal et d'Henry Renouard, seigneurs d'Ermelle en Lignières et du Breuil en Bonneuil ; de François de Labadie, seigneur du May en Lignières ; et parmi les parents de la future : Messire Louis Chabot, chevalier, seigneur comte de Jarnac, maréchal de camp des armées du roi ; et messire Guy Charles Chabot, abbé de Jarnac, cousins paternels.

Le jeune homme recevait de ses père et mère la maison noble de Lignières, 4000 livres de revenu annuel, 2000 livres de pension, plus, après la mort de ses parents, la garniture d'une salle de tapisserie de haute lice qui était alors dans la salle du château de Lignières, ou une autre de pareille valeur avec les tapis, sièges et autres garnitures « convenables à personne de telle condition », plus deux chambres garnies de bonne tapisserie. La jeune fille recevait de sa mère 2000 livres tournois à continuer ainsi chaque année, à moins que la dame du Douhet n'aimât mieux recevoir les jeunes époux en sa maison. Dans ce cas, elle serait tenue de les nourrir avec leurs serviteurs et équipages, savoir : 4 chevaux de carrosse, 3 de selle, un valet de chambre, deux laquais, un cocher, une demoiselle et une femme de chambre, ainsi que les enfants qui proviendraient d'eux. Elle serait tenue aussi de leur donner 800 livres par an « pour leur usage particulier. »

Les La Rochefoucauld du Douhet étant protestants, le mariage eut lieu « selon le rite des Eglises réformées du Royaume » au Douhet, le même jour, devant Lesmier, pasteur d'Aulnay.

Les jeunes époux ne vécurent pas longtemps ensemble.

---

[1] Le Douhet, canton de Saintes-Nord (Charente-Inférieure).

Après deux ans de mariage, le seigneur mourut ; mais il laissait sa femme enceinte d'un fils, *Charles François*, qui suit.

Quatre ans après, le 6 août 1658, par contrat passé au Douhet, la jeune veuve convolait en secondes noces avec Renaud de Pons, chevalier, seigneur marquis de Thors, baron des Coteaux et Lefransois, fils de Jean Jacques, chevalier, seigneur marquis de la Caze, et de Charlotte de Parthenay.

D'où deux fils et une fille, frères et sœur utérins de Charles de Lignières :

1⁰ Guy Louis de Pons, chevalier, marquis de Thors, seigneur du Douhet, les Coteaux, Lefransois, etc., colonel au régiment de Flandre, qui épousa, par contrat passé devant Lefébure, notaire royal à Poitiers, le 5 mai 1702, Marie Thomas de Boismorin, veuve de messire René de Gruel, chevalier, comte de Louzacq, demeurant en son château de la Tour la Plaine, paroisse de Marigny-Brizay (1).

2⁰ Jacques Auguste de Pons, chevalier de Pons qui fut colonel d'infanterie.

3⁰ Henriette de Pons.

Renaud de Pons et Judith de La Rochefoucauld, étant protestants, eurent à souffrir pour leurs croyances après la révocation de l'Edit de Nantes. Renaud fut emprisónné à la Bastille, puis expulsé du royaume. Sa femme, qui ne voulut pas non plus abjurer, fut conduite à la frontière, et serait morte à Utrecht en mars 1723 (2). Leurs enfants, qui étaient catholiques, ne furent pas inquiétés.

VIII. — *Charles François Poussard*, fils posthume du précédent, chevalier, seigneur marquis de Lignières, l'Augerie, Moulidars, etc. fut élevé dans la religion catholique par ordre exprès du Roi, qui voulut que son éducation fût confiée aux soins de dame Charlotte Acarie

---

(1) Marigny-Brizay, canton de Neuville (Vienne).

(2) Bujeaud : « Chronique protestante de l'Angoumois. » p. 288.

du Bourdet, son aïeule paternelle. Il épousa, en février 1680, par contrat reçu Hérable, notaire royal à Saint-Joly près Jonzac [1], *Louise de Beaumont*, sœur de l'abbé de Beaumont, futur évêque de Saintes.

D'où 3 enfants :

1° *Marie Judith*, qui suit.

2° *Jeanne*, qui épousa, le 3 avril 1707 à Lignières, messire Pierre Charles Boscal de Réal, chevalier, officier de marine, seigneur de Rouflac, paroisse de La Jarne, en Aunis. D'où : Charles François, qui fut enseigne des vaisseaux du Roi ; et Louise, qui épousa messire Louis Ignace de Karrer, chevalier de Saint-Louis, colonel du régiment suisse de son nom, et demeurait en 1746 à Rochefort.

3° *Marie Paule*, qui se fit religieuse de Fontevrault à Tusson, y devint supérieure de son monastère (1734-1756), et y fut enterrée, comme en témoigne l'inscription suivante relevée par l'abbé Michon, dans sa « Statistique monumentale de la Charente », p. 318 : *Cy gist la M. Marie Paule Poussa de Lignière.*

Suivant l'exemple de sa grand'mère, le marquis de Lignières accepta plusieurs fois d'être parrain, même des enfants de ses domestiques. Il menait un grand train de maison. Le registre paroissial a conservé les noms de deux de ses maîtres d'hôtel : Jean Lefort, et Jean Macheneau, qui fut enseveli dans l'église le 6 décembre 1707.

Après le mariage de sa fille aînée, il alla habiter le château de Moulidars, paroisse de Bors de Baignes, en Angoumois, que sa famille avait acquis vers 1673 [2], et dont il s'était réservé l'usufruit, sa vie durant. Revenu à Lignières en 1730, il y mourut le 5 février 1731, à 76 ans, et fut inhumé le 7 dans la chapelle de l'église, vis-à-vis de l'autel, en présence de Jean Joubert l'aîné, juge sénéchal de Lignières ; de Jean Joubert le jeune, procureur d'office ; de Joubert Pontoché, notaire à Segonzac ; de Monnerot, régent à Touzac, etc.

---

(1) Aujourd'hui : Saint Georges de Cubillac.

(2) Abbé Tricoire : « Le Château d'Ardenne » p. 31.

Il ne laissait pas d'enfant mâle. Le nom des Poussard va donc disparaître et faire place aux de Plas.

Famille de Plas. (1709-1829). — Cette famille était originaire du Bas-Limousin, et tirait son nom du château de Plas, paroisse de Curemonte, diocèse de Limoges (1). Elle avait eu parmi ses membres un ambassadeur en

Ecosse sous Louis XII, Jean de Plas, qui fut ensuite évêque de Périgueux, puis de Bazas (1532), et résigna en faveur de son frère Annet de Plas, d'abord conseiller au Parlement de Bordeaux, puis abbé de la Couronne au diocèse d'Angoulême, enfin évêque de Bazas vers 1543.

Les *armes* des de Plas étaient : *d'argent, à 3 jumelles de gueules posées en bande.*

I. — *Marie Judith Poussard* épousa à Lignières, le 10 novembre 1709, à l'âge de 28 ans, « haut et puissant seigneur messire *François Joseph de Plas*, chevalier, seigneur comte de Plas, baron de Marcillac, Puy d'Arnac, Sennac, Lestrade (2) et autres places, capitaine de cavalerie dans le régiment de Duras, fils de Guien Joseph de Plas, seigneur marquis de Plas, et de défunte dame Louise Charlotte Girard du Thillay » (3).

Le comte de Plas apportait en mariage les biens délaissés par son père ; et la jeune fille, tous les biens meubles et immeubles présents et à venir de ses parents, consistant dans la terre de Lignières, l'Augerie, Moulidars et autres lieux, à charge de payer annuellement au seigneur marquis de Lignières 200 livres de pension

---

(1) Aujourd'hui : canton de Meyssac (Corrèze).

(2) Marcillac, canton de Meyssac (Corrèze) ; Puy d'Arnac, canton de Beaulieu (Corrèze) ; Sennac, paroisse de Queyssac, canton de Beaulieu (Corrèze) ; Lestrade, commune de Meymac (Corrèze).

(3) Peut-être Thillay (Seine-et-Oise).

viagère. Marie Judith se constituait de plus en dot une bague de 3 diamants brillants, une croix de diamants, des boucles d'oreilles de diamants et un ferret aussi garni de diamants, un collier de perles fines et une montre d'argent.

Un inventaire ayant été fait des meubles du château à l'occasion de ce mariage, il ne sera pas sans intérêt d'y jeter un rapide coup d'œil, pour se rendre compte de l'ameublement d'une maison noble à cette époque.

Dans le salon qui était à droite en entrant, il y avait, entre autres choses, 3 pièces de tapisserie de verdure, 4 chaises de tapisserie, 12 petits tableaux, une petite table garnie d'un drap vert, 2 autres tables de noyer, l'une carrée, l'autre ovale, etc.

Dans une chambre à côté parquetée, un lit, un sopha à compartiment de satin rose bordé d'or... 4 fauteuils, 2 en tapisserie et 2 en broderie velours noir, avec deux caquetoirs velours noir... 4 tabourets... 4 grands tableaux représentant l'un, M. le Marquis de Lignières ; l'autre Mademoiselle de Lignières ; le 3e, Mademoiselle Tévenin ; le 4e, Madame de Clairville ; et quatre autres plus petits représentant Madame de Lignières, Madame de Queylus, Madame Verderine, M. l'Abbé de Beaumont, tous en cadre doré ; une pendule, etc.

Dans une autre chambre d'un pavillon ayant vue sur le jardin, un lit à la duchesse de damas couleur souci bleu et argent avec son chantourné or et argent.. 3 fauteuils de tapisserie... un canapé garni d'étoffe argent et soie, une tenture de tapisserie haute lice à personnages composée de 6 pièces, etc.

Dans la salle haute au-dessus du salon et de la chambre boisée, une tenture de 10 pièces de tapisserie haute lice.. un grand tapis de Turquie... 9 chaises garnies de tapisserie.

Dans une chambre du pavillon qui a vue sur le jardin, 8 pièces de tapisserie représentant l'histoire des Rois, un lit de damas, un fauteuil en tapisserie... 4 chaises de damas... une autre de velours noir... une autre de satin rouge et bleu avec garniture de velours

noir... un grand miroir... un petit bureau de cerisier...
3 portraits moyens représentant feue Madame de
Lignières, Madame de Saint-Aynac, et M. de Clairville
avec leurs cadres dorés.

Dans une autre chambre haute, de l'autre côté du
château, en montant le degré, un lit de plume, une
tapisserie représentant une chasse de 8 pièces... 9 chaises
et 2 petits fauteuils en tapisserie... Plus enfin 4 grands
tableaux qui étaient sur les 4 cheminées des 4 premières
chambres ci-dessus nommées : le 1er, représentant la
Sainte Famille ; le 2e, Moïse sauvé des eaux ; le 3e, une
Bacchanale ; le 4e, Vénus avec Mars, tous avec cadre
doré. (1)

Le Comte et la Comtesse de Plas eurent 7 enfants :

1· *Guy Joseph*, qui épousa en 1746, à Clermont en
Auvergne, Marie Françoise Geneviève de Beauverger-
Montgon, nièce du cardinal de la Roche Aymon, perdit
sa femme 3 ans après, le 5 décembre 1749, au château de
Plas, et mourut lui-même avant sa mère, laissant deux
enfants : Guy Charles, et Marie-Louise Françoise.

2· *François*, qui suit.

3· *Marie*, qui épousa messire de Lagarde. D'où une
fille, Marie-Rose, qui mourut au château le 5 décembre 1743, à 11 ans, et fut inhumée dans la chapelle.

4· *Charlotte Aimée Eléonore*, qui fut élevée chez les
Bénédictines de Notre-Dame de Grâce de Cognac,
épousa à Lignières le 29 décembre 1739 messire Raphaël
de Lageard, seigneur de Poullignac, demeurant en son
château d'Escoir, paroisse dudit Poullignac en Saintonge (2), mourut veuve le 26 novembre 1778 à l'hôpital
de Chalais, et fut inhumée dans l'église de l'hôpital (3).

5· *Paule Augustine*, qui épousa vers 1736 le marquis
Jean Pierre de Guiscard, baron de Thédirac Cavagnac

---

(1) Joubert, notaire à Lignières.

(2) Aujourd'hui : canton de Montmoreau (Charente).

(3) « Revue barbezilienne », T. V.

en Quercy [1]. D'où une fille, Marie Paule, née au château le 18 juin 1747, décédée le 3 août 1749, inhumée dans la chapelle.

6· X... né le 5 mai 1720, baptisé le même jour « à cause du danger de mort », décédé le 11 septembre 1722, inhumé le 12 dans la chapelle.

7· *François Barthélemy*, que nous retrouverons bientôt.

La Comtesse de Plas eut la plupart de ses enfants au château de Plas, où elle avait dû suivre son mari après son mariage. Mais selon une tradition familiale dont l'abbé Legrand, ancien curé de Bouteville, s'est fait l'écho [2], elle ne put, au bout de quelques années, s'habituer au rude climat de Curemonte et à la vie monotone qu'on y menait. Sa pensée se reportait souvent vers ce Lignières dont elle avait été, jusqu'à son mariage, la « demoiselle » bien aimée. Elle avait la nostalgie du pays natal.

Elle eut un jour, là-dessus, avec le « haut et puissant seigneur » son mari, une explication, qu'elle termina sur ce ton péremptoire : « Enfin, Monsieur, il m'est impossible de rester plus longtemps en ce pays. Je vous tire ma révérence, et je retourne en mon château de Lignières ». De fait, en 1720 et 1721, le registre paroissial et des actes passés chez les notaires de la paroisse attestent son séjour, ainsi d'ailleurs que celui de son mari, à Lignières. Elle y a même, comme on vient de le voir, le 5 mai 1720, un enfant. De retour à Curemonte, elle y resta encore quelques années. Mais à partir de 1730, des actes passés à Lignières mentionnent « François de Plas demeurant en son château de Plas, et sa dame à Lignières ». La mort de son mari, survenue dans les premiers jours de 1738, à Paris, la fixa définitivement à Lignières.

---

(1) Thédirac, commune de Mongesty, canton de Salviac (Lot) ; — Cavagnac, canton de Vayrac (Lot).

(2) Abbé Legrand : « Livre des Routes du baron de Plas ».

Son fils aîné habitait le Limousin ; le cadet, entré fort jeune dans la marine, était à Rochefort ou dans les colonies ; ses filles étaient mariées ou allaient se marier. Elle risquait donc de se trouver seule, avec son plus jeune fils encore enfant. Mais très bonne et très hospitalière, elle sut peupler sa solitude, de ses filles d'abord, qui faisaient de longs séjours au château et qui y eurent ou perdirent quelques-uns de leurs enfants ; de ses parents et amis, ensuite, les nobles et bourgeois des environs, qui étaient sûrs de trouver au château un aimable et généreux accueil. Le 28 avril 1745, l'abbé de Plas, curé de Malaville, fit à Lignières le baptême de Valentin Robinet, fils de messire Pierre Robinet et de dame Marie Paillou, qui semblent avoir été à ce moment-là les hôtes du château ; et le 5 décembre 1745, Claude de Plas de Bournazet y mourut à 71 ans, et fut inhumé dans la chapelle en présence des curés de Malaville et de Nonaville.

Parmi les membres dont se composait la domesticité du château sous la Comtesse de Plas, on relève les noms d'Elie Grimaud, maître d'hôtel ; de Jean Moindron, garde de la terre de Lignières ; de Pierre Boumard, muletier ; d'Anne Besse, fille de chambre, etc.

Continuant les traditions de sa famille, Marie Judith figure souvent, d'abord comme « demoiselle », puis comme « dame de Lignières », à de grands, et même à de modestes baptêmes, non seulement à Lignières, mais encore à Touzac, Bonneuil et autres paroisses environnantes. Elle ne croyait pas s'abaisser en tenant sur les fonts les enfants de ses domestiques. Elle signait : « Marie Judith Poussard de Lignières, comtesse de Plas ».

D'un esprit ouvert à tous les besoins de son temps, et en vraie amie du peuple, elle fonda une école « pour l'instruction des filles de la paroisse ». Aussi, lorsqu'elle mourut, le 1er septmbre 1757, à 77 ans, pleine de jours et de mérites, ses funérailles se firent-elles au milieu d'un grand concours de peuple, en présence des curés de Lignières, de Touzac et d'Ambleville. Son corps repose dans la chapelle de l'église.

II. — *François*, comte de Plas, lieutenant de vaisseau en 1753, capitaine en 1757, chef d'escadre en 1777, posséda la terre de Lignières après sa mère, et fut le dernier seigneur de Lignières, la Révolution étant venue, peu de temps avant sa mort, supprimer tous les titres féodaux

En 1757, il commandait la frégate « Opale », vaisseau de 30 canons se rendant à la Louisiane. Ayant amené des colonies un jeune noir d'une quinzaine d'années, appelé « des Zéphirs », il le fit baptiser à Lignières le 10 novembre 1760 sous le nom de François, et lui donna pour parrain Paul Roy, notaire royal, et pour marraine Anne Méchin, intendante de sa maison. Mais des Zéphirs, ne pouvant peut-être pas supporter le climat, mourut le 20 avril 1769.

Quand, sa carrière militaire terminée, vers 1780, le Comte de Plas put se fixer définitivement à Lignières, il y perdit, en juillet 1782, son garde, Léonard Gailletaud, ancien grenadier royal au régiment de Vermandois, âgé de 48 ans ; et en mai 1786, un jeune chirurgien-major sur les vaisseaux, Guillaume Valleteau, de la paroisse de Saint-Simon.

En cette même année 1786, la domesticité du château se composait d'un receveur ou homme d'affaires, Pierre Broussard ; d'un garde-chasse, Pierre Tallon ; d'une vieille gouvernante de 73 ans, Anne Méchin ; d'un petit domestique de 13 ans, Jean Dorelle ; d'un valet de chambre, Jean Germain ; d'un cuisinier, Jean Bouyer ; d'un jardinier, Jean Manon ; d'un bouvier, Jean Beudet ; d'un palefrenier, Gabriel Souchet ; d'un muletier, Pierre Bodet.

Ce dernier conduisait la litière. Les chemins étaient alors si mauvais, et les routes si rares, que les gens de qualité ne pouvaient guère s'offrir d'autre moyen de locomotion qu'une litière, portée par des mules.

Le Comte de Plas avait épousé, avant 1771, *Marguerite Charlotte d'Aubigny*, de laquelle il ne paraît pas avoir eu d'enfant.

Le 7 février 1790, à la première réunion qui eut lieu

pour l'institution de la municipalité, il crut devoir
donner à la jeune assemblée des conseils qui n'eurent
pas l'heur de plaire. On le regardait sans doute déjà
comme un adversaire du nouvel ordre de choses. Il ne
recueillit que 2 voix à l'élection du maire, et ne fut
même pas élu membre de la nouvelle municipalité.
Arrivé d'ailleurs à un âge avancé, il mourut le 16 juillet
1792, et fut inhumé le 17 par Boussiron, desservant de
Lignières, qui ne dit pas où se fit l'inhumation.

Il avait, avant de mourir, abandonné la seigneurie à
son frère Barthélemy, qui suit.

François Barthélemy, baron de Plas, né le 11 avril
1723, avait embrassé de bonne heure la carrière des
armes. Il était, à 19 ans, lieutenant au régiment du Roi-
Infanterie, capitaine en 1757, et faisait en cette qualité
les trois campagnes de Hanovre (1757-1759). Nommé
capitaine de grenadiers au même régiment, il devint peu
après (1767) chevalier de Saint-Louis ; puis, au moment
de quitter l'armée, colonel d'infanterie, avec une retraite
de 1.500 livres sur le trésor royal.

Le 13 septembre 1780, dangereusement malade au
château de Lignières, et croyant sa mort prochaine, il
avait fait son testament en faveur de son frère aîné, lui
donnant, « en raison des preuves de son amitié et de
son attachement », tout ce qu'il pouvait lui laisser
selon la Coutume d'Angoumois.

Ce n'était qu'une alerte. Il devait si bien reprendre
goût à la vie que, le 1er août 1786, à 63 ans bien sonnés,
il épousait *Philippine Robinet de Plas*, sa cousine, dont
la famille habitait le château de Puycheny, paroisse de
Saint-Romain d'Aubeterre. Il alla ensuite avec sa
femme habiter le logis de Moulidars, paroisse de Bors de
Baignes, et y resta jusqu'à la mort de son frère, époque
à laquelle il vint habiter Lignières. Il n'émigra pas sous
la Révolution.

Le baron et la baronne de Plas eurent 5 enfants :

1· *Marie Aimée Éléonore*, née le 17 février 1789 à
Bors de Baignes, mariée à Lignières le 2 août 1814 à

Pierre Arnauld de Nanclas, chevalier de Saint-Louis, ancien capitaine d'infanterie, demeurant à Saint-André d'Angoulême. Ils habitaient en 1828 au château de Malberchie, commune de La Vallette.

2· *Philippine*, mariée à Jean Baptiste Alexandre Deperry, receveur de l'enregistrement, de Vitrac, canton de Montembœuf.

3· *Catherine Marie*, qui épousa, le 13 février 1814 à Lignières, Jean Annet Leroy de Lenchères, du Breuil de Bonneuil.

4· *Aimée Christine*, née le 13 septembre 1793, à Lignières, mariée le 12 novembre 1821 à Jacques Roland, marquis de Plas, son cousin, fils de défunt Charles, et de vivante Marie Madeleine de Guiscard,

5· *François Guy Eugéne*, né le 6 frimaire an IX (27 novembre 1800) à Lignières, étudiant en droit à Paris en 1820, mort peu après.

Un certificat de présence au château de Lignières, délivré le 29 frimaire an IV (20 décembre 1795) par la municipalité cantonale en faveur de François Barthélemy de Plas, nous apprend que le baron a résidé sans interruption à Lignières (depuis 1792), qu'il n'a point été compris sur la liste des émigrés, que ses biens n'ont point été séquestrés, qu'il n'a point été détenu pour cause de suspicion ou de contre-révolution. Le même certificat nous fait du baron, à cette époque de sa vie, le portrait qui suit : « Agé de 73 ans, taille cinq pieds trois pouces, cheveux et soucils gris, portant perruque, yeux bleus, bouche moyenne, nez gros et bien fait, visage et menton ronds ».

Il mourut le 27 brumaire an XII (19 novembre 1804) à 81 ans 1/2, et, le surlendemain, fut inhumé dans la chapelle.

La baronne lui survécut près de 18 ans. Elle fit don, le 7 avril 1822, à l'église de Lignières, d'un calice et sa patène en argent. Quand elle mourut, le 10 juin de la même année, la cérémonie des funérailles fut faite par le curé de Lachaise, « à qui, dit le curé de Lignières, j'ai cédé l'étole, à raison de ce qu'il était depuis longtemps le sage directeur de la pieuse défunte ».

Les enfants n'avaient pas attendu la mort de leur mère pour sa débarrasser d'une partie du château. Le 29 décembre 1820, par acte passé devant Daviaud, notaire à Barbezieux, ils avaient vendu à Jean Dumontet et à Marguerite Roux son épouse, propriétaires aux Abels, tous les bâtiments, servitudes et terres dépendant du château, pour 60.000 francs, Ils ne se réservaient que le château, habité encore par la baronne et deux de ses filles : Philippine et Christine. Mais la baronne étant venue à mourir, et ses deux filles s'étant mariées, Jean Annet Leroy de Lenchères, faisant tant en son nom qu'au nom de son épouse, et comme mandataire de ses beaux-frères et belles-sœurs, vendit le château aux mêmes le 6 janvier 1829, par acte passé devant Roux, notaire à Lignières, pour la somme de 14.000 francs.

Etaient exceptés seulement de la vente : une petite maison et jardin y attenant, située au bourg de Lignières, et faisant coin au chemin qui monte du château au bourg ; et une petite pièce de pré dite « ancienne chénevière du château », située de l'autre côté du chemin qui va du bourg de Lignières à Barbezieux. Mais la petite maison et le jardin furent vendus le 13 mai 1835 (Roux, notaire) à Monaco Desmoulins et Zélie Phillebert son épouse, cultivateurs chez Lafond, pour 600 francs.

Famille Dumontet (1829-1871). I. — *Jean Dumontet* et *Marguerite Roux* eurent :

1· *Zélie*

2· *Jean Chéri*, qui suit.

Marguerite Roux mourut la première le 5 novembre 1847, à 59 ans ; et Jean Dumontet, le 22 septembre 1862, à 67 ans. Il était conseiller municipal depuis 1824, et même adjoint depuis 1858, après l'avoir été de mars à novembre 1835. Il avait aussi été secrétaire du Conseil de Fabrique de 1822 à 1837 ; puis trésorier de 1837 à 1851.

II. — *Chéri Dumontet*, né le 4 janvier 1819, épousa *Marie Elina Vacquier*, d'Etriac, en eût une fille, *Marie Gabrielle*, le 17 octobre 1848, fut conseiller municipal après la mort de son père, de 1865 à 1870, eut le malheur de perdre sa femme et sa fille la même année, en 1870, mourut lui-même le 11 mars 1871, laissant le château à sa sœur, qui suit.

Famille Bienassi (1871-1887). — *Zélie Dumontet*, née le 23 janvier 1817, avait épousé, le 27 août 1844, *André Bienassi*, de chez Guillon en Sonneville, fils de François et de Catherine Guédon, de Verrières. André Bienassi fut conseiller municipal de 1870 à 1881, adjoint de 1881 à 1886, trésorier du Conseil de Fabrique en remplacement de son beau-père de 1851 à 1876, président de 1876 à sa mort, 11 avril 1887.

De son mariage avec Zélie Dumontet, il avait eu, le 4 janvier 1846, un petit garçon, décédé à 8 mois, et le 27 octobre 1849, une fille, *Angèle*, qui suit.

Famille Guillot. — *Angèle Bienassi* a épousé, le 22 mai 1871, *Eugène Guillot*, du Puy de Neuville en Touzac. Après avoir habité Touzac, ils vinrent vers 1887 à Lignières, où Eugène Guillot est mort le 23 août 1912, après avoir été trésorier du Conseil de Fabrique de 1887 à 1906, conseiller municipal de 1888 à 1900, adjoint de 1900 à 1908.

M. et Mme Guillot ont eu 4 enfants :

1· *Anne Marie*, née à Lignières le 9 novembre 1872, mariée le 11 février 1896 à François Cheyrou, notaire. D'où 3 enfants : Simone (Mme de Belleville) ; Charles (1900); Monique (1910).

2· *Emile*, né à Touzac le 7 juillet 1874, adjoint de Lignières de 1908 à 1919, décédé célibataire le 22 août 1924.

3· *Marie Marthe*, née a Lignières le 30 juillet 1876, mariée le 2 mai 1903 à Emile Bézier, inspecteur des Eaux et Forêts, de Sonneville, décédée le 23 juillet 1924. De ce mariage est née une fille, Arlette (1904).

4· *Fernand*, né à Lignières le 23 novembre 1879, a épousé, le 1· septembre 1908, Angèle de Belleville, de Bors de Baignes, et en a eu, le 29 novembre 1909, deux jumelles, Odette et Renée. Il habite le Puy de Neuville, en Touzac

VI

L'AUGERIE

Au nord-est de Lignières, s'enfonçant comme un coin entre les paroisses de Touzac et de Bonneuil, se trouve le village de l'Augerie, aujourd'hui simple métairie, mais autrefois fief noble avec seigneur et juridiction particulière, acquis ensuite au XVII· siècle par le seigneur de Lignières, qui ne dédaignait pas d'en ajouter le nom au sien.

Parmi les *seigneurs* qui possédèrent l'Augerie avant que ce fief fût annexé à Lignières, on trouve :

Pierre Augeard (alias : Ojard), 1471-1481.

Guillaume Rocard, cité en 1540.

Esther Rocard, femme de Pierre de Labadie, écuyer, et dame de l'Augerie, citée en 1594.

Le seigneur de *Pranzac*, cité en 1629.

Dès cette époque, l'Augerie était une simple métairie donnée à ferme par le seigneur de Pranzac, par contrat reçu Bertin, notaire, le 6 janvier 1629, à un Batailler, marchand à Barbezieux. Le 12 avril 1723, par devant Joubert, notaire à Lignières, le seigneur de Lignières l'afferma pour 3 ans à Jean Péron et Marguerite de Jarnac sa femme, laboureurs à La Bergère, en Bonneuil.

Les *biens et revenus* de la seigneurie de l'Augerie, vers la fin de l'Ancien Régime, consistaient : 1· dans le logis noble de l'Augerie ; 2· un mas : le mas de la Combe du Prieur, tenu à agrier ; 3· des rentes en Lignières, au « Pré levé » en la rivière qui est entre l'Augerie et le moulin des Collinauds ; en Touzac, en Bonneuil (le bois Ballan, le terroir des Grosillons) ; en Malaville (Ronfleville), en Ladiville et rivière du Né ; soit, pour une superficie de 105 journaux environ, 15 boisseaux de froment, 7 d'avoine, une douzaine de livres argent, et 4 chapons.

De plus, relevait noblement de la seigneurie de l'Augerie le fief du *Maine Jolliet* en Mosnac, à foi et hommage-lige, au devoir d'une paire de gants blancs appréciés 5 sols, payables à toute muance de seigneur et de vassal. (D'après l'acte de concession fait par dame Esther Rocard en faveur d'Antoine Poirier, seigneur de l'Etang, du 24 décembre 1594, reçu Roy, notaire royal ; et les dénombrements du 28 juillet 1627 par Philippe Leclerc ; du 29 juillet 1686 par Pierre Rullier ; du 26 février 1753 par François Rullier ; du 11 novembre 1775 par Pierre Rullier de Boisnoir, bourgeois, fondé de procuration de dame Marie Tallon, veuve de Jean François Rullier, sieur des Fontaines, sa mère). [1]

Famille Gilbert (1860-1916). — Le 25 août 1860, par devant Lacaud, notaire à Bouteville, l'Augerie fut vendue pour 30.000 fr. par Catherine de Plas, veuve de Jean Anne Leroy de Lenchères, à *François Gilbert*, de Bonneville, canton de Rouillac, qui était alors instituteur de Bonneuil, et fut conseiller municipal de Lignières de 1878 à 1900, conseiller de Fabrique de 1881 à 1897, président du Conseil de Fabrique de 1897 à 1901.

Son fils *Alfred* l'a vendue en 1916 à *Pierre Castillon du Perron*, d'Uffaud, près Cognac, qui y a installé des vignerons.

---

[1] Papier terrier de Lignières. Le Maine Jolliet est possédé et habité aujourd'hui par une demoiselle Gréau-Dubois, descendante des Texier de la Pégerie, en Touzac.

VII

LE MAY

Le fief noble du May, à l'est de Lignières, et à peu près à égale distance de Lignières et de Touzac, avait été concédé par le seigneur de Lignières à *Jean Taillé*, par un acte d'anoblissement du 3 octobre 1510.

Il s'appelait auparavant « le Maine Picq » et « le Maine Digaud. »

Il consistait dans le logis noble du May, et autres bâtiments, cour, jardin, fuïe d'un côté du jardin, et chapelle de l'autre, terres labourables et vignes : 23 journaux 14 lattes ; plus un journal de pré au-dessous de chez Jonchères, plus un quart de journal de pré chez Grimaud ; le tout tenu du seigneur de Lignières à foi, hommage et serment de fidélité à muance d'homme, sous le devoir de deux chaperons d'oiseau (1). (Aveux et dénombrements des 22 janvier 1634, 5 février 1662, 12 février 1775).

Etaient venus s'y adjoindre plus tard :

1· Le fief de *Menoche*, au-dessus de la garenne du seigneur de Lignières, 14 journaux 113 lattes, au devoir de deux sonnettes de lanier garnies de longets et de jets (1). (Acte d'hommage fait par dame Marguerite de Lastre, veuve de Paul de Labadie, écuyer, devant le juge de Lignières le 9 mars 1633, et dénombrements de 1634 et 1662).

---

(1) Termes de fauconnerie. Quand on dressait un faucon pour la chasse, on lui mettait sur la tête un *chaperon* en cuir souple qui l'emprisonnait jusqu'au cou, ne laissant libres que le bec et les narines. On lui mettait aussi au pied une courroie, le *jet*, dont l'autre extrémité était munie de deux anneaux unis ensemble et nommés *tournet*, servant à réunir le jet à la longe. C'est avec la *longe* qu'on liait le faucon au perchoir. Outre ces eniraves, il avait au pied un grelot ou *sonnette*, qui servait à le retrouver quand il s'égarait. Le *lanier* est une espèce de faucon. (Léon Gautier : « La Chevalerie ».)

2· Un pré au-dessous de Menoche contenant un *réservoir* pratiqué vers l'extrêmité dudit pré sur le cours d'eau de la font Mallet, 7 journaux, 106 lattes, au devoir d'un éperon noir apprécié 5 sols. (Acte d'anoblissement du 9 mai 1655).

3· Le fief appelé le *Maine Brunel*, au-dessus du logis (10 journaux 67 lattes) au devoir d'une paire de gants blancs évalués 5 sols, payables à tout changement de seigneur et de vassal. (Acte d'anoblissement portant extinction de rente, moyennant 411 livres, fait par le seigneur de Lignières le 1ᵉʳ juillet 1709, devant Bedout, notaire à Bordeaux).

4· Le *maine de Menoche*, 4 journaux, tenu à foi et hommage de messire Jacques Bernard, chevalier, seigneur de Luchet en Criteuil, au devoir d'une paire de sonnettes d'épervier, à muance de seigneur et de vassal. (Aveu du 30 janvier 1778).

En tout, 60 journaux 150 lattes, sur lesquels le seigneur du May n'avait aucun droit de justice, celle-ci étant réservée au seigneur de Lignières.

De plus, le seigneur du May tenait à titre de cens, rente directe, seigneuriale et foncière :

1· De la seigneurie de Lignières (déclaration du 2 février 1775) :

La prise appelée le *Maine Bezil*, au-dessus de chez Jonchères, 11 journaux 70 lattes de terres labourables et vignes ; plus une partie de terre au terroir de Menoche et joignant le fief des Cordières, 3 journaux 134 lattes, au devoir de 3 boisseaux de froment et 10 sols argent. (Bail à cens du 11 janvier 1721).

Une prise appelée *Sallel*, au-dessus de chez Fournier (ancien nom d'Ermelle), en terres labourables, 8 journaux 45 lattes ; plus un demi journal de terre au-dessus du logis, joignant le bois de dehors des Combes ; plus 3 journaux 111 lattes de terres à Menoche, plus un demi journal de terre au même endroit : le tout au devoir de 5 boisseaux d'avoine. (Bail à cens du 9 décembre 1677).

Un journal de pré à Menoche, au devoir de 12 sols. (Déclarations antérieures : 13 mars 1566, 5 juin 1594).

Le petit bois de dehors des Combes, au-dessus du logis, 1 journal 136 lattes, au devoir de 3 sols 9 deniers. (Déclaration antérieure : 20 juin 1593).

Le grand bois de dehors : 3 journaux 107 lattes, au devoir de 8 sols 9 deniers. (Baillette du 8 février 1485).

La Segretenerie, entre les agriers de chez Petiteau, 5 journaux de terres et vignes ; plus 2 journaux 1/2 de vignes dans les enclaves du fief Jeanneau, au devoir de 2 boisseaux de froment, 2 d'avoine, 18 sols 9 deniers, 2 chapons. (Bail à cens du 30 septembre 1491).

La prise de Trotte Belin au fief de Roc Jeanneau, 117 lattes 6 p. de terre inculte, au devoir de 2 sols 9 deniers.

Un journal 1/2 de terre et vignes au Roc Jeanneau, tenu d'abord à agrier au 1/8 de la vendange et au 1/9 des grains, converti ensuite en rente avec 3 autres pièces enclavées dans les fiefs de Roc Jeanneau et chez Petiteau, au devoir de 1 boisseau 1/2 de froment.

En tout, 61 journaux 173 lattes 6 p. au devoir de 6 boisseaux 4 mesures de froment, 7 boisseaux d'avoine, 4 livres 10 sols argent, 2 chapons.

Plus des maisons, granges et autres bâtiments, jardin, terres, cour et dépendances au village de chez Jonchères, tenus solidairement avec d'autres particuliers. (Déclarations de 1520, 1566, 1593, 1673, 25 janvier 1775).

2° De l'Abbaye de Madion sur Seudre, au diocèse de Saintes :

Le fief des Combes, contenant environ 50 journaux en terres labourables, vignes et bois taillis, au devoir, avec d'autres tenanciers, de 14 boisseaux de froment, 2 livres, 2 chapons, 2 poules, etc.

3° De la cure de Lignières :

Une pièce de terre et vignes, près chez Jonchères, contenant 2 journaux, au devoir de 6 sols. (Déclarations des 28 mars 1645 et 2 février 1775).

4° De la Châtellenie de Bouteville :

Une métairie chez Jeanneau ; 4 parties de rente, au devoir, avec d'autres tenanciers, l'une de 5 sols ; la 2°, de 2 chapons ; la 3·, de 5 mesures de froment ; la 4· de 30 livres et 8 chapons. (1)

Le tout représentant à la fin de l'Ancien Régime, quand le May fut vendu à M. de Frémont, en 1786, une valeur de 43.800 livres.

Famille de Labadie (15..-1786). — Après Jean Taillé, plus haut nommé, le May passa aux de Labadie à une époque indéterminée, mais qu'il est permis de fixer au début du XVI· siècle, si l'on en croit un document de la bibliothèque de Cognac, fonds Albert, T. 66.

Ce document est un nobiliaire manuscrit qui donne, avec les armes des Labadie, l'énumération pure et simple, sans date, de 6 générations de Labadie, dont les 4 premières paraissent avoir occupé le XVI· siècle.

Les armes des Labadie étaient : *d'azur à une croix patriarcale d'argent, deux étoiles de même en chef et un croissant en pointe.*

I. — D'après le nobiliaire, *Guilhen de Labadie* epousa *Jacquette de Rondinaud.* Viennent ensuite :

II. — *Jean de Labudie* marié à *Catherine de Beaucour.*

III. — *Jean de Labadie* marié à *Marie de Bégoles.*

IV. — *Bernard de Labadie,* écuyer, cité en 1566 et 1593, épousa d'abord *Marguerite Tassier,* puis *Marie Pépin,* et eut de son second mariage un fils *Paul* qui suit.

V. — *Paul de Labadie,* écuyer, est mentionné de 1619 à 1625, et figure comme parrain à des baptêmes à Lignières et à Bonneuil. Il avait épousé *Marguerite de Lastre,* souvent marraine elle aussi, et en avait eu, entre autres enfants, *François* qui suit.

____

(1) Papier terrier de Lignières.

VI. — *François de Labadie,* écuyer, figure souvent, lui aussi comme parrain. Il mourut à un âge avancé et fut enseveli dans l'église de Lignières le 27 août 1708. Il avait épousé *Jeanne Bernard*, et en avait eu deux enfants : *Marguerite*, baptisée le 25 janvier 1649 ; et *François*, qui suit.

VII. — *François de Labadie*, chevalier, seigneur d'Aumay *(sic)* et de la Chausselière [1], est dit demeurant à Bordeaux, paroisse Saint-Rémy, rue du Chapeau-rouge, de 1709 à 1738. Pendant ce temps, il n'y a au May qu'un régisseur, François Norman ; puis, en 1724-25, Etienne Dubourg. Le 23 septembre 1723, étant de passage au May, François de Labadie donne à l'église de Lignières un soleil (ostensoir) d'argent de 220 livres, pour obtenir du curé et du syndic l'emplacement d'un banc dans l'église, et, « dans ledit emplacement, avoir droit de sépulture prohibitif pour lui et sa famille à perpétuité ». Cet emplacement lui est accordé « sous le clocher, à prendre au 1ᵉʳ pilier du côté de la porte qui monte au clocher, contenant 8 pieds de long et 6 de large ». Il ne devait venir l'occuper que le 11 janvier 1745, sept ans après son retour au May, et presque centenaire.

Il avait épousé *Hélène Lhuilier*. D'où ;

1° *Alexandre Etienne Raoul Claude* et

2° *Louis Auguste*, qui suivent.

VIII. — *Alexandre Etienne Raoul Claude de Labadie*, chevalier, seigneur de la Chausselière et d'Aumay, colonel d'infanterie, chevalier de Saint-Louis, capitaine général de la capitainerie de la Garde-Côte de Marans, en Aunis, demeurait en 1746 à La Rochelle, paroisse de Saint-Jean du Perot, rue de la Bourcerie. Il dut céder le May à son frère vers 1755.

Louis Auguste de Labadie, chevalier, seigneur d'Aumay, lieutenant-colonel de dragons au régiment royal, maréchal de camp des armées de Sa Majesté,

---

(1) Commune de Vérines (Charente-Inférieure).

chevalier de Saint-Louis ayant, comme son frère, embrassé la carrière des armes, ne put habiter le May, et y laissa un régisseur, François Moinvière l'aîné, cité en 1751-59. Il habitait en 1756 la ville d'Auch, en Gascogne ; et, en 1764, Paris, hôtel Notre-Dame, rue du Boulouard, paroisse Saint-Eustache. Après sa mort, en 1765, le May passa à son neveu, qui suit.

IX. — *François Patrice Vincent Alexandre Raoul de Labadie,* chevalier, seigneur de la Chausselière, du May, des Combes et autres lieux, capitaine des vaisseaux du Roi, chevalier de Saint-Louis, n'habita pas non plus le May. Il avait son hôtel à La Rochelle, paroisse Saint-Barthélemy, rue de la Charderie. C'est là qu'il mourut le 26 juin 1780.

En 1765, il avait affermé le May à Pierre Pinot, bourgeois, du Grandmont en Touzac. Mais, trois ans après, le bail fut résilié par suite de la ruine causée par un *orage terrible* qui éclata le 16 août 1768, à 2 heures de l'après-midi, et ravagea toute la contrée, et en particulier le May.

« La petite rivière du Né, depuis 7 heures du soir jusqu'à minuit, se gonfla si prodigieusement qu'elle monta de 12 ou 15 pieds au-dessus de la plus forte inondation... Auprès de Saint-Fort où le Né fait un coude, le torrent jeta un tas énorme de gerbes, futailles, 40 lits, 8 berceaux. On recueillit un enfant vivant qui flottait dans son berceau, et un autre noyé, qui était dans la même situation. Ce dernier appartenait au sacristain de Lignières, qui pendant cet orage sonnait la cloche, et qui, en retournant chez lui, cherchait inutilement sa maison dont il ne restait plus aucun vestige » [1]. La violence des eaux fut telle qu'à Lignières, au dire des anciens, elles « firent trembler les murs du château ».

---

[1] Abbé Cousin : « Histoire de Cognac, Jarnac, etc. » La paroisse de Lignières devait être encore éprouvée, ainsi d'ailleurs que plusieurs autres paroisses environnantes parmi lesquelles Touzac, par un orage de grêle qui éclata dans la nuit du 2 au 3 juillet 1827, de 11 heures à

Au May, de l'aveu du notaire Joubert appelé à constater les dégâts, les sarments et bois des vignes furent meurtris et cassés par la grêle ; et la terre entraînée jusqu'au tuf, au Maine Bezil. Dans un des près Jonchères, on estimait à 40 charretées la quantité de pierres que l'eau avait entraînées ; dans un autre, à 50 ; dans le pré des Menoches, où est le vivier, à plus de 100 ; dans le vivier lui-même, à plus de 2000 charretées. Et le notaire croit bon de signaler qu'une telle quantité de pierres a « étouffé, perdu le poisson qu'il pouvait y avoir » dans le vivier. On le croit sans peine.

Dans une pièce de terre au-dessus du vivier, de la contenance de 8 journaux, l'eau avait fait un fossé ou ravine de 3 pieds de profondeur sur 12 de large, qui traversait entièrement la pièce. Aux Menoches, une ravine de 3 pieds de profondeur sur 36 de large s'étendait depuis le chemin de chez Abel jusqu'au vivier ; le vent y avait renversé un noyer de la grosseur d'un sac. Les chemins qui avoisinent le May étaient impraticables, l'eau y ayant creusé des ornières de 2 pieds 1/2 à 3 pieds de profondeur sur 3 de large. Dans une pièce de terre ensemencée de blé d'Espagne, appelée « dessus les cimetières (1) et sous la fuye », et contenant 5 journaux, la grêle et l'eau avaient « battu, couché et presque entièrement perdu lédit blé d'Espagne »

Dans toutes les pièces de vignes, reviennent les mêmes termes du procès-verbal pour mentionner les dégâts: « Tout a été battu par la grêle, le verjus est au pied des ceps, le sarment meurtri et criblé, la terre entraînée, la vigne hors d'état de donner du vin de bien des années ». La ruine des terres et des vignes était presque totale, et l'on estimait à plus de 5 années le temps qui serait nécessaire pour les reconstituer.

En 1770, on voit apparaître un François Blanchard,

---

minuit, et ravina les terres, arracha ou mutila des arbres, enleva les 4/5 de la récolte des vignes, les 2/3 de celle des céréales, et réduisit à la misère de nombreux habitants.

(1) A quelle époque et pourquoi ce cimetière ?..

« agent de M. de Labadie », et demeurant au May.

Après la mort de M. de Labadie (1780), ses biens ayant été partagés entre sa sœur Marie Anne, et son frère Louis Jean Baptiste, le May échut d'abord à Louis, puis, le 29 février 1784 (Delavergne, notaire à La Rochelle), à Marie Anne.

Marie Anne de Labadie avait épousé messire *Antoine de Galuvey*, écuyer, et demeurait elle aussi à La Rochelle, paroisse de Saint-Jean du Perot, rue de la Cloche. Elle garda le May deux ans ; et par acte passé devant Drouhet, notaire à La Rochelle, le 22 mars 1786, le vendit pour 43.800 livres à M. de Frémont, qui suit. Les de Labadie avaient été seigneurs du May pendant près de 300 ans.

Famille de Frémont (1786-1832). — *Michel Louis Noël de Frémont,* ancien inspecteur général des domaines du Roi des Généralités de Poitiers et de La Rochelle, ancien receveur général des domaines en Bretagne, fut le dernier seigneur du May. Mis au 1er plan dès le début de la Révolution, commandant en chef des gardes nationales d'Ambleville, Sonneville et Saint-Palais des Combes, maire de Lignières et deuxième électeur du canton en 1790, receveur du district de Cognac en l'an III, il semble ensuite entrer dans l'ombre, reparaît le 24 messidor an VI (12 juillet 1798) pour faire dissoudre son mariage, et meurt au May le 23 fructidor an XIII (10 septembre 1805), à 72 ans.

Il avait épousé en janvier 1779 *Marie Anne Lucile Bonneau,* de Houlette, paroisse de Brie sous Archiac, de laquelle il n'eut pas d'enfant, et qui mourut le 26 février 1832, à 76 ans, laissant, par testament du 17 février 1829, le May à un neveu qui suit.

Les Bonneau étaient seigneurs de Houlette, et portaient : «d'azur au chevron d'or, accompagné en chef de 2 étoiles d'or, et en pointe, d'un puits d'argent, entouré d'une balustrade d'or », avec la devise : « Bonne eau. »

Famille Bonneau (1832-1840). — *Jean Louis Noël Bonneau* fut conseiller municipal en 1834, adjoint de 1835 à 1840. Il avait épousé *Françoise Page*, et en avait eu une fille, Marie Onésime, qui suit.

Famille Renard (1840-1867). — *Marie Onésime Bonneau* avait épousé, le 21 mai 1836, *François Jules Renard*, de Macqueville (Charente-Inférieure), qui fut conseiller municipal de 1843 à 1855. Le 27 janvier 1840, par acte passé devant Rambaud, notaire à Cognac, Mme Renard reçut de ses parents le May. Elle mourut à Touzac le 2 juin 1880, et fut enterrée dans le cimetière de Lignières, où l'avaient précédée, en 1862 sa mère, et en 1863 son père.

M. et Mme Renard eurent 4 filles :

1° *Julie Valérie*, née le 2 mai 1837, mariée le 26 juillet 1858 à Emile Allard, typographe à Paris. Le mariage fut béni dans la chapelle du May par M. le Curé de Lignières, autorisé par Mgr l'Evêque. Dans cette chapelle, avait déjà eu lieu, le 5 octobre 1826, un baptême, fait par le vicaire général Guitton : celui de Jeanne Delâge, née le 22 septembre de Jean Delâge et de Marie Voilet, « mariés civilement », dit le Registre paroissial.

2° *Marie Louise Elisabeth Clémence Amasie*, née le 29 avril 1839, mariée le 21 février 1859, dans la chapelle du May, à Denis Peyiehan, négociant à Bordeaux.

3° *Marie Mathilde*, née le 14 septembre 1842, mariée le 28 janvier 1862, dans la chapelle du May, à Henri Desjoncherets, de Luçon (Vendée), décédée chez son fils à Angoulême, en 1924.

4° *Marie Thérèse Adrienne*, née le 5 mars 1844, mariée le 25 juillet 1864 dans l'église de Lignières, à Raymond Follardeau, du château de Vaure, commune de Ruch, canton de Sauveterre (Gironde).

Le 6 mai 1867, par acte reçu Fillion, notaire à Ambleville, la famille Renard vendit le May à François Audureau, qui suit.

Famille Audureau (1867-1897). — I. — *François Audureau*, fils de François et de Marie Hospitel, était de Verrières. Il fut conseiller municipal de 1870 à 1878, puis de 1884 jusqu'à sa mort, membre du Conseil de Fabrique en 1875, trésorier en 1876, président en 1887 jusqu'à sa mort.

Il avait épousé *Marguerite Vedeau*, de Juillac le Coq. D'où :

1° *Amélie*, née en 1859 à Juillac le Coq, mariée le 1ᵉ avril 1878, à M. Masson, maire actuel de Touzac.

2° *François Clément*, qui suit.

Marguerite Vedeau étant morte le 25 janvier 1871, à 34 ans, suivie de près le 4 mars par Pierre Vedeau son père, le 6 mars par Jean Vedeau son oncle, le 15 décembre par François Audureau son beau-père, les 3 premiers, victimes de la picote, François Audureau épousa en secondes noces, le 8 décembre 1872, *Georgette Jamin*, fille de Benjamin Jamin, ancien instituteur à Lignières, et veuve elle-même de Joseph Boucq. Il mourut le 2 mai 1894, à 61 ans. Après sa mort, le May fut partagé entre ses deux enfants, et la maison échut à Clément.

II. — *François Clément Audureau*, docteur en médecine, membre du Conseil de Fabrique de 1894 à 1897, ne garda pas longtemps le May. En mars 1897, par acte passé devant Favreau, notaire à Segonzac, il le vendit à Théodore Guillet, qui suit ; et alla exercer la médecine à Cognac, où il est mort le 28 décembre 1909 à 43 ans.

Il avait épousé *Emma Mounier*, de Paris. D'où une fille, *Andrée* (Mme Perraud).

Famille Guillet. — I. — *Théodore Guillet*, maire de Nieul-les-Saintes, président du tribunal de commerce de Saintes, conseiller général du canton de Gémozac, chevalier de l'Ordre du Christ de Portugal, était négociant d'eaux-de-vie à Saintes. Ayant épousé, le 27 octobre 1858, *Marie Louise Iphigénie Rouyer*, fille de Guillaume, négociant, et de Marguerite Guesdon, il était devenu l'associé de son beau-père, et en 1868, en collaboration avec son beau-frère Ovide Rouyer, avait fondé la marque de Cognac « Rouyer-Guillet & C¹ᵉ », aujourd'hui connue dans le monde entier. Il est mort à Saintes le 3 août 1902, à 70 ans.

Son acquisition du domaine du May lui fut une nouvelle occasion de manifester son esprit d'initiative. Il y créa un des premiers vignobles en vignes greffées sur plant américain qui aient paru dans la contrée, et fit construire ou restaurer, suivant une conception toute personnelle, de nombreux bâtiments.

De son mariage étaient nés 3 enfants :

1· *Jules*, qui suit.

2· *Emile*, qui naquit le 4 avril 1861, épousa en 1897 Emma Wolf, et résida à Londres où il dirigeait, avec son oncle Ovide Rouyer, une filiale de la maison de commerce « Rouyer-Guillet & Cⁱᵉ. »

3· *Marie-Thérèse*, morte en bas-âge.

II. — *Jules Guillet*, négociant à Saintes, maire de Saint-Georges des Coteaux, conseiller général de Saintes, juge au Tribunal de commerce de Saintes, président de la Chambre de commerce de Rochefort, continua au May les améliorations culturales et les restaurations commencées par son père, et en fit un des plus beaux domaines de la contrée. Il fit notamment restaurer le logis et la chapelle, celle-ci toutefois d'une façon incomplète, la mort étant venue le frapper le 1ᵉʳ janvier 1918, à 58 ans.

Il avait épousé les deux sœurs : *Madeleine* et *Geneviève Bouquelon*, d'une très vieille famille de magistrats de Normandie. La première mourut quelques jours après avoir donné naissance, le 8 avril 1889, à deux jumelles :

1· *Marie-Louise*, qui se fit religieuse, et qui s'occupe actuellement de bonnes œuvres à Paris et dans la banlieue.

2· *Marie Gabrielle*, décédée le 9 avril 1889.

Du second mariage de Jules Guillet avec Geneviève

Bouquelon, en 1892, sont nés :

1· *Gabrielle*, mariée à Pierre Taittinger, ingénieur, actuellement député de Paris, et décédée subitement en septembre 1924.

2· *Elisabeth,* mariée le 29 juin 1920 à Elisée Frouin, docteur en droit, député de la Gironde.

3· *Louis*, chef actuel de la maison en France « Rouyer-Guillet & Cie », marié le 12 octobre 1920 à Suzanne Mainguenaud, de Cognac.

4· *Madeleine*, propriétaire actuelle du May, qui habite Saintes, avec sa mère.

La famille Guillet est représentée au May, depuis 1897, par un régisseur, Camille Train, au service de la famille depuis 1893, conseiller municipal de Lignières.

VIII

ERMELLE

Le fief noble d'Ermelle (alias : Hermelle, Armelle), au sud de Lignières, touchant Criteuil, était moins ancien que le May. Il aurait été concédé par le seigneur de Lignières à messire Alexandre de Renouard, le 15 janvier 1693 (1).

Il s'appelait auparavant « Puyrigaud » et « chez Fournier ».

Il consistait dans le logis noble d'Ermelle, 13 journaux 110 lattes de terres et vignes, et 1 journal 91 lattes de terres au bout des prés de Sallet : en tout, 15 journaux 1 latte, tenus noblement du seigneur de Lignières à foi et hommage, sous serment de fidélité, au devoir d'une paire de gants blancs ou 10 sols, payables à muance de seigneur et de vassal, sans droit de justice, celle-ci étant réservée au seigneur de Lignières (Aveux et dénombrements des 12 mai 1753, 8 septembre 1775).

De plus, le seigneur d'Ermelle tenait du seigneur de Lignières :

La métairie de la Davorde, 60 journaux.

La prise du Plantard ou la petite Broussière, 7 journaux 167 lattes, au devoir de 3 boisseaux de froment 3 d'avoine.

Une autre prise au-dessus du moulin Brandet, 13 journaux 50 lattes, au devoir de 2 boisseaux de froment, 2 boisseaux 4 mesures d'avoine, 5 sols.

La Brande à Ménard, 7 journaux 160 lattes, au devoir de 2 boisseaux de froment, 2 d'avoine, 1 géline.

La prise de Peurigaud, 6 journaux 165 lattes de vignes, au devoir de 2 boisseaux 4 mesures d'avoine.

---

(1) Bruneteau, notaire à Lignières.

Un journal de pré à Sallet, au devoir de 3 sols 9 deniers.

Un journal de terre au mas de Sallet, au devoir de 12 sols.

Au même endroit, la prise appelée « de François le Blois » [1], 4 journaux 90 lattes, au devoir de 4 sols 6 deniers.

La prise de Lerseau (alias : l'Arceau), en la rivière de Lignières, 2 journaux 2 lattes, au devoir de 1 boisseau de froment, et 1 sol.

La prise du Maine Palais, ou chez Doussin, au-dessous d'Ermelle, 7 journaux 180 lattes, au devoir de 4 boisseaux de froment, 2 d'avoine, 10 sols, 2 poules.

La prise de la Combe de Sallet, y compris la Font Sallet, 27 journaux 190 lattes de terres, vignes et prés, au devoir de 14 boisseaux de froment « bon bled, pur et marchand ». [2]

Seigneurs d'Ermelle. — Les principaux seigneurs d'Ermelle furent les *Renouard*. C'était une famille de

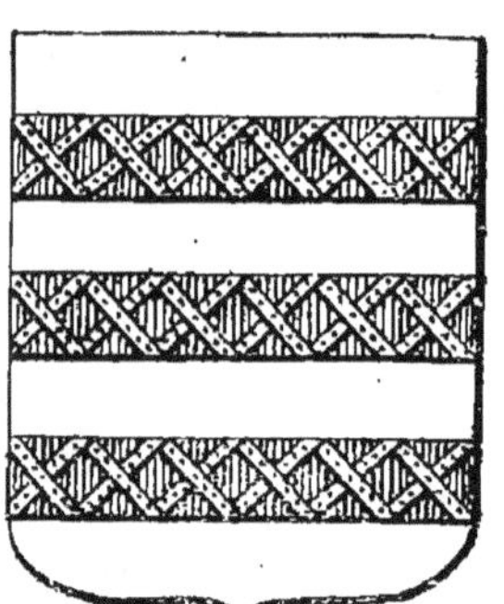

protestants, qui se ramifia en plusieurs branches. Il y eut les Renouard de Servolle, en Bouteville ; ceux du Breuil, en Bonneuil ; ceux de La Madeleine. On ne s'occupe ici que de ceux d'Ermelle.

Leurs *armes* étaient *d'argent à 3 fasces de gueules frettées d'or.*

Famille de Renouard (1634-1779). — I. — Le premier membre de la famille que l'on trouve mentionné avec le titre de « sieur d'Armelles » est Paschas, ou *Pascal Renouard,* en 1634.

---

(1) Nom de la famille qui paraît avoir habité le village de chez Fournier, avant que ce village devînt le fief noble d'Ermelle. Un Moyse Le Blois, sergent prévôtal de Bouteville, y est mentionné en 1620.

(2) Papier terrier de Lignières.

Mais avant lui, il y avait eu 4 générations de Renouard, que le Nobiliaire de la Bibliothèque de Cognac (Fonds Albert, T. 66) énumère sèchement, comme il suit :

1· Pierre Renouard, époux de Liette de Livennes.

2· Bonaventure Renouard, époux de Catherine de Villat.

3· Annet Renouard, époux de Jeanne Gouvernand.

4· Jean Renouard, époux de Louise de la Maisonneuve.

Ce dernier, que j'ai trouvé mentionné ailleurs comme « écuyer, sieur de Servolle », s'était marié le 11 avril 1610, et avait eu comme enfants : Isaac, qui eut Servolle ; Pascal, qui suit ; Henri, sieur de la Charmilière (alias : de Chemellières) qui épousa le 18 septembre 1650, devant Roux, notaire, Marie de Xans, et habita le Breuil de Bonneuil ; et Elie. (1)

Pascal Renouard, écuyer, sieur d'Armelles, épousa, le 13 août 1634, par devant Vergnon, notaire, *Esther de la Saunière* (alias : de la Saunerie), et en eut :

1· *Charles*, écuyer, qui eut Servolle, et épousa d'abord Madeleine de Culant ; puis le 4 février 1685, par contrat reçu Poirier, Elisabeth Renouard, sa cousine.

2· *Alexandre*, qui suit.

3· *Angélique*, qui épousa, le 16 septembre 1685, Pierre Robert, et demeurait en 1713 au logis de la Porte, paroisse de Saint-Seurin de Barbezieux.

4· *Louise*, qui ne se maria pas, et habitait avec son frère à Ermelle en 1713 quand elle fit son testament.

II. — *Alexandre de Renouard*, chevalier, seigneur d'Ermelle, épousa, le 17 mars 1694, *Elisabeth Crespain*, et mourut veuf vers 1722. Il avait eu 2 enfants :

1· *Louis*, chevalier, seigneur d'Ermelle, qui dut mourir jeune.

2· *Charles Alexandre*, qui suit.

______

(1) Biblioth. de Cognac, Fonds Albert, T. 45, p. 36.

III. — *Charles Alexandre de Renouard*, chevalier, seigneur d'Ermelle et Servolle, rendit, le 16 mai 1752, hommage et dénombrement au Roi pour son fief de Servolle et Puychaud, en Bouteville et Bonneuil, qu'il avait hérité de son oncle. Ce fief relevait en partie du Roi à cause de son château de Bouteville, au devoir de 20 sols par an, et consistait en la maison, cour, jardin, fuie, vignee et terres du lieu de Servolle.

En 1774, Charles Alexandre de Renouard, étant d'un âge fort avancé, rempli d'infirmités et hors d'état de faire valoir ses domaines, obligé de plus de soutenir des procès contre son seigneur et voisin, vendit, le 16 mars, à Jean Matignon, notaire à Lignières, la métairie de la Davorde, pour 13.000 livres; et, le 22 juillet, le fief de Servolle, pour 25.600 livres, à M^tre Jacques Tabuteau, conseiller du Roi et juge prévôt royal de Bouteville, demeurant en son logis de Balzac, en Nonaville.

Il mourut célibataire le 23 novembre 1779, laissant Ermelle à celle qui lui avait rendu, dans sa vieillesse, « des services journaliers, constants et assidus », Marie Anne Guyot d'Ervaud, sa nièce, qui suit.

Famille d'Auzy (1779-1862). — I. — *Marie Anne Guyot d'Ervaud* avait épousé, du vivant de Charles Alexandre de Renouard, messire *Charles Auguste d'Auzy*, chevalier, seigneur de la Prévôté de Grosbois et autres lieux, capitaine au régiment de Guyenne, puis de Viennois, fils de Gabriel, chevalier, seigneur des Granges.

Les d'Auzy étaient, eux aussi, protestants.

Ils eurent comme enfants :

1° *Charlotte Marie Félicité*, qui suit.

2° *Armand Charles*, né le 25 septembre 1775, baptisé chez Piet le 28, marié, le 10 germinal an VIII (31 mars 1800) à Lignières, à Marie Janvre, des Gours, canton d'Aigre, en eut une fille, Marie Anne Angélique, qui se fit religieuse chez les Dames du Sacré Cœur, alla demeurer à Couture d'Argenson (Deux-Sèvres), et revint à Ermelle, où il mourut le 4 octobre 1842.

3° *Judith Rose Bienvenue,* née le 25 octobre 1776, baptisée chez Piet le 28, mariée le 25 thermidor an XIII (13 août 1805), à Louis Charles de Clervaux, de Châteauneuf, commune de Vitré, canton de Melle (Deux-Sèvres).

4° *Victoire Marie Louise,* née le 9 septembre 1779, baptisée chez Piet le 10, mariée à 50 ans, le 3 mai 1830, à Pierre Petit de la Seguinie (alias : de la Guigneraie), de Conzac.

5° *Charles Gédéon,* né le 17 mai 1784, mort en bas-âge [1].

Le 9 juillet 1781, les d'Auzy affermèrent Ermelle à Pierre Levraud, du Maine Fayat en Bonneuil, et allèrent habiter le logis de La Madeleine. Ils l'avaient acheté, avec le fief du Son (alias : d'Usson, Ausson) en La Madeleine, le 12 août 1775, de Marie Louise Périnne Renouard, veuve de François de Manne, chevalier, seigneur des Couts, paroisse de Chiray en Poitou, pour 30.000 livres. C'est là que naquit le dernier des enfants et que mourut leur père le 6 août 1788.

Madame veuve d'Auzy revint ensuite à Ermelle ; vendit, le 14 septembre 1807, sa maison de La Madeleine à François de Manne, époux de Françoise Bertrand ; mourut à Ermelle en 1845, et fut enterrée dans le petit cimetière qui se trouve à l'angle nord-ouest de l'enclos, et qui doit contenir aussi les corps de Charles Alexandre de Renouard, son oncle, d'Armand et de Madame Petit, ses enfants [2].

Elle laissait Ermelle à sa fille Charlotte, qui suit.

II. — *Charlotte d'Auzy,* née le 16 février 1774, ne se maria pas, et mourut à Ermelle vers 1862, laissant la propriété à ses neveux Jules de Clervaux, et Claire des Mesnards, née de Clervaux.

---

(1) Registre protestant de Lignières.

(2) Tradition de famille transmise par M. le Comte de Clervaux, château de Châteauneuf, par Celle-sur-Belle (Deux-Sèvres). Il n'y a plus, dans le cimetière d'Ermelle, aucune trace apparente de sépulture.

Famille de Clervaux (1862-1884). — Des descendants de ceux-ci : Louis Auguste, comte de Clervaux, demeurant à Tayllan, commune d'Aimorgues (Gard) ; et Lucie Guesnon des Mesnards, épouse de M. Louis Meschinet de Richemont, archiviste de la Charente-Inférieure, vendirent Ermelle ; et, après plusieurs acquéreurs non solvables, laissèrent la propriété, par acte reçu Hériard, notaire à Gognac, le 18 décembre 1884, à la famille Sujet, qui suit.

Famille Sujet (1884 1918). — *Barthélemy Sujet* et *Marie Rahon* son épouse laissèrent à leur tour Ermelle à leur fils *Pierre René*.

Celui-ci l'a vendu le 1er mai 1918, pour 30.000 fr. par acte reçu Fougerat, notaire à Barbezieux, à *Félix Boucherie*, marchand de porcs à Viville, lequel vient, lui aussi, de le vendre en 1926, pour 133.000 francs.

SONNEVILLE

L'ancienne paroisse de Sonneville était bornée au nord par Saint-Preuil ; à l'est par Bonneuil ; au sud par Lignières et Ambleville ; à l'ouest, par Juillac le Coq et Segonzac.

Elle avait une *superficie* de 683 hectares et une *population* de 326 habitants en 1700, de 360 en 1789, de 383 en 1793, de 325 en 1830 : en moyenne 80 feux.

Elle comprenait aussi la paroisse de Saint-Palais des Combes, qui lui fut toujours annexée au temporel, et n'en fut détachée qu'au spirituel, et pour peu de temps, comme on le verra plus loin. C'est ainsi que pour la perception de la taille, le rôle de Saint-Palais était annexé à celui de Sonneville. Il y avait trois quartiers : le Bourg, Bégou et Saint-Palais ; et un collecteur par quartier.

Le *chef-lieu* est très agréablement situé dans un nid de verdure, au fond d'une vallée étroite, sur le bord de la route départementale n⁰ 12 de Jarnac à Barbezieux, près d'une fontaine au débit abondant, qui donne naissance au petit ruisseau de Boulot, et dont le clair murmure, joint aux autres agréments de ce site enchanteur, n'a pas peu contribué sans doute à l'établissement en ce lieu d'une villa gallo-romaine : *Sonavilla*, devenue Sonneville.

Justice, rentes et agriers. — Sonneville relevait, avec Angeac-Champagne, Saint-Fort et Verrières, de la châtellenie d'Ambleville. On disait communément : « Sonneville en Ambleville. »

Mais si une grande partie de la terre, ainsi que l'hommage et la haute justice, appartenaient au seigneur d'Ambleville, les seigneurs voisins de Bouteville et de Lignières y avaient aussi des fiefs. La mesure généralement adoptée y était même celle de Bouteville.

On a vu, p. 194, les rentes qu'y touchait le seigneur de Lignières.

Le seigneur de Bouteville en avait aussi quelques-unes principalement au « Maine des Chaignes », qui s'élevaient, en 1681, à 16 boisseaux 1/2 de froment, 7 livres 17 sols 4 deniers, et 4 chapons. [1] Il avait également les agriers des grains et vins de la paroisse, dont la ferme lui rapportait 150 livres par an. Le fermier en était, en 1717, Pierre Jullien, marchand, aux Maines. [2]

Le prieur de Bouteville avait aussi des rentes vers Bégou.

De même, le curé de la paroisse avait la prise de la rivière, autrement font Launay, au devoir de 10 sols ; et d'autres prises à Boulot et à Saint Palais.

Dîmes. — Il était, de plus, décimateur ; mais, pas plus que son voisin de Lignières, ne percevait lui-même la dîme.

Il la donnait en ferme à des particuliers, moyennant 600 livres argent, une demi-pipe d'avoine, deux paires de chapons gros et gras, en 1713 ; — 730 livres, 10 boisseaux d'avoine, 4 chapons, 3 brasses de paille et la moitié des balles, en 1737 ; — 820 livres, 3 brasses de paille, 4 chapons, en 1741 — 780 livres, 2 paires de chapons, 3 brasses de paille, en 1750 ; — 900 livres en 1752. Il y avait les quartiers de chez Androux, Bégou, etc.

A ces dîmes, venaient s'ajouter celles de Saint-Palais, qui étaient affermées 403 livres, une demi pipe d'avoine, un boisseau comble de raisins triés, en 1718 ; — 450 livres, une demi-pipe d'avoine, 4 chapons gros et gras, et d'espèce 15 jours avant le mardi-gras, un boisseau comble de raisins triés, en 1727 ; — 450 livres, 12 boisseaux d'avoine, 4 chapons gros et gras, 2 paniers de

---

(1) Papier terrier de Bouteville, Bibl. de Cognac. Fonds Albert, T. 73.
(2) Roy, notaire à Lignières.

raisins triés, en 1729 ; — 400 livres, 6 boisseaux d'avoine, 4 chapons, en 1737 ; — 400 livres, 2 paires de chapons gros, gras et dodus, en 1750 ; — 460 livres, en 1757. Il y avait les quartiers des Maines, du Maine Chemin, de Fontpinot. (1)

Le curé de Sonneville se faisait donc sur les dîmes, au XVIIIe siècle, un revenu moyen annuel de 1200 livres. Le Pouillé du diocèse d'Angoulême dit même (III, 372) : 2400 livres en 1790. Par contre, le curé devait payer 440 livres pour décimes en 1789.

Les dîmes étaient, comme à Lignières, au douze pour toute espèce de fruits décimables.

Cultures du sol. — En 1783, Sonneville produisait : en froment, 10/40 ; en maïs, 3/40 ; en légumes, 1/40 ; en vin, 25/40 ; en bois, 1/40 ; et Saint-Palais, en froment, 18/40 ; en vin, 18/40 ; en bois, 4/40. (2)

Culte protestant. — A Sonneville comme à Lignières, les deux cultes : catholique et protestant, n'ont cessé de coexister depuis la Réforme. Les protestants y étaient même autrefois particulièrement nombreux. C'est ce qui ressort des *déclarations de mariages protestants*, faites conformément à l'Edit de tolérance de 1787.

Jusqu'en 1787, la loi française ne reconnaissait pas le mariage des protestants, et leurs enfants étaient illégitimes. L'Edit de Louis XVI leur rendit l'état-civil et les droits qui en découlent. A la faveur de l'Edit, du 25 mai 1788 au 20 janvier 1789, dix-neuf familles protestantes de Sonneville renouvelèrent leur consentement à leur mariage et légitimèrent leurs enfants, en se présentant devant le curé de la paroisse faisant uniquement fonction d'officier de l'état civil. Ce furent :

Le 25 mai 1788, Jean Brunetaud et Anne de la Brousse, veuve de Pierre Ballet, unis par un mariage depuis environ 13 ans. D'où : Anne Catherine (1776).

---

(1) Rôy, Joubert, notaires à Lignières.

(2) Bibl. de Cognac, Fonds Albert, T. 29.

Jean René Sauvaget et Marie de Jarnac, unis depuis environ 4 ans. D'où : Marie (1786) et Jean (1787).

Le 17 août 1788, Pierre Angelier et Elisabeth Pissot, du Maine Bois, unis depuis 38 ans. D'où : Louise, 34 ans ; Marie, 31 ; Pierre, 24 ; Anne, 22 ; Marie, 19.

Le 5 octobre, 1788, Jean Videau, uni à Marie Gadras depuis 1755 jusqu'à la mort de celle-ci, arrivée il y a 14 ans. D'où : Marie (1757).

David Cartron et Marie Videau, unis depuis le 13 juillet 1777. D'où : David (1780) ; Jean (1782) ; Marie (1785).

Jacques Ferrand et Marie Diet, unis depuis juin 1779. D'où : Jacques (1780) : Catherine Henriette (1788).

Le 13 octobre 1788, Jean Allard et Elisabeth Gadras, unis depuis le 24 mai 1753. D'où : Jean (1756).

Jean Giraudeau et Marguerite Sauvaget, unis depuis le 4 septembre 1784. D'où : Marie Marguerite (1785) ; Jean Jérémie (1787).

Pierre Giraudeau et Marie Texier, unis depuis le 8 mars 1767. D'où : Pierre (1768) ; Jean (1772) ; Marie (1776).

Le 22 octobre 1788, Jean Ballet et Jeanne Guinefolleau, du Maine Bois, unis depuis le 20 avril 1767. D'où : Pierre (1768) ; Jean (1770).

Le 27 octobre 1788, Elie Gauri, de chez Pinard, uni depuis le 29 avril 1750, à Jeanne Viroleau, décédée en 1787. D'où : Jean (1751) ; Marie Jeanne (1752) ; Elisabeth (1757) ; Pierre (1765).

Jean Ballet et Jeanne Lafontaine, de Bégou, unis depuis 1764. D'où, Jean (1765).

Jean Gauri et Jeanne Giraudeau, de chez Pinard, unis depuis 1784.

Le 12 novembre 1788, Jeanne Gauri, de Nâpres, unie depuis 1750 à Jean Gautier, décédé en 1779. D'où : Françoise (1766) ; Daniel (1769).

Pierre Trouiller et Françoise Gautier, unis depuis 1781. D'où : Jean (1784) ; Marguerite (1787).

Marie Videau unie depuis décembre 1769 à Jean Puissant, de chez Piet, décédé en septembre 1775. D'où : Jean 1771) ; Marie (janvier 1776).

Le 15 décembre 1788, Anne de la Brousse, unie depuis octobre 1762 à Pierre Ballet, du Maine Bois, décédé le 26 décembre 1770. D'où : Suzanne (1763); Pierre (1767).

Le 8 janvier 1789, Marie Guérin, du Maine Bois, unie depuis janvier 1755 à Jean de Jarnac, décédé en 1768. D'où : Marie (1765).

Le 20 janvier 1789, Pierre Rochefort et Jeanne Guiet, de chez Androux, unis depuis décembre 1758.

Comme il n'y avait pas alors de cimetières destinés légalement à la *sépulture des non-catholiques,* les protestants étaient inhumés en terrain privé. Ainsi le 13 novembre 1788, une demoiselle Catherine Rose Bernard, 80 ans, est inhumée dans un terrain clos appartenant au sieur Petit Dollivet, au village de chez Ballet. De même, le 10 juin 1789, « a été inhumée dans un terrain près sa maison, Jeanne de Jarnac, épouse de Pierre Ferrand, du village du Maine Bois ». Le registre paroissial mentionne aussi le décès du sieur Jacques Ballet, bourgeois, de chez Ballet, qui, étant mort dans la religion protestante le 8 mars 1781, à 84 ans, a dû être enterré chez lui. Sa femme, Catherine Guesdon, était morte le 16 novembre 1779, à 69 ans; et, étant catholique, avait été inhumée dans le cimetière.

Culte catholique. — La paroisse de Sonneville faisait partie, au spirituel, du diocèse de Saintes; et c'est à l'Evêque de Saintes qu'appartenait le droit d'y nommer le curé.

Son *église* a toujours été placée sous le vocable de la Sainte Trinité; et c'est le dimanche de la Trinité qu'a lieu la frairie, ou fête patronale.

Cette église était primitivement un carré long du XIe siècle, comprenant une nef, un clocher avec coupole, et une abside. Le Pouillé du diocèse d'Angoulême dit même que l'église avait la forme d'une croix latine. Mais rien, dans l'état apparent des lieux, n'autorise une telle affirmation.

L'abside a depuis longtemps disparu. Seul, le mur

septentrional était resté debout. Sur la face intérieure de ce mur, on voyait encore les filets simulant les assises de pierres, et la corniche d'où naissait la voûte en berceau. A la face extérieure, était adossé le presbytère, qui se trouvait ainsi en plein nord. Ce dernier vestige de l'abside, ainsi que le presbytère y attenant, a été démoli par le propriétaire, M. Frapin, en 1923.

L'autel — un autel actuellement en bois de 4 à 500 fr. sur lesquels la commune en 1863 a donné 300 fr., et la famille Bézier le reste — a été ramené sous le clocher, et le clocher lui-même supprimé, et remplacé par un comble à deux égouts du plus disgracieux effet. La coupole en moellons qui subsiste a ceci de particulier qu'à sa base, au nord et au sud, s'ouvrent deux oculi, lesquels d'ailleurs ne versent plus la lumière, puisqu'ils s'ouvrent sous les combles de la construction de mauvais goût qui recouvre entièrement la coupole. Le clocher n'est plus éclairé qu'à sa base par deux petites fenêtres en plein cintre.

L'éclairage est encore plus défectueux dans la nef, percée au midi d'une toute petite fenêtre, et d'un vitrail au-dessus de la porte d'entrée. La voûte en berceau d'origine a été remplacée par un tillage, refait en 1903, par Auguste Henri. La nef a été recouverte en 1907, en 1912, et la dernière fois en juillet 1923, pour 500 fr. par les soins de M. Eutrope Bézier.

La porte d'entrée, en plein cintre, n'a qu'une voussure, et est encadrée de deux portes ogivales aveugles sans aucun ornement. Au-dessus du vitrail de la façade, s'élève le campanile, qui a coûté 420 francs.

La *cloche* qui occupe ce campanile a été fondue par Augustin Martin, de Breuvanne (Haute-Marne), livrée le 28 mai 1845, M. Jullien étant maire, et bénite par le curé de Lignières, Antoine Rolland. Le parrain fut Auguste Guionnet, greffier de la justice de paix de Segonzac, demeurant chez Ballet ; et la marraine, Zélie Bienassi, née Dumontet. La cloche mesure 0^m 70 de diamètre, pèse 217 kilogrammes 500 et a coûté 739 fr. 50, sur lesquels le Roi avait, le 16 avril 1842, accordé 200 fr. Elle donne

le *do*, et porte comme inscription ces paroles du psaume :
Laudate Deum in cymbalis benesonantibus (Louez Dieu
avec des cymbales retentissantes). On lui a mis un nouveau joug et une roue en 1907, pour 70 fr. Le 24 mars 1906,
au moment des Inventaires, elle a été estimée, « avec sa
corde », 200 fr., plus que l'église elle-même (100 fr.).

Ce n'était pas la première fois que la rapacité des
spoliateurs faisait entrer en ligne de compte une corde
de cloche. Déjà, sous la Révolution, l'église de Sonneville
s'était vu enlever deux petites cloches et quatre sonnettes
pesant ensemble 90 livres. Une corde de cloche d'environ
5 brasses vint encore augmenter ce riche butin !..
Résultat : le 20 messidor an VI (8 juillet 1798), on dut, à
défaut de cloche, faire l'achat d'une « caisse », tant pour
avertir les citoyens de s'assembler que pour publier les
arrêtés du Directoire et du Departement. (1)

L'église de Sonneville, comme les autres, a servi, au
XVIII· siècle, de lieu de sépulture à quelques notables
de la paroisse. Ont été *inhumés dans l'église*, outre les
deux prêtres dont il sera question plus loin :
Le 3 novembre 1721, Pétronille Boutillier; 88 ans.
Le 13 août 1726, Thomas Cristain, 53 ans.
Le 18 décembre, 1734, Cristain 2 ans.
Le 26 décembre 1734, François Jullien, 25 ans.
Le 15 décembre 1743, Jean Roux, 8 ans.
Le 15 février 1746. Pierre Jullien, 2 ans.
Le 18 mai 1747, Paul Jullien, 46 ans.

Le *cimetière* était devant l'église. Il est abandonné
depuis qu'il n'y en a plus qu'un seul à l'usage de
Lignières, Sonneville et Saint-Palais, c'est-à-dire depuis
1866.

Il n'y a pas non plus de *presbytère*, la paroisse étant
rattachée à Lignières depuis 1804.
L'ancien presbytère a été vendu comme *bien national*

---

(1) Arch. dép. Fonds Révol. LL 450 et 1205; ; et Reg. Adm. cant.
de Lignières.

le 15 messidor an IV (3 juillet 1796), au citoyen Louis Thibaud, greffier au Tribunal criminel d'Angoulême, pour 1980 livres. Il consistait en un petit corridor en entrant, une très petite cuisine, deux chambres hautes à cheminée, deux autres sans cheminée, un grenier, une cave. Les servitudes consistaient en un chai à faire le vin, une écurie, une buanderie, un fournil, une galerie servant de bûcher, deux mauvais toits sans porte.

Cinq pièces de terre dépendant de la cure et estimées 3140 livres 8 sols avaient déjà été adjugées par le Directoire de Cognac le 10 mars 1791, à savoir : trois d'entre elles pour 5020 livres à Jean Dupuy, charpentier, Pierre Videau, Jean Servant, Pierre Lecerf, laboureurs ; les deux autres, pour 1900 livres, au curé Antoine Fétis, qui avait dû ainsi racheter partie de son bien.

Avaient été aussi adjugés, le 3 nivôse an II (23 décembre 1793), à François Clairgaud, pour 1480 livres, une grange et des aireaux provenant de la cure.

Il y avait enfin, comme bien de la Fabrique, une petite pièce de terre de 133 lattes, joignant d'un coté les bâtiments et jardin du presbytère ; d'autre côté, au jardin et pré du citoyen Paul Ravaud ; d'un bout, au chemin du côté du midi ; d'autre bout, au pré du citoyen Fétis, un fossé entre deux. Cette petite pièce de terre, estimée 600 livres, fut adjugée, le 21 thermidor an III (8 août 1795) à Paul Ravaud, cultivateur à Sonneville, pour 25.000 livres !.. C'était l'époque des assignats. [1]

Curés de Sonneville. — Titulaires connus :

Jean de Labadye, nommé le 5 juillet 1523, résigne au suivant :

Etienne de Labadye, 1552-1565. A partir de 1565 et tant que durèrent les guerres de religion, il ne paraît pas y avoir eu de curé à Sonneville.

Pierre Sallin, 1629-1637...

Paul de Lestang, 1649-1668.

____

[1] Arch. dép. Domaines.

Hélie Prévost, bachelier en théologie, 1669-1678. (1)

Antoine Maillochaud, docteur en théologie, arrive en janvier 1679, permute avec le suivant vers 1708, et revient mourir le 21 septembre 1712 « dans la maison presbytèrale de Sonneville ».

Jean Gratereau (1708-1728), transféré de St Palais des Combes, habite pendant plusieurs années, jusqu'en 1713 au moins, au bourg de Lignières, près de son oncle Prévost, curé de Lignières. Après la mort de Maillochaud, par sentence de Mgr l'Evêque de Saintes, et sur remontrance du syndic et des habitants des deux paroisses, le bénéfice de Saint Palais est réuni, « comme il l'était autrefois », à celui de Sonneville ; et, le 25 décembre 1712, Jean Gratereau prend possession du bénéfice de Saint-Palais, de nouveau annexé à Sonneville.

En juillet 1718, un de ses frères, Jean, prêtre et chanoine de l'église collégiale de Saint-Arthémy de Blanzac, donne sa démission de chanoine sous prétexte qu'il ne peut plus en remplir les fonctions, « à cause de sa vieillesse et caducité ». Il souffre de plus, « d'une longue et fâcheuse maladie et est menacé d'ydropizie ». Il se retire donc chez son frère, à Sonneville ; y meurt l'année suivante, et est enterré dans l'église le 3 septembre 1719 (2).

Le 17 septembre 1726, Jean Gratereau fait son testament. Il veut être enterré en l'église de Sonneville, à gauche en entrant ; et qu'il soit fait ce jour-là un service par 6 prêtres, et d'autres services de huitaine, de quarantaine et de bout de l'an. Il laisse 100 messes à dire, à 8 sols chacune, au curé de Saint-Preuil, 50 à celui de Lignières, 50 à celui de Touzac, 50 au vicaire de Segonzac. Il donne aux pauvres une demi-pipe de mesture convertie en pain au 1er et 2e service, plus 40 livres à celui qui sera curé de Sonneville pour l'achat d'une

---

(1) Pouillé du diocèse d'Angoulême.

(2) Joubert, notaire à Lignières.

chasuble, autant pour l'église de Saint-Palais. Au curé de Touzac, Philippe Dumergue, en reconnaissance des « bons et agréables services reçus de lui », il laisse ses bréviaires « qui sont in-quarto reliés d'un maroquin noir »; plus différentes sommes à de nombreux parents, parmi lesquels il y avait une Marguerite Gratereau, veuve Sibilotte [1].

Ayant ainsi mis ordre à ses affaires, il meurt le 1ᵉʳ octobre 1728, à 70 ans, et est inhumé le lendemain dans l'église de Sonneville, en présence des curés de Lignières, Saint-Fort, Juillac-le-Coq, Saint-Preuil et Verrières.

Louis Plumangat (1728-1752), prêtre gradué, auparavant curé de Bussac et Lugéras, son annexe [2], est nommé le 2 octobre 1728, et prend possession le 11 octobre en présence de Mᵗʳᵉ Jacques Vergnon, maître ez-arts de la paroisse de Lignières, et de Gabriel Sibilotte, prêtre, demeurant à Angoulême. Mais, peu de temps après, il retourne à Bussac, laissant à la tête de la paroisse un vicaire : *Benézit*, qui signe les actes du 9 janvier au 16 août 1729.

Plumangat, revenu, signe son premier acte le 9 octobre 1729. Le 15 mars 1730, il fait dresser par le notaire Joubert, un état des églises de Sonneville et de Saint-Palais. A l'église de Sonneville, les deux petits vitraux du clocher ont la moitié de leurs vitres cassées; une fenêtre de la nef n'a point de vitraux; les six chandeliers de l'autel sont de bois. A Saint-Palais, point de vitres aux vitraux; et, sur l'autel seulement, un tillage d'environ une brasse de large. L'église, pas plus que celle de Sonneville, n'est carrelée... sa cloche est toute petite... il n'y a qu'un calice d'étain, dont on ne se sert pas.

Il y avait donc quelque chose à faire pour tout remettre en état. Plumangat eut le temps de s'y employer pendant les 24 ans qu'il resta à Sonneville. Il mourut dans les premiers jours de janvier 1752.

____

(1) Joubert, notaire à Lignières.

(2) Bussac, canton de Montlieu (Charente-Inférieure).

Nicolas Joseph Dohet de la Charlotterie (1752-1768), nommé le 5 janvier 1752, venait de Saint-Ausone de Voissay, près Saint-Jean d'Angély. Il prit possession le 14 janvier devant Roy, notaire, résigna fin 1768, et alla à Criteuil, d'où il se retira en mai 1791.

Antoine Fétis (1769-1800), nommé le 12 janvier 1769, prit possession le 28 devant Joubert, notaire. Le nouveau curé était du diocèse d'Angoulême. Né à Angoulême, paroisse Saint-Jean, de Louis Fétis et de Louise Baraud, ordonné prêtre le 16 juin 1753 par Mgr du Verdier, évêque d'Angoulême, il avait été ensuite vicaire à N. D. de Beaulieu, et secrétaire du Chapitre. Il devait être le dernier curé de Sonneville. Lorsqu'éclata la Révolution, il prêta tous les serments, et dut à cette qualité d'assermenté de faire encore un baptême à Lignières, étant curé de Sonneville, le 8 janvier 1793.

S'il se retira vers cette époque (le Pouillé du diocèse d'Angoulême mentionne en effet un Louis Fèvre, dit Marat, venu à Sonneville en décembre 1792 et ayant abdiqué bruyamment le 2 janvier 1794), il ne tarda pas à revenir : à partir du 3 frimaire an IV (24 novembre 1795), on reconnaît son écriture dans de nombreux actes de l'Etat-civil non signés de lui. Il ne pouvait plus les signer, n'étant plus officier de l'état-civil ; mais il les rédigeait pour Jean Dupuy, agent de Sonneville. Il habitait au bourg, dans une maison qui était peut-être l'ancien presbytère et qu'il aurait alors fait racheter par ce Louis Thibaud, d'Angoulême, mentionné plus haut.

C'est là qu'après avoir perdu ses deux sœurs : Rose, le 6 fructidor an VI (23 août 1798) à 77 ans, et Marie. veuve Pierre Hairlaud, décédée le 19 germinal an VIII (9 avril 1800) à 81 ans, il mourut lui aussi le 5 brumaire an IX (27 octobre 1800), à 75 ans. Il était redevenu curé de Sonneville, et, depuis le 1er juin 1800, desservait canoniquement la paroisse de Lignières.

Un Martin Hairlaud, ancien curé de Saint-Preuil et neveu présumé du curé Fétis, était venu s'établir à Sonneville le 15 thermidor an IV (2 août 1796), fut vicaire de Châteauneuf en 1800, curé de Malaville en 1803, de

Challignac en 1804, de Marthon en 1806, régent de Bran-
tôme (Dordogne) en 1811, de La Rochefoucauld en 1816,
curé de Ruelle en 1817, de Soyaux en 1810, et mourut
le 21 juin 1838.

M. le Curé de Lignières ne dit plus la messe à Sonneville que pour la fête patronale et à l'occasion des enterrements.

Municipalités de 1790 à 1795. — La première
municipalité de Sonneville fut élue le 2 février 1790. Elle
comprenait trois officiers municipaux, dont le maire ;
six notables ; un procureur.

Furent élus : *maire, Pierre Boujut*, de chez Guillon,
par 24 voix sur 39 ; — autres *officiers municipaux* : Jean
Jullien, de Sonneville [1], et Jean Dupuy, de chez Guil-
lon ; — *notables* : Jacques Moindron, de chez Piet ;
Pierre Giraudeau, du Maine Bois ; François Martin, du
Maine Chemin ; Jean Pinaud, de chez Androux ; Jacques
Fournier, de chez Guillon ; Jean Videau, de chez Ballet ;
— *procureur* de la commune, Christophe Dupuy, des
Maines.

Le 14 novembre suivant, au renouvellement par moitié
des officiers municipaux et des notables, les officiers
municipaux restèrent les mêmes ; et les trois notables
sortants : Martin, Fournier et Videau, furent remplacés
par Paul Ravaud, de Sonneville ; Jacques Coutard et
Jacques Fournier, de chez Guillon.

Au 22 brumaire an III (12 novembre 1794), la municipalité était ainsi composée : *maire, David Cartron ; —
officiers municipaux*, Jacques Ferrand et Pierre Lecerf ;
— *agent national* (qui avait remplacé le procureur de la
commune), Jacques Coutard ; — *notables*, Pierre Videau,
Jean Allard, Jean Rondelail, Pierre Nivet (remplacé plus
tard par Pierre Angelier), Pierre Trouiller, Jean Ballet [2].

---

(1) Un Jean Jullien est mentionné en 1700, comme instructeur de
la jeunesse, demeurant au bourg de Sonneville.

(2) Arch. dép. Fonds Révol. LL. 1010 et 1027.

A la fin de 1795, ces municipalités communales disparaissent pour faire place à la municipalité cantonale. Mais elles réapparaissent à partir de 1800, modifiées, composées d'un maire, d'un adjoint, et d'un certain nombre de conseillers municipaux nommés d'abord par le 1ᵉʳ Consul ou par le Préfet, élus ensuite à partir de 1831.

Maires à partir de 1800. — *Jean Dupuy* (1800-1801), auparavant agent de Sonneville et officier public.

Pierre Boujut (novembre 1801-1815), auparavant adjoint et officier public.

David Cartron fils (juin-juillet 1815).

Pierre Boujut (juillet 1815-janvier 1826). Il meurt le 15 novembre 1828, à 72 ans, ayant été trois fois maire. Sa veuve, Marie Hillairet, décédée le 23 mai 1841, est enterrée devant l'église de Saint-Palais des Combes.

Jean Guionnet (1826-1838), nommé ensuite percepteur. Il était chevalier de la Légion d'honneur, et avait épousé Marguerite-Hortense Servant. D'où : Cathérine-Célestine, née chez Ballet le 9 avril 1820, mariée le 19 avril 1841 à Touzac (ses parents habitant alors la Pègerie) à Laurent Guérineau, de La Réole (Gironde).

David Cartron (1838-1842), décédé chez Ballet le 19 novembre 1842, à 62 ans, après avoir été deux fois maire et adjoint. On a vu, page 242, qu'il était de famille protestante.

Pierre Ravaud (1842-1843), démissionne et redevient adjoint.

Pierre Jullien (1843-1845), nommé adjoint de Lignères-Sonneville.

Adjoints. — Pierre Boujut (1800-1801) — Christophe Dupuy (1801-1820) — David Cartron fils (1820-.....) — Pierre Jullien (.....-1831) — David Cartron (1831-1838) — Pierre Ravaud (1838-1840) — Pierre Boujut (1840-1843) — Pierre Ravaud (1843-1845).

Conseillers Municipaux. — Sont *nommés :*
1800 — Jean Chaudier, Pierre Dupuy, François Fleu-

riot, Pierre Fournier, Jacques Guionnet, Jullien, Pierre Lecerf, François Martin, Paul Ravaud, Rondelail.

(Cette liste, prise aux Archives départementales, ne correspond pas à celles des maires et adjoints)

1811 (30 juin) — Pierre Giraudeau, en remplacement de Pierre Dupuy ; Jean Ossant en remplacement de Pierre Lecerf.

1812 (20 décembre) — Pierre Mignon, en remplacement de François Fleuriot ; Pierre Jullien, en remplacement de Jean Ossant ; Jean Servant, en remplacement de Paul Ravaud ; Antoine Coutard, en remplacement de Rondelail.

1815 (9 août) — Jacques Texier, en remplacement de Jean Chaudier, décédé ; autre Jean Chaudier, en remplacement de Jullien, décédé.

1816 (22 octobre) — Pierre Boujut fils, en remplacement de Jean Servant qui a changé de domicile ; Pierre Jobit, en remplacement de Antoine Coutard, qui a aussi quitté la commune.

1823 (5 juillet) — Pierre Martin, en remplacement de François Martin, décédé.

1829 (19 janvier) — Pierre Guionnet, greffier du juge de paix, en remplacement de Jacques Guionnet, décédé ; Pierre Frapin, en remplacement de Pierre Mignon, décédé.

1830 (2 octobre) — Pierre Ravaud, en remplacement de Pierre Jullien, décédé.

Sont *élus* :

1831 (24 septembre) — Jean Guionnet, maire ; David Cartron, adjoint ; Pierre Boujut ; Jean Cartron ; Jean Chaudier ; Jean Dupuy ; Pierre Frapin ; Pierre Jullien ; Pierre Martin ; Pierre Ravaud.

1834 (12 octobre) — Jean Guionnet, maire ; David Cartron, adjoint ; Pierre Boujut ; Jean Cartron ; Jean Chaudier ; Jean Dupuy ; Pierre Frapin ; Pierre Lecerf ; Pierre Martin ; Pierre Ravaud.

1837 (4 juin) — Jean Guionnet, maire ; David Cartron, adjoint, lequel devient maire en 1838, et Pierre Ravaud, adjoint. Les autres, comme ci-dessus.

1840 (6 juin). — David Cartron, maire, puis à partir de de 1842, Pierre Ravaud ; Pierre Boujut, adjoint ; Pierre Bézier ; Jean Chaudier ; Jean Dupuy ; Pierre Martin ; Jean Ossant ; Jacques Texier ; Pierre Virolleau.

1843 (11 juin) — Pierre Jullien, maire ; Pierre Ravaud, adjoint ; Pierre Bézier ; Jean Chaudier ; Jean Dupuy ; Pierre Guionnet ; Jean Ossant ; Jacques Texier ; Pierre Virolleau ; Pierre Lecerf.

En 1845, la commune de Sonneville est réunie à Lignières, et son histoire se confond désormais avec celle de Lignières.

Sᵀ-PALAIS-DES-COMBES

Saint-Palais-des-Combes n'est plus qu'un village de Lignières, à l'ouest de la paroisse. Il est beaucoup moins ancien que Lignières, et même que Sonneville.

Il est ainsi appelé du *nom* d'un évêque de Saintes, qui vivait au VIe siècle ; et parce que plusieurs combes y aboutissent. (1)

Autrefois paroisse — peu importante, il est vrai, et le plus souvent comme on l'a vu, annexée à Sonneville — ce village possède encore une église, placée elle aussi sous le vocable de Saint Palais. C'est d'ailleurs cette église, construite la première, qui a donné son nom au village, comme il arrive toutes les fois qu'une localité porte le nom d'un saint.

Cette *église* était primitivement un carré long du XIe siècle, « avec sanctuaire du XIIIe en voûte d'ogive romane », dit Michon dans sa « Statistique monumentale », p. 275 et 322 ; « avec abside circulaire », dit le « Pouillé du diocèse d'Angoulême. » Il ne reste plus grand'chose de cette construction primitive ; et le surnom de « Labattu », que d'aucuns donnent au village, pourrait bien lui venir de la destruction de son église, à l'époque des guerres de religion. Seules, la façade, assez bien conservée et surmontée d'un petit campanile, et des apparences de contreforts, font encore reconnaître pour

______

(1) « Combe » : vallée étroite, terrain en pente aboutissant au fond d'une vallée. On compte 5 de ces combes aboutissant à Saint-Palais.

une église cette grande maison à tuiles rouges, restaurée il y a quelques années, et meublée par la famille Frapin, de Fontpinot. La porte d'entrée est une belle porte romane à deux voussures, ornées, la première, de dents de scie ; la deuxième, d'une double rangée de dents de scie et d'étoiles.

On ne sait pas ce qu'est devenue l'ancienne cloche, celle dont le curé Plumangat disait en 1730 qu'elle était « toute petite ». La *cloche* actuelle a été bénite en 1861 par Philippe Grimaud, curé-doyen de Segonzac ; et a eu pour parrain Jean Frapin, et pour marraine dame Marie Martin. Elle sort des ateliers Dubuisson et Gallois, de Paris.

L'*autel* a été acheté en 1856, et coûte 320 francs. Le vitrail de Saint-Palais, qui est au-dessus, vient de la maison Dagrant, de Bordeaux.

Le *chemin de croix*, don de la famille Frapin, a été bénit le 12 octobre 1924 par M. Choime, curé-doyen de Segonzac, et à cette occasion, on a recrépi l'intérieur de l'église et réparé une partie de la toiture.

M. le Curé de Lignières dit la messe à Saint-Palais pour la fête patronale (7 octobre) et à l'occasion des enterrements.

Ont été *inhumés dans l'église* :
Le 3 septembre 1719, Daniel Guérin.
Le 28 septembre 1719, une fille de Pierre Boujut.
Le 7 décembre 1721, Jeanne Persay.
Le 23 mai 1723, Antoine Asserain.
Le 20 mars 1724, Françoise Lévesque, femme Coutard.
Le 8 juillet 1724, Paul Asserain.
Le 18 juin 1725, Jean Asserain, 66 ans.
Le 7 avril 1735, Jean Coutard, 70 ans.

Le petit *cimetière*, qui entourait l'église, est abandonné depuis 1866.

Le *presbytère* fut détruit à la fin du XVIe siècle, sous les guerres de religion ; et l'on ne connaît aucun des curés qui l'habitèrent.

Curés de Saint Palais des Combes. — Titulaires connus :

Jean Trouillard (1676-1684), transféré de Lignières.

Jean Gratereau (1685-1708), qui demeurait en 1698 au Maine Breton en Saint-Preuil ; en 1699, à Saint-Palais des Combes, et qui permuta avec le suivant.

Antoine Maillochaud (1708-1712), transféré de Sonneville, fut le dernier titulaire de la seule paroisse de Saint Palais des Combes. Le « Pouillé du diocèse d'Angoulême » lui donne comme successeur, de 1714 à 1729, un « Guillaume Dubreuil, transféré de Bonneuil ». Mais on ne trouve aucune trace de ce « Guillaume Dubreuil ». Et nous avons vu, après la mort de Maillochaud en 1712, le bénéfice de Saint Palais de nouveau réuni, pour n'en plus être détaché, à celui de Sonneville.

M. le Curé de Lignières dit la messe à St-Palais pour la fête patronale (7 oct.) et à l'occasion des enterrements.

CONCLUSION

Etat moral et religieux. — Celui qui parcourt aujourd'hui en été le territoire de Lignières, Sonneville et Saint-Palais-des-Combes, y jouit pour ainsi dire à chaque pas d'un spectacle admirable : maisons d'aspect confortable éparpillées dans la campagne ; splendides moissons jaunissantes ; surtout, vignes opulentes, mettant sur le paysage une teinte verte reposante, escaladant les coteaux en lignes impeccables entre lesquelles l'œil ne découvre pas un brin d'herbe. Pays des plus fertiles où le travail est en honneur, où le travail fait honneur à l'homme, où Dieu bénit le travail.

Malheureusement, beaucoup de ces vignobles, et non des moindres, sont cultivés par des étrangers ; ces maisons sont trop spacieuses pour ceux qui les habitent. Si la fécondité du sol est grande, il n'en est pas de même de celle des familles qui vivent sur ce sol. On l'a dit : elles ont peu ou point d'enfants.

Il n'en était pas ainsi autrefois, avant la Révolution ; et nous avons, au cours de cette histoire, rencontré des familles nombreuses dans toutes les classes de la société : des familles nobles, comme les de Plas ; des familles bourgeoises de 13 enfants comme les Bruneteau, de 12 enfants comme les Lavillauroy ; des familles de simples artisans comme les Moindron, qui avaient 11 enfants ; les Audouin, qui en avaient 8.

La diminution de notre *natalité* est dûe à plusieurs causes, dont voici les principales.

Et d'abord le Code civil, qui fait une obligation au père de famille de partager également ses biens entre tous ses enfants. Pour ne pas voir s'émietter le patrimoine familial, le propriétaire a pris le parti de n'avoir qu'un ou deux enfants.

Puis, l'amour du bien-être. On ne veut pas se gêner. On trouve habile de restreindre le nombre de ses enfants, et l'on est tenté de tourner en ridicule ou de prendre en pitié ceux qui en ont beaucoup, ou seulement dépassent le nombre communément admis. Mais devant la difficulté de se procurer de la main d'œuvre, voici qu'on commence à voir l'avantage des familles nombreuses.

Par dessus tout, il y a le manque d'esprit de foi. On n'a pas confiance en la Providence. On ne fait aucun cas de la promesse du Christ dans l'Evangile : « Cherchez avant tout le royaume de Dieu et sa justice, et tout le reste vous sera donné par surcroît ».

Et ceci m'amène à dire, en terminant, un mot de l'état religieux de la paroisse.

Si autrefois à Lignières, catholiques et protestants ont été franchement opposés les uns aux autres. et ont trouvé dans cette opposition même la force de pratiquer davantage leur religion, de s'imposer des sacrifices et de souffrir, au besoin, pour elle, ce temps paraît bien passé. D'un côté comme de l'autre, à part quelques honorables, mais très rares exceptions, il y a peu d'*esprit chrétien*, mais seulement un attachement plus routinier que réfléchi à certaines pratiques religieuses Aussi cet attachement a-t-il vite fait de céder, pour peu qu'il entre en conflit avec le plaisir ou l'intérêt matériel.

Chez les catholiques en particulier, si le jansénisme ne sévit plus pour retarder l'âge de la première communion, on ne peut pas dire que l'amour de l'Eucharistie ait gagné le terrain perdu par le jansénisme. Les *communions privées* de tout jeunes enfants, quand il y en a, sont dûes au zèle et à l'initiative du curé plutôt qu'à la piété des familles. Les cérémonies de la *première Communion solennelle* ne réunissent pas toujours tous les enfants en âge de faire leur première communion. Il faut en dire autant des cérémonies de la *Confirmation*. Les *baptêmes*, qui, d'après la doctrine de l'Eglise, devraient avoir lieu dans les 3 jours, n'ont lieu généralement que des semaines, et même des mois après la naissance. Les *mariages* ne se célèbrent ordinairement que le soir. En revanche, les *enterrements* se font le matin, et sont toujours accompagnés de la messe. Une autre pratique religieuse plus habituelle, plus révélatrice de l'esprit chrétien dans une paroisse, c'est la *messe du dimanche*. Or, une moyenne de 70 à 75 personnes — le dixième environ de la population catholique — y assiste régulièrement, beaucoup la manquent pour un rien, la masse n'y vient jamais ou presque jamais, imprégnée qu'elle est d'esprit protestant, en vertu duquel chacun s'érige en juge de la foi, « en prend et en laisse », en laisse surtout, et se fait à soi-même un semblant de religion.

Le fait que cette masse, sauf quelques càs négligeables, participe au *Denier du Culte*, n'est pas une preuve que les catholiques de Lignières savent s'imposer des sacrifices extraordinaires pour leur religion. Non que je veuille méconnaître leur mérite. Mais il ne faut pas l'exagérer non plus. Les sacrifices d'argent, si pénibles soient-ils, sont encore ceux qui coûtent le moins. Et la preuve que le Denier du Culte est un de ceux-là, c'est que, pour le plus grand nombre des paroissiens, il est la seule marque pratique d'attachement qu'ils donnent à leur religion. La masse montrerait-elle ainsi son attachement, si cela lui coûtait beaucoup ?.. Que parle-t-on ici de sacrifices ?.. Le Denier du Culte est une contribution que chacun, au début, a fixée à sa guise, et qui, dans la plupart des càs, à Lignières comme en beaucoup d'autres paroisses, n'a rien eu d'héroïque. Et cela continue !.. La paroisse de Lignières, riche comme on vient de le dire, a rarement pu, avant la guerre, atteindre la somme, pourtant bien modeste que l'Evêché lui demandait pour le Denier du Culte. Depuis la guerre, elle l'a doublée, presque triplée. Mais cette augmentation, qu'est-elle encore, comparée à l'augmentation de toutes choses et à la dépréciation de la monnaie ?... Pour donner l'équivalent de ce qu'on donnait avant la guerre, chacun sait bien que ce n'est pas assez de multiplier par 2, ni même par 3. En général, on donne parce qu'on n'ose pas faire autrement, et que refuser de donner, ce serait se poser en ennemi de la Religion. Mais on donne le moins qu'on peut.

En réalité, et ceci n'est point vrai seulement pour Lignières, sous l'influence de l'athéisme officiel, de l'ignorance religieuse et du libre examen, il n'y a plus de solides principes religieux. Une occasion d'affirmer ces principes, ce sont les *cérémonies funèbres* de l'un et l'autre culte ; et cette occasion, la masse régulièrement la laisse échapper. Catholiques et protestants assistent nombreux aux enterrements les uns des autres. Sans doute cela s'explique par des raisons de courtoisie et des relations de bon voisinage. Mais cela s'explique aussi par un esprit d'indifférence en matière de religion. On est arrivé à mettre les deux religions sur le même pied ; et il n'est pas rare d'entendre des catholiques déclarer, au retour d'un enterrement protestant, que le pasteur dit la même chose que le curé, « puisqu'il a parlé du bon Dieu » !..

On ne réfléchit pas que si les deux religions s'accordent sur un point, elles diffèrent sur beaucoup d'autres ; qu'elles ne peuvent par conséquent être entièrement vraies toutes les deux ; que l'une doit l'être, et non pas l'autre ; et que c'est la vraie que l'on doit suivre, Dieu voulant certainement être adoré selon la vérité.

Il y a encore quelque chose de pire. C'est de voir catholiques et protestants assister nombreux à des enterrements civils, et écouter sans broncher un discours de franc-maçon bafouant les croyances des uns et des autres.

Qu'on ne nous fasse pas dire ce que nous ne disons pas. Nous ne demandons pas que nos catholiques n'entretiennent pas avec leurs concitoyens protestants ou libres-penseurs des rapports de bon voisinage. Nous demandons qu'ils aient une religion éclairée, et que, sachant à quoi ils croient et pourquoi ils le croient, ils se montrent fermes dans leur foi, et n'aillent pas la compromettre avec ceux qui sont dans l'erreur, ou qui font profession de n'avoir aucune religion.

Cette fermeté dans la foi, qui la leur rendra ?.. La vieille église paroissiale sans doute, avec le prêtre qui lui est attaché, et les œuvres d'apostolat qui lui sont annexées ; mais aussi *l'école chrétienne.* Par l'école en effet on a l'enfant ; et, l'enfant étant l'homme de demain, qui a l'enfant a l'avenir. Les ennemis de la religion chez nous le savent bien, qui, pour déchristianiser la France ont décidé, il y a 45 ans, que l'école publique ne serait plus chrétienne. Les catholiques américains aussi le savent, qui, depuis quelques années, ne construisent pas une église sans la doubler d'une école. Et les faits sont là pour montrer l'influence de l'école sur la vie paroissiale. Cette vie paroissiale n'a jamais été plus prospère à Lignières que pendant les 50 années qu'il y a eu une école libre, et l'on a vu que les jeunes filles de Lignières qui se sont faites religieuses au XIXe siècle ont certainement dû leur vocation à cette école. Ainsi l'école chrétienne est tout à la fois un puissant moyen de formation morale et une source féconde de recrutement sacerdotal et religieux. Il en sera encore de même chez nous quand on aura abrogé les lois d'exception qui dénient aux religieux le droit de s'associer et d'enseigner. Tant qu'on n'aura pas fait cela, il faudra se résigner à voir la foi diminuer dans les âmes, et beaucoup de celles-ci retourner au paganisme.

TABLE DES NOMS PROPRES

A

Allain, 46.

Allard, 229, 242, 250.

Ambleville (Chte), 38, 40, 46, 48, 49, 51, 52, 89, 94, 109, 113, 137, 138, 143, 144, 145, 148, 150, 151, 158, 160, 173, 175, 198, 199, 213, 228, 239.

André, 115.

Angelier, 144, 242, 250.

Angoulême (Chte), 24, 44, 72, 91, 132, 134, 137, 198, 229, 249.

Arbouin, 17.

Archiac (Chte-Inf.), 199.

Arlet (Mgr), 75, 191.

Arnous (Mme), 115.

Arpaillon (Gironde), 204.

Asnières (Chte), 85.

Asserain, 256.

Aubeterre (Chte), 119, 201.

Aubigny (d'), 214.

Aubin, 105.

Auch (Gers), 226.

Audoin, 48, 129, 259.

Audureau (famille), 103, 104, 123, 124, 132, 159, 230.

Augeard, 219.

Augier, 122, 151.

Aulnay (Chte-Inf.), 206.

Auzy (famille d'), 79, 173, 236.

B

Baignes (Chte), 19, 70, 84, 115, 208.

Ballet, 27, 77, 113, 158, 241, 242, 243, 250.

Ballotaud, 125, 126.

Barbaud, architecte, 74.

Barbezieux (Chte), 19, 29, 51, 57, 97, 98, 115, 119, 127, 137, 182, 185, 195, 219, 235.

Barbut, 131.

Bardeau, 131.

Baril, 47, 103, 109, 121, 122, 187.

Barrat, 128.

Barret (Chte), 29, 199.

Barrière, 105.

Barrières (des), 87.

Bazas (Gironde), 209.

Bazauges (Chte-Inf.), 202, 203.

Beaulieu (Corrèze), 209.

Beaumont (de), 208.

Beauverger-Montgon (de), 211.

Belleville (de), 218.

Belliard, 114.

Benezit, 248.

Bergeron, 113.

Bernard, d'Ambleville, 113 ; — de Luchet, 222 ; — Jean, curé 87 ; — Jeanne, 225 ; — Rose, 243.

Besse, 129, 213.

Besson, 27, 57, 102, 111, 112, 120, 121, 122.

Betoulle, 48.

Beudet, 27, 214.

Bézier, 17, 103, 104, 113, 123, 124, 125, 218, 244.

Bienassi (famille), 75, 103, 120, 123, 124, 146, 218, 244.

Billard, 148.

Biteau, 27, 102, 103, 120, 121, 125, 158, 182.

Blanchard, 47, 121, 122 ; — curé

d'Etriac, 164 ; — François, 227.

Blanzac (Chte), 48, 247.

Bodet, 214.

Boisredon (Chte-Inf.), 204.

Boissel, 199.

Boisson, curé, 84.

Boissonnade, 158, 160.

Boitaud, 144.

Boiteau, 132.

Bonnaud, 27.

Bonneau (famille), 120, 122, 228, 229.

Bonnemaison, 116.

Bonnes (Chte), 119.

Bonneuil (Chte), 38, 54, 55, 57, 71, 87, 92, 93, 94, 113, 138, 140, 143, 144, 148, 149, 151, 158, 160, 173, 176, 178, 194, 198, 206, 213, 216, 219, 234.

Bonneville (Chte), 220.

Borde, pasteur, 57.

Bordeaux (Gironde), 24, 75, 98, 209, 225, 229.

Bordier, curé, 84.

Bors de Baignes (Chte), 215.

Boscal de Réal, 208.

Bouchard d'Aubeterre, 201.

Bouchelays, curé, 74, 84.

Boucherie, 103, 114, 151, 185, 238,

Boucq, 132, 230.

Boujut, 138, 142, 144, 158, 250, 251, 252, 253, 256.

Boulanger, 139, 143, 145, 149.

Boumard, 213.

Bouquelon, 231.

Bourdet, (le) (2 Sèvres), 204.

Bourg-Charente (Chte), 51, 54, 126, 201.

Boussiron, 92, 93, 215.

Bouteville (Chte), 24, 31, 32, 38, 44, 45, 47, 48, 54, 57, 58, 75, 84, 85, 96, 109, 137, 144, 146, 192, 194, 198, 212, 223, 234, 240.

Bouthinon, 17.

Boutillier, 245.

Boutinet, 9, 100, 111, 122, 123.

Bouyer, 214.

Boyenval, pasteur, 53.

Boyer, 133.

Brancheraud, 113.

Braud, 144.

Bredon, 144.

Bremond d'Ars, 198.

Breuvannes (Hte-Marne), 244.

Brie /s Archiac (Chte Inf.) 228

Brizambourg (Chte-Inf.) 201

Brossard, 100, 105.

Broussard, 214.

Bruhat, 131, 132.

Brun, 17.

Brunet, 128.

Bruneteau, 27, 46, 48, 77, 109, 139, 241, 259.

Bussac (Chte-Inf.), 248.

C

Cartaud, 103, 120, 121.

Cartron, 27, 103, 109, 114, 122, 131, 242, 250, 251, 252, 253.

Castillon du Pérron, 220

Celor, 131.

Chadefaud, curé, 76, 98.

Chaigne, 104.

Chaillot, 17, 46, 77.

Chalais (Chte), 211.

Challignac (Chte), 96.

Chambord, 17.

Champniers (Dordogne), 95.

Chantillac (Chte), 96

Chantonnay (Vendée), 156

Chapt, 73, 122, 123.

Charlet, 48.

Château, 131.

Châteauneuf (Chte), 24, 47, 57, 96, 148, 181, 196.

Chaudier, 102, 119, 120, 122, 123, 124, 142. 144, 145, 251, 252, 253.

Chauvin, 134.

Chepniers (Chte-Inf.), 50.

Chevalier, 132.

Cheyrou (famille), 218

Choime, curé de Segonzac, 256.

Clairgaud, 246.

Clermont-Ferrand (P. de D.) 211.

Clervaux (de), 237, 238.

Clopet, 106.

Cognac (Chte), 23, 24, 72, 85, 87, 90, 94, 116, 127, 142, 151, 158, 197, 211, 220, 228, 230.

Coissard, 132.

Colardeau, 146.

Coldebœuf, 128.

Collas, 128.

Comblat (de), curé, 78, 89, 104.

Combret, curé de Touzac, 51, 143, 155, 164.

Condom (Gers), 87, 88.

Corriveau, 17,

Cosset, 17, 192.

Couhier, pasteur, 53.

Couilleau, 102, 103, 121, 122, 123.

Coulonges (2 Sèvres), 159.

Couprie, 47, 89, 109, 113.

Couronne (la) (Chte), 209.

Courret, 144, 151.

Cousin (abbé), 226.

Cousseau (Mgr), 80. 190.

Coutard, 158, 250, 252, 256.

Couture d'Argenson (2 Sèvres), 236.

Crespain, 235.

Cristain, 113, 120, 122, 123, 158, 245.

Criteuil (Chte), 29, 37, 38, 51, 52, 56, 57, 71, 94, 97, 109, 113, 138, 143, 144, 145, 149, 150, 151, 158, 160, 173, 176, 182, 191, 193, 198, 249.

Culant (de), 235.

Curemonte (Corrèze), 209.

D

Dagrant, 256.

Daviaud, 138, 139.

David, 46.

Delacombe, 27.

Delafont, 27, 46, 48, 77.

Delâge, 76, 116, 120, 123, 124, 128, 229.

Delalle, 122.

Delhuile, 27.

Delsol, 131.

Demédy, 27, 111.

Deperry, 216,

Deraix, 17.

Desbiolles, curé de Touzac, 97.

Desjoncherets, 120, 229.

Desmortiers, 144.

Desmoulins, 76, 106, 217.

Deviat (Chte), 100.

Doche-Laquintane, 119.

Dodun, curé de Salles de Barbezieux, 73.

Dohet de la Charlotterie, curé de Sonneville, 249.

Dorelle, 214.

Douhet (le) (Chte-Inf.), 206.

Douteau, 102, 103, 124, 131.

Douzat (Chte), 85.

Dubourg. 225.

Dubreuil. 106.

Dubuisson, fondeur, 256.

Ducelier, 106.

Duchesne, 46.

Duclou, 151, 154.

Dudognon, 125.

Dufour, 72..

Dugas, pasteur, 56.

Dumergue, 129

Dumontet (famille), 76, 102, 103, 111, 112, 113, 120, 121, 122, 123, 125, 140, 144, 217.

Dupuy Christophe, 140, 142, 158, 250, 251 ; — Jean, 46, 109, 113, 120, 121, 122, 246, 250, 251, 252, 253 ; — Ladotrie, 139 ; — Lépine, 113. 125, 138, 139. 140, 143, 149, 151, 163, 165, 167, 170, 179, 182 ; — Pierre, 111. 112, 251 ; — pasteur, 56.

Duret, 17, 85.

Dutillet, 47, 88, 139.

H

Ellie (famille), 50, 76. 103, 104.

Eraville (Chte), 196, 198

Ermelle, 32, 34, 233.

Ervaud (d'), 236.

Esmein, 50, 52.

Essards (Chte), 100.

Etriac (Chte), 164, 217.

Eyssely, 128.

F

Fagot, 131.

Farjon, curé de Criteuil, 97.

Faverger, 128.

Fayoux, 128.

Fé, 173.

Ferrand, de Bonneuil; 113 ; — de Sonneville, 242, 250.

Fétis, curé de Sonneville, 93, 136, 142, 143, 173, 246, 249.

Fèvre, curé intrus, 249

Filhon, 28, 51, 78, 82.

Fillion, 229.

Fleurat, curé intrus, 93.

Fleuriot, 109, 251.

Follardeau, 229.

Fontenay (Vendée), 153, 154.

Fors (2 Sèvres), 53, 200.

Fortet, 48.

Foucaud, 51.

Foucherie, 74.

Fougère, 134.

Founeau, 126, 134.

Fouqueure (Chte), 95.

Fournier, 149, 250, 252.

Frapin, 103, 104, 122, 123, 124, 244, 252, 256.

Frémont (de), 111, 138, 139, 142, 224, 228.

Frérot (Mgr), 191.

Fries, pasteur, 56.

Frouget, curé de Criteuil, 97.

Frouin, 232.

G

Gachet, 124, 125, 133.

Gadras, 242.

Gailletaud, 214.

Galdras, 27

Gallenon, 103, 120.

Galliard, 17.

Galopaud, 103.

Galuvey (de), 228.

Garraud, 131.

Gauri, 242.

Gaussaint, 17.

Gautier, de Bonneuil; 138 ; — de Lignières, 5, 10, 67, 75, 76, 102, 103, 104, 113, 115, 119, 120, 122, 123, 124, 125, 129, 144, 183, 186 ; — de la Madeleine, 113, ; — de Sonneville, 242 ; — de Viville, 114.

Geay, 114.

Gémier, 3, 120, 124, 125.

Gémozac (Chte-Inf.), 230.

Genouillac (Chte), 47.

Gensac (Chte), 195.

Génté (Chte), 51.

Gérain, 116.

Germain, 214.

Germignac (Chte-Inf.),7, 199.

Gibert, pasteur, 56.

Gilbert François, 103, 123, 124, 220 ; — Paul, curé, 89.

Girard, 202, 209.

Giraud, 51, 103, 121, 122, 133.

Giraudeau, 27, 29, 80, 86, 111, 112, 144, 151, 242, 250, 252.

Gondeville (Chte). 195.

Gontaut-Biron. 201.

Gouguet. 51.

Goujon. 27.

Gounon. pasteur. 54.

Courry. 113. 122.

Gours (les) (Chte). 236.

Gourville (Chte). 100. 197.

Gouvernand. 235.

Goy. 120. 123. 124. 181.

Gratereau Jean; curé de Sonneville. 85, 86, 247 ; — Jean chanoine, 247 ; — Léonard, 77, 85.

Gravaud, 151,

Grimaud Elie, 213 ; — Philippe curé de Segonzac, 256.

Grondin, 113, 144, 151.

Guérin, 243, 256.

Guerry, 111.

Guesdon, 51, 243.

Gueslin, 146.

Guichard, 119, 123, 124, 125.

Guigou (Mgr), 102.

Guillaumeau de Flaville, 87, 88, 160, 173.

Guillet (famille), 230.

Guillot (famille), 76, 103, 115, 120, 124, 125, 218 ; — de Viville, 114, 140.

Guimps (Chte), 97, 115, 116. 131, 152.

Guinefolleau, 114, 242.

Guionnet, 82, 109, 111, 112, 120, 121, 139, 244, 251, 252, 253.

Guiraud, 75.

Guiscard (de), 211.

Guitton. vic. général. 229,

H

Hairlaud. curé de St Preuil, 249.

Halary. 120.

Helias. curé 84.

Hennessy. sénateur. 9. 10.

Henri, 244.

Hérard, 46, 48. 50, 77, 112, 115. 118.

Hériard, 125.

Hiver, curé, 84.

Hospitel, 51, 113, 139.

Hugues (de St), 87.

I

Imbert, 178.

J

Jamin, 131, 132, 230.

Jannet, 103, 120, 121, 122, 123, 131, 186, 187.

Janvre, 236.

Jarnac (Chte), 24, 46, 55, 56, 109, 115, 206.

Jarnac-Champagne (Chte-Inf.), 52.

Jarnac (de), 71, 242, 243.

Jarne (la) (Chte-Inf.), 208.

Jarousseau, pasteur, 56.

Jartron, 132.

Jeanneau, 114.

Jobit, 144, 252.

Jolly, 182.

Joubert (famille), 46, 48, 75, 76, 82, 102, 103, 104, 113, 120, 121, 122, 123, 124, 125, 132, 134, 135, 140, 144, 150, 160, 168, 180, 184, 185, 187; — Pierre Mathieu, 91.

Jousseaume Auguste, 17; — Philippe, curé, 95.

Juillac le Coq (Chte), 39, 49, 95, 132, 230.

Jullien. 17, 27, 102, 103, 104, 120, 122, 142, 240, 244, 245, 250, etc.

K

Karrer (de), 208.

L

Labadie (famille de), 77, 219, 221, 224.

Labadye, curé de Sonneville, 246.

Labrousse (de), 241, 243.

Lachaise (Chte), 95, 216.

Lacombe, 105. 111, 112. 124. 125. 126.

Lacuquerain. curé. 90. 94.

Ladiville (Chte). 219.

Laforêt; 132.

Laforge; 17.

Lagarde (Chte); 77.

Lagarde (de); 211.

Lageard (de), 211.

Laîné. 72; 124; 125.

Lalanne; 128.

Lalut; 74.

Lambert; 138.

Landry; 115; 116.

Lasseur; 27.

Lassoutière; 17.

Lastre (de); 224.

Lavaud. 27.

Lavêque. 126.

Lavillauroy (famille). 47. 78. 88. 111. 130. 259.

Leblois. 47, 234.

Lecerf. 103. . 246. 250. 252. 253.

Lecourt. 48.

Ledru. curé de Saint Martial d'Angoulême, 73.

Legrand (abbé). 212.

Lenchères (de). 139. 173. 216. 217.

Lespinard. 70.

Lestang (de). curé de Sonnevillé. 246.

Lévêque. 149.

Levêquot. 51. 131.

Lézard-Fontbrune.102.118.119. 120, 121. 122. 123. 127. 185. 186.

Lhuilier. 225

Liard. pasteur. 56.

Limoges (Hte Vienne). 24.

Lisée. 17.

Livennes. 235.

Livernet. 106.

Longuet. 114. 138. 139.

Longueteau, 144.

Luchet, en Criteuil, 32, 34, 53.

Luçon (Vendée), 123, 229.

M

Machard, 115.

Macqueville (Ch.-Inf.), 229.

Madeleine (la), en Criteuil, 29, 89, 94, 113, 138, 143, 144, 158, 160; 173, 176, 185, 193, 234; 237.

Madion s/Seudre, en Virollet (Ch.-Inf.), 33, 194, 223.

Maillard, 148, 149.

Maillochaud, curé de Sonne-
   ville, 247, 257.
Maillol, 128.
Mainguenaud, 232
Mainxe (Chte), 54, 55.
Maisonneuve (de la), 235.
Malaville (Chte), 52, 57, 144,
   145, 146, 196, 198, 213, 219.
Mando (Mgr), 191.
Mannalin, 17.
Manne (de), 237.
Manon, 214.
Marans (Chte-Inf.), 225.
Marcadier, 113, 127.
Marchadier, 158.
Marchand, 27.
Marennes (Chte-Inf.) 24, 116.
Marillac (Chte), 95.
Martin, d'Ambleville, 145, 151,
   158 ; — de Sonneville, 113,
   250, 252, 253, ; — des Connils
   en Touzac, 113, 140, 184 ; —
   Augustin, fondeur, 244 ; —
   Jean, 47 ; — Paul, 132 ; —
   Pierre, 123 ; — Théodore,
   124 ; — fabricien, 104 , —
   pasteur, 56.
Masgontier, curé, 95.
Masson, maire de Touzac, 70,
   183, 230.
Matignon, 27, 46, 47, 48, 50, 52,
   76, 78, 111, 112, 116, 120, 122,
   236,
Maugars, 139, 159.
Mauvy, 126.
May (le) en Lignières, 32, 34,
   77, 221.
Mazaurie-Dufrêne, pasteur, 57.
Mazurit, curé, 3, 100.
Méchin, 214.
Melquin, 76, 80, 109, 122, 144,
   158.
Ménard, 103.
Menault, 148.

Ménierre (de), curé, 84.
Mercier, 125.
Mérignac (Chte), 93.
Merlet, 76, 104, 120, 124, 125.
Meschinet de Richemont, 238.
Mesnard, 47, 109, 134.
Mesnier, 48.
Métais, 17.
Metz (Moselle), 203
Meunier, 72, 112.
Meymac (Corrèze), 209.
Meyssac (Corrèze), 209.
Michaud, 47.
Mignon, 111, 112, 252.
Miot, 106, 190,
Mioulet, 105.
Mirambeau (Chte-Inf.), 203.
Moindron, 55, 105, 109, 144,
   213, 250.
Moings (Chte-Inf.), 203.
Moinvière, 105, 226.
Moivière, 132.
Mons, (Chte-Inf.), 49.
Montbron (Chte), 133.
Montchaude (Chte), 116.
Montlieu (Chte-Inf.), 50.
Montmorillon (Vienne), 47, 48.
Morain, 105, 106, 130.
Morilhon, 111, 112, 120, 121,
   123, 124, 144.
Mosnac (Chte), 196, 220.
Moulidars (Chte), 85.
Moulon, 114.
Mouly, curé, 96,.
Mounier, 70, 230.

N

Nadaud, 103, 104, 123, 124, 125,
   151, 152.
Nallebert, 113.
Nanclas (de), 216.
Navarre, 128.

Nenert, 78, 109.
Nieul lez Saintes (Chte-Inf.), 230.
Niort (2 Sèvres), 132, 133.
Nivet, 106, 250.
Nonac (Chte), 196.
Nonaville (Chte), 198, 213, 236.
Norman, 225.
Normand, 128.

O

Oléron (Ile d'), 204.
Ollivier, 105.
O'Reilly, curé, 73, 97.
Ossant, 124, 252, 253.

P

Page, 229.
Paris (Seine), 226, 229, 232.
Pasquier, 185.
Pérignac (Chté), 87.
Périgueux (Dordogne), 209.
Pérochon, 75, 133.
Péron, 112.
Perraud, 131, 132, 230.
Petit, 237.
Petit Dollivet, 139, 243.
Peyiehan, 229.
Phelip, 46, 47, 49, 51, 81, 126, 127.
Philbert, 148.
Picard, pasteur, 56.
Picoron, 114, 141, 146.
Pinard, 158.
Pineau, 250.
Pinot, 139, 141, 160, 226.
Pionneau, 116.
Pissot, 104, 122, 123, 242.
Plas (famille de), 78, 129, 136, 152, 160, 173, 209.
Plumangat, curé de Sonneville, 248.

Poitiers (Vienne), 204.
Polignac (de), 201.
Pons (de), 203, 207.
Pont à Brac (Chte), 29, 47.
Pougnard, pasteur. 56.
Poullignac (Chte), 211.
Poussard (famille), 77, 78, 200.
Pranzac (Chte), 219.
Prévost, curé, 85, 247.
Prévôtière, 112, 120.
Pugens, curé, 87.
Puissaut, 242.

Q

Quintard, de Touzac, 149, 151.

R

Ravaud, 120, 122, 123, 246, 250, 253.
Raymond (de), 204.
Régnier, 113, 144.
Régnier (Mgr), 102.
Renard (famille), 122, 123, 229.
Renaud, 3, 17, 113.
Renouard (famille de), 234.
Restier, 105, 126.
Revault, 17.
Ricard (Mgr), 75, 191.
Richemont (Chte), 100.
Richet, 144.
Richier, 149.
Rigaleau, 148.
Rioux Martin (Chte), 99.
Rivière, 27.
Robert, 17. 235.
Robinet, 213, 215.
Roc (du), 144.
Rocard, 219.
Rochandry (de la), 201.
Rochefort (Chte-Inf.), 208, 213 ; — Pierre, 243.
Rochefoucauld (de la), 206.

Rochelle (la), (Chte-Inf.), 23, 24, 225, 226, 228.
Rolland, curé, 73, 75, 97, 244.
Rondelail (alias : Rondrailh), 112, 113, 158, 250, 252.
Rondier, 144.
Rousse, 131.
Rousset, 190.
Roux, chez Ménard, 53, 118, 119, 120, 121. 186, 217 ; — chez Rigaillaud, 113; de Malaville, 144 ; — de Viville, 144 ; — Jean, 102, 103, 112, 113, 120, 121.
Rouyer, 230, 231.
Roy, du bourg. 28, 46, 48, 50, 77, 82, 102, 103, 104, 122, 131, 214 ; — des Collinauds, 28, 47, 160, 181, 182.
Ruch (Gironde), 229.
Rullier, de la Madeleine, 113, 139, 140 ; — des Fontaines, 220 ; — François, 114, 151; — Jean, 27, 112, 124, 125.

S

Sacreste, 6.
St-Aigulin (Chte-Inf.), 99.
St Amant de Nouère (Chte), 85, 86.
St-Bonnet (Chte), 195.
St-Brice (Chte), 88, 202, 203.
St-Cybardeaux (Chte), 95.
St-Fort (Chte), 95, 195, 198, 226, 239.
St-Georges des Coteaux (Chte-Inf.), 231.
St-Germain de Confolens (Chte) 98 ; — de Montbron (Chte), 97.
St-Hilaire du Bois (Chte-Inf.), 50.

St-Jean de Liversay (Chte-Inf.) 51.
St-Laurent de Céris (Chte), 203.
St-Maigrin (Chte-Inf.), 199.
St-Médard de Barbezieux (Chte) 50, 134.
St-Même (Chte), 195, 197, 198.
Ste-Menehould (Marne), 203.
St-Palais des Combes en Lignières 228, 255.
St-Preuil (Chte), 37, 54, 57, 86, 94, 191, 194, 197, 198, 257.
St-Romain (Chte), 215.
St-Simon (Chte), 208, 214.
St-Trojean (Chte), 202.
Saintes (Chte-Inf.), 24, 43, 58, 204, 208, 230.
Saintonge, 73.
Salles d'Angles (Chte), 95, 142.
Salles de Barbezieux (Chte), 73, 99.
Sallin, curé de Sonneville, 246.
Salviac (Lot), 212.
Sardet, 35, 187.
Saunière (de la), 235.
Sauvaget, 242.
Savaril, 28, 109.
Savignat, 131.
Sebaux (Mgr), 190.
Segonzac (Chte), 48, 49, 52, 54, 57, 75, 93, 95, 119, 127, 142, 194, 195, 196, 197, 198, 208, 244, 256.
Seguin, curé, 84.
Seguinard, 124.
Servant, 145, 150, 168, 246, 251, 252.
Sibilotte, 248.
Sicard, 113.
Sigogné (Chte), 52.
Simon, 111, 112.
Solier, pasteur, 56.

Sonneville, en Lignières. 25, 51,
52, 55, 57, 58, 73, 86, 90, 93,
113, 133, 136, 138, 140, 141,
143, 144, 145, 152, 158, 160,
173, 176, 178. 194, 218, 228,
239.
Souchet, 27, 214.
Sujet, 238.
Suris (Chte), 47, 88.

T

Tabuteau, 236.
Taillé, 221.
Taittinger, 232.
Tallon, 214.
Terrassier, 131.
Texier, des Abels, 82. 109, 111,
112, 114, 115, 135, 139, 140,
145 ; — Boisseguin, 139 ; —
de Bonneuil, 113, 140 ; — du
Chêne, en Touzac, 198 ; — de
la Pégerie, en Touzac. 28, 85
144, 145; 168, 173, 220 ; — de
chez Salmon, en Touzac, 113,
139 ; — de Sonneville, 252,
253 ; — Jacques, 123 , —
Pierre, 77.
Thibaud, 246.
Thors (Chte-Inf.), 207.
Thubin, 126.
Toulouse (Hte Garonne), 75.
Touvérac (Chte), 52.
Touzac (Chte), *passim*.
Train, 125, 232.
Tressac, 130.
Treuiller, 17.
Trouillard, curé, 84, 257.
Trouiller, 148, 242, 250.
Trouvé, 6, 125.

Turcat, 50, 113.
Tusson (Chte), 204, 208.
Tutrut, 138.

V

Vaché, 105.
Vacquier, 47, 217.
Vallée, 111, 112, 113, 120, 121.
Valleteau, 214.
Vallette (la) (Chte), 216.
Vayrac (Lot), 212.
Vedeau, 230.
Verdeau, 114.
Verdille (Chte), 85.
Verdin, 204.
Vergnon, 46, 47, 48, 74, 109, 129.
Vérines (Chte-Inf.), 225.
Verrières (Chte), 48, 51, 52, 113,
138, 141, 143, 146, 150, 159,
160, 173, 176, 181, 182, 218,
230, 239.
Videau, 242, 246, 250.
Vignolles (Chte), 97.
Vignon, 45, 47, 105.
Villat (de), 235.
Vinet. 80.
Virolleau, 253.
Virollet (Chte-Inf.), 33.
Vitrac (Chte), 216.
Vitré (2 Sèvres), 237.
Viville (Chte), 38, 40, 56, 114,
138, 143, 144, 151, 158, 160,
173, 176, 196.
Voissay (Chte-Inf.), 249.
Vollaud, 3, 48, 119.

X

Xans (de), 235.

TABLE DES MATIÈRES

Préface 3

Introduction 5

LIGNIÈRES

I — La Paroisse

Étymologie 19

Limites 21

Sous l'Ancien Régime

A — Impôts

a) Impôts directs 24
b) Redevances seigneuriales .. 30
c) Dîmes 37

B. Justice 43
C. Cultes 53

1° — L'Eglise 59
2° — Le Cimetière 79
3° — Le Presbytère 81
4° — Les Curés de Lignières 84
5° — Services Annexes de la Paroisse 101

II. — La Commune 108
III. — Les Ecoles et l'instruction à Lignières 129
IV. — Principaux évènements de l'histoire communale et cantonale .. 135
V. — La Seigneurie 192
VI. — L'Augerie 219
VII. — Le May 221
VIII. — Ermelle 233

SONNEVILLE 239

St-PALAIS DES COMBES 255

Conclusion 259

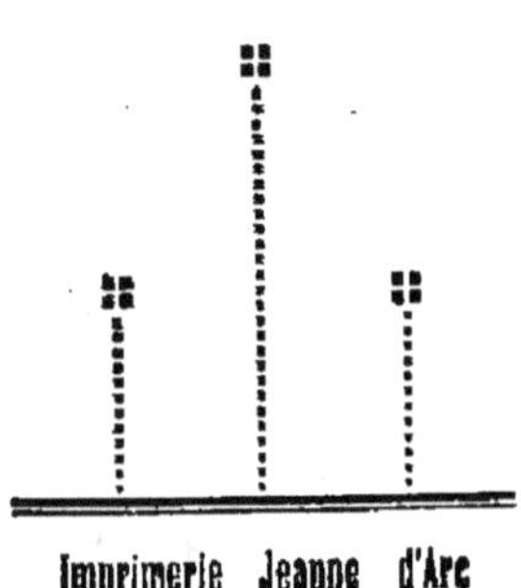

Imprimerie Jeanne d'Arc

Ec. Prof. des Orphelins de la Guerre

:: Saint-Martin-de-Ré ::